मानवाधिकार
और
समकालीन कविता

मानवाधिकार और समकालीन कविता

प्रभाकरन हेब्बार इल्लत

वाणी प्रकाशन

वाणी प्रकाशन

4695, 21-ए, दरियागंज, नयी दिल्ली 110 002

फ़ोन : +91 11 23273167 फ़ैक्स : +91 11 23275710

शाखाएँ

अशोक राजपथ, पटना 800 004, बिहार

कॉफ़ी हाउस कैम्पस, महात्मा गांधी मार्ग, इलाहाबाद 211 001, उत्तर प्रदेश

महात्मा गांधी अन्तरराष्ट्रीय हिन्दी विश्वविद्यालय, वर्धा 442 001, महाराष्ट्र

www.vaniprakashan.com
marketing@vaniprakashan.in
sales@vaniprakashan.in

Manavadhikar Aur Samkaleen Kavita
by Prabhakaran Hebbar Illath

ISBN : 978-93-5518-226-5
Criticism

प्रथम संस्करण 2022

मूल्य : ₹ 595

आर. टेक ऑफ़सेट प्रिंटर्स, दिल्ली-110 032 में मुद्रित

वाणी प्रकाशन का लोगो मक़बूल फ़िदा हुसेन की कूची से

अनुक्रम

साक्षात्कार

पुरोवाक्

'मानव का अधिकार और समकालीन काव्य–संवेदना' शीर्षक प्रस्तुत विषय उसी वक़्त से मेरे मन में बसा हुआ था जब सरकारी ब्रेण्णन कॉलेज के एम.ए. हिन्दी के विद्यार्थियों के साथ समकालीन कविता को लेकर कक्षा के भीतर–बाहर आलोचनात्मक बहस हुआ करती थी। विद्यार्थियों के साथ हुई संवाद–प्रक्रिया से प्रस्तुत विषय को नये कोण से देखने की उत्प्रेरणा अवश्य मिली है। मैं महसूस करता हूँ कि समकालीन दलित, स्त्री–जीवन पर केन्द्रित कविताओं का कथ्य पक्ष सीधे अधिकारहीनता या सत्ता से आतंकित मानव हृदय की दर्दनाक अभिव्यक्तियों के ताने–बाने से बुना है। गहन स्तर पर विचार करने पर अनुभव होने लगा कि साहित्य का इतिहास ख़ुद अधिकारहीनता से वंचित जनता के दुख–दर्द की अभिव्यक्ति का इतिहास रहा है, जो अपने से 'इतर' (अदर) की चिन्ता से आप्लावित है। आदिकवि वाल्मीकि के रुदन का आधार जीवन जीने के बुनियादी अधिकार को लेकर ही रहा है। रामायण का मानवाधिकार की वर्तमान संकल्पनाओं के आधार पर पुनःर्पाठ किया जाये तो अवगत होता है कि रामायण प्रकृति पर मानव के आधिपत्य के निषेधात्मक रूप को, भावात्मक दूरी को दर्शाता है। मानव की संस्कृति एवं सभ्यता के विकास के वर्तमान दौर में मानव–मानव के बीच का फ़ासला मात्र नहीं, मानव और प्रकृति के बीच का फ़ासला भी गहन होता जा रहा है। यह फ़ासला जीवन के विविध पायदानों में अमानवीयता का प्रसार कर रहा है। आर्थिक दम्भ–लोभ व विकास की अन्धी दौड़ के वर्तमान दौर में यानी पूँजीवादी विकास का बढ़ता क़दम एक ओर मानव के जीवन को नवीन सम्मोहन के जाल में फँसाकर उसकी सामाजिकता,

गरिमा तथा आन्तरिक गुणवत्ता का हरण करता है तो दूसरी तरफ़ प्रकृति पर अपना क़ब्ज़ा मज़बूत कर न केवल अपने अर्थतन्त्र को मज़बूत करता है वरन् साधनहीन, अधिकारहीन लोगों के जीवन को रिक्त करता चला जाता है। विकास के जो नारे हमारे कानों में गूँज रहे हैं, उनसे मानव की ज़िन्दगी में विकल्पों की दुनिया विस्तृत नहीं होती है, आत्मपरितोष के भाव का विकास नहीं होता है, उसका शारीरिक, मानसिक, बौद्धिक विकास सम्भव नहीं होता है, उल्टे में पृथक्करण का शिकार बनकर अपनी सर्जना से, अपनी कारयित्री–भावयित्री प्रतिभा से वंचित रह जाता है। जीवन के मरुस्थलीकरण के आघात से धीरे–धीरे मानव के जीवन के अन्दर–बाहर शून्यता का विस्तार होता रहता है। आज के समय में हमारी आँखों के सामने प्रत्यक्ष असन्तुलन केवल भौतिक संसाधनों तक सीमित नहीं है, बल्कि प्रकृति में जो आलोड़न–विलोड़न दिखाई देता है, जिससे आक्रांत होकर आम जनता हक्का–बक्का रह जाती है। अपने शरीर, मानवीय गरिमा, स्वास्थ्य को सुरक्षित करने के संघर्ष में, सत्ता के बहुविध आतंक से अपनी संस्कृति, अपनी अस्मिता और अस्तित्त्व को बचाये रखने की लड़ाई में निरन्तर जुट जाने के लिए आज का मानव बाध्य होता जा रहा है। इस माहौल में मानवाधिकार का विचार हमारी सांस्कृतिक सोच के केन्द्र में प्रतिष्ठित होता है जो पूर्वोक्त संकट एवं संघर्ष की स्वाभाविक अनुस्यूति है। इस सन्दर्भ में मुझे लगता है कि मानवाधिकार सम्बन्धी चर्चा प्रासंगिक एवं वर्तमान सांस्कृतिक यात्रा को नवीन दिशा देने में सक्षम अवश्य है। सांस्कृतिक परिवर्तन और नागरिक परिवर्तन के बीच उभयात्मक सम्बन्ध है। ग्राम्शी ने ठीक ही कहा है कि 'सच्चा परिवर्तन सांस्कृतिक परिवर्तन से, मानसिक परिवर्तन से सम्भव होता है। इस परिवर्तन का असर मानव के सामाजिक कार्य में भी प्रतिबिम्बित होता है।' कला और साहित्य इस सांस्कृतिक अभियान में महत्त्वपूर्ण भूमिका निभाते हैं।

मैथ्यू अर्नोल्ड ने एक बार कहा था कि 'कविता का स्वर्णिम भविष्य अवश्य है।' कविता काल्पनिक अथवा अयथार्थ होते हुए भी यथार्थ की भावात्मक अभिव्यक्ति काव्य जगत में सफलतापूर्वक सम्भव होती है। कविता में प्रतिपादित घटनाएँ असामान्य या अस्वाभाविक होते हुए भी सामान्य घटनाओं का रूप धारण करती हैं। इन्द्रियजन्यता की वजह से कवि की अनुभूति सबकी अनुभूति के रूप में रूपान्तरित होती है। यह कल्पना का

करिश्मा है जो एक पुनीत मानवीय गुण है, मानव की अनन्त ऊर्जा का बाह्यीकरण है। इससे बाह्य जगत के अनेकानेक यथार्थ सामान्य जन की आँखों के सामने प्रत्यक्षीकृत हो जाते हैं। अर्थात् काल्पनिक यथार्थ एवं जागतिक यथार्थ की दूरी कम हो जाती है। यह नैकट्य तभी सम्भव होता है जब कवि जीवन की स्थितियों या आवश्यकताओं के प्रति अत्यधिक संवेदनशील होता है। कवि की संवेदनशीलता में स्व–पर का पार्थक्य नहीं रहता है, वह जीवन की विराटता में डुबकी लगाकर मानव जीवन के भीतर सन्निहित नूतन जीवन्तता को उभारता है, जीवन की सच्चाई को नूतन दृष्टि के साथ अभिव्यक्त करता है। एक सजग, जाग्रत संवेदन के बल पर समकालीन कवि समय और अपने समाज के साथ निकटवर्ती साक्षात्कार करता है। साहित्य में यह साक्षात्कार तीन रूपों में सम्भव होता है–कविता की कथ्यात्मकता के रूपायन में, भाषा के रूपायन में, और शिल्प पक्ष के रूपायन में। इन तीनों में जीवन की ऐतिहासिकता ज़रूर परिलक्षित होती है। कलाकार की अनुभूति एवं अभिव्यक्ति की भंगिमा के पीछे भी इतिहास के सक्रिय हाथ हैं। साहित्य में अन्तर्भूत दर्शन समय की, इतिहास की टकराहट से विकसित होता है, इससे नवीन जीवन मूल्यों का आविर्भाव होता है। वैचारिक समृद्धि से बढ़कर संवेदना के धरातल पर कविता काम करती है। संवेदना के माध्यम से कवि अपने इतर के साथ भावात्मक स्तर पर सम्बन्ध स्थापित करता है। यही कविता की ताक़त है। यह अज्ञेय की भाषा में 'अनुभव की अद्वितीयता कही जाती है, इससे अर्थ की साधारणता विकसित होती है।' विचार कविता न होते हुए भी, कविता के भीतर से जनित वैचारिकता का समावेश कविता में गत्यवरोधता आने नहीं देता है क्योंकि कविता सतत मूल्यान्वेषण में प्रयासरत है। यह मूल्यान्वेषण सत्य के अनुसन्धान की विधि है। साहित्य के भीतर एक परिवर्तन व निरन्तरता की प्रक्रिया प्रवाहमान है, वह जीवन की द्वन्द्वात्मकता का साक्ष्यांकन है। आज की कविता की प्रवाहमयता में इतिहास की सजगता काम करती है। यह ध्यातव्य है कि इसी सजगता की वजह से कविता के कलेवर में अन्तर्विषयी भाव सम्पदा ज़ोर पकड़ती जा रही है। अलबत्ता, यह कविता के जीवन के सर्वेक्षण का प्रमाण है। आजकल कविता हमारे लिए आडम्बर नहीं, क्योंकि कविता भविष्य की नींव तैयार करती है, भविष्योन्मुख बनाती है।

मानव इतिहास का दास नहीं, वह उसका निर्माता है। यह निर्माण स्वस्थ विचारधारा से ही सम्भव है। अतीत का अन्धाअनुकरण न करके कवि को अपनी पक्षधरता व्यक्त करनी होगी। कल्पना के अभौम लोक से कवि को धरती की यथार्थता पर उतरना है। 10 अप्रैल, 1936 को 'प्रगतिशील लेखक संघ' के लखनऊ अधिवेशन में सभापति की हैसियत से दिये गये भाषण में प्रेमचन्द ने साहित्यकारों को सही दिशा प्रदान की। उनके वाक्य युग–युगों तक हमारे लिए मशाल का काम करेंगे। उनकी वाणी यही रही– "साहित्य की बहुत सारी परिभाषाएँ की गयी हैं, पर मेरे विचार से, उसकी सर्वोत्तम परिभाषा जीवन की आलोचना है।...अब साहित्य केवल मन बहलाव की चीज़ नहीं है, मनोरंजन के सिवाय उसका और भी उद्देश्य है।...जो दलित है, पीड़ित है, वंचित है, चाहे वे व्यक्ति हो या समूह उसकी हिमायत और वकालत करना उसका (साहित्य) फ़र्ज़ है।" सार रूप में प्रेमचन्द यह बताना चाहते हैं कि हाशियेकृत जनता के जीवन का रेखांकन आगे के साहित्य का लक्ष्य होना चाहिए।

कविता का मूल भाव निर्माण है। किटो का कथन है कि 'पोयट्री' शब्द ग्रीक भाषा के 'पोयिसिस' से बना है जिसका अर्थ होता है–'निर्माण'। इसलिए ड्राइडन कवियों को 'निर्माता' का दर्जा देते हैं। आधुनिक काल में 'ओसविट्स के बाद कविता करना असल में असम्भव सी बात है, वह अडोर्नो के लिए बर्बरता की निशानी है।' लेकिन हिटलर के अपार नरसंहार के बाद भी कविता चुप्पी साध नहीं सकती है। बीसवीं शताब्दी की कविता ने पूँजीवादी विकरालता से उत्पन्न युद्ध की प्रतिक्रिया का ज्वलन्त दस्तावेज़ का रूप धारण कर अपनी सक्रियता एवं सर्जना का परिचय दिया है। समकालीन कविता भी इसी प्रवृत्ति को आगे बढ़ाती हुई पूँजीवादी संस्कृति के प्रति प्रतिरोध की दीवारें खड़ी करती है। समाज की भावात्मक आलोचना के साथ कल्पनात्मक यथार्थ की प्रस्तुति करके कविता मानवीय संवेदना का संशोधन करती है, मानव को जीवन से पृथक्करण होने से बचाती है। खासकर आज की पूँजीवादी विभीषिका के दौर में, जहाँ मानव की निर्माणकारी प्रतिभा कुण्ठित होती है, कविता अपनी कल्पना के माध्यम से मानव को सोच–विचार करने के लिए बाध्य करती है, हमारे ईर्द–गिर्द जीवन के जो कण विद्यमान हैं, उनके पास ले जाती है, और सच्चाई से मुखातिब कराती है। ख़ैर, आज का कवि दुखों का पहाड़ अपने

कन्धों पर ढोता है, वह भी जीवन संकट के सवालों के चक्रव्यूह में घिरा हुआ है, जैसे कवि लाल्टू कहते हैं–"कौन–सा निर्णय सही है/शास्त्रीय या आधुनिक/उत्तर या दक्षिण/दोसा या ब्रेड/सवालों से घिरा हूँ।" इन सवालों का उत्तर कविता की ध्यानात्मक सोच में है और कविता के भीतर गर्भित भावात्मक इतिहास में है। जीने की उम्मीद को छिटकनेवाली कविता के शब्द जीवन का नया मुहावरा धारण कर हमारे अन्तर्लोक में रहते हैं। अतः कविता में बार–बार लौटना जीवन में बार–बार लौटने का पर्याय बन जाता है। 'चुप क्यों है सभ्यता' शीर्षक कविता में राम किशोर मेहता कहते हैं–"लौट–लौट आती है कविता/अपने कवि के पास/समझना चाहती है/नये–नये सन्दर्भों में/बदलते हुए अर्थों को।"

कविता मानवाधिकार का अनुसन्धान करती है। समकालीन कविता के कथ्यपक्ष में समय की भयावहता तथा मानवाधिकारहीनता की यथार्थ व सम्भावित स्थितियों का खाका है, साथ ही वह अपनी भाषा की बारीकी के माध्यम से मानवाधिकार सम्बन्धी चेतना को प्रसारित करती है। टेरी ईगल्टन का कहना सार्थक है कि 'साहित्य भाषा को परिवर्तित करता है तथा उसे गहन बनाता है।' उस भाषा के स्वच्छ कलेवर में प्रभुता का निरास है, व्यवस्था की सीमाओं पर प्रहार है। नवीन जीवन दर्शन से प्राप्त परिपक्वता नवीन जीवन्त कर्तृत्व को रूपायित करने में सक्षम है। यह कर्तृत्व अधिकारों के प्रति सजग एवं उसकी उपलब्धि के लिए सक्रिय भी है। इन अधिकारों का नवीन सांस्कृतिक आख्यान समकालीन कविता पेश करती है। कविता का यह तेवर ज़रूर नवीन विमर्शों को जन्म देता है। यह विमर्श प्रमोद के. नायर की भाषा में 'मानवाधिकार की नैतिक परियोजना को विस्तृत एवं सशक्त बनाता है और अधिकार से वंचित जनता के बुनियादी अधिकारों के बारे में विचार करने के लिए विवश करता है।' जीवन के चारों तरफ़ व्याप्त अधिकारहीनता को, उसके पीछे कार्यरत शक्तियों को कविता बेनकाब करती है। आज हम महसूस करते हैं कि पूँजीवादी संस्कृति के नशे से उत्पन्न नैतिक गिरावट से मानव अपनी इन्द्रियों के सामने प्रतिभासित सच्चाई को पहचान नहीं कर पा रहा है। पूँजीवादी व्यवस्था द्वारा प्रदान की गयी सुविधाओं से आज का इन्सान गुदगुदी का अनुभव करता है, छिछला आनन्द का अनुभव करता है। इस नशे से अपने समाज की यथार्थताओं से मनुष्य कट जाता है, विमर्श की भाषा में वह अपसंस्कृति

का शिकार होता है। पूँजीवाद केवल अर्थ और अर्थ सत्ता का विकास मात्र नहीं करता है, बल्कि ख़ास विचारधारा को प्रसारित करके नये–नये कर्ताओं का सृजन करता है जिससे मानव बाज़ार का क्रीतदास बनकर हमेशा रहे, बाज़ार सम्पन्न रहे। यह सम्पन्नता अधिकारहीनता की गोद में पनपती है। पूँजीवादी व्यवस्था के भीतर से उसके अनेकानेक अन्तर्विरोध उभरते हैं। युद्ध, आतंक, प्रदूषण, बीमारी, प्राकृतिक विध्वंस, कुपोषण, अशिक्षा, असमानता आदि के रूप में ये अन्तर्विरोध हमारे बीच सक्रिय हैं जो जीवन जीने के मानव के बुनियादी अधिकार पर कुल्हाड़ी मारते हैं।

मानव की आन्तरिक–बाह्य समृद्धि को कुण्ठित करनेवाली जीवन स्थितियों की ओर इशारा करते हुए समकालीन कविता मानवाधिकार की सांस्कृतिक परियोजना को अपने अन्दर समेटती है। ठीक ही कहा गया है कि उदात्त कविता जीवन की विसंगतियों को दर्शाती है तथा आत्मसजगता की वृद्धि करती है। आज की कविता जीवन्त यथार्थ की सहायता से नवीन आदर्श लोक का निर्माण करती है। मानव का हर एक कार्य सोद्देश्यपूर्ण लक्ष्य की ओर उन्मुख होता है, उसका एकमात्र लक्ष्य मानव की मुक्ति है। कविता के माध्यम से हम दूर की चीज़ों के साथ, जीवन स्थितियों के साथ सन्निकटता का अनुभव करते हैं, उस अनुभव से भीतर का अन्यत्व/अपरत्व (अदर्नेस) मिट जाता है। इससे व्यक्ति अपनी वैयक्तिकता के चंगुल से मुक्त होकर समाज के साथ तादात्म्य प्राप्त करता है। यह अभिन्नता ही कविता की ताकत है। कविता की यह प्रवृत्ति रही है कि वह जीवन में नयी स्थितियों, सम्बन्धों की तलाशी करती है, वह मानव की अनुभव सीमा को विस्तृत करती है, और जीवन की सीमाओं से मुक्त होने का रास्ता दिखाती है। आज सर्वत्र ज्ञान का डिब्बाकरण हो रहा है, तकनीकी ज्ञान को अहमियत प्राप्त हो रही है। इस संकट के वक़्त में **कविता जीवन** की समग्रता व व्यापकता का सबक सिखाती है। कविता के शब्द **चारों तरफ़** 'नगाड़े' की तरह गूँज उठते हैं, जो नवीन जीवन्त अर्थवत्ता को प्रसारित करते हैं। कविता मानव का नशा नहीं है, परिवर्तन का कारक तत्त्व है। वह सच्चे अर्थों में 'रिफाइनरी' है।

अपने को, अपने समय के साथ जोड़ने के लिए कविता की आवश्यकता है क्योंकि कवि की अनुभूति में समाज की समग्रता है, व्यापकता है, इतिहास की गहराई है, भविष्य की अपारता है। बदलते जीवन परिवेश में कविता

की प्रासंगिकता इसमें है कि जिन जीवन स्रोतों का उद्घाटन नहीं हुआ है, उन स्रोतों को कविता अपना विषय बनाये। इस प्रकार की अभिव्यक्ति से जीवन का लोकतान्त्रिक आधार सशक्त होता है। कविता या काव्यात्मक अभिव्यक्ति अजय तिवारी के लफ़्ज़ों में जनतान्त्रिक व्यवस्था है। उनकी भाषा में–"अभिव्यक्ति मनुष्य का जनतान्त्रिक आधार है। अभिव्यक्ति आन्तरिकता की माँग है, और अधिकार जनतान्त्रिक समाज की पहचान है।" वे आगे मानव की चैतन्यपूर्ण सर्जनात्मकता पर विचार करते हुए लिखते हैं कि रचनात्मकता से देश–काल की चेतना विस्तृत आयाम ग्रहण करती है। कविता की रचनाधर्मिता जीवन में हरियाली लाती है। मलयज ने एक बार कहा था– "कविता की नब्ज़ को छूकर हम महसूस कर सकते हैं कि उसमें हमारा कितना रक्त, कितना ताप और दबाव था, कितना प्रवाह दौड़ रहा है...कविता का स्वभाव शब्द कर्म की सन्धि पर दूब की तरह उगे रहना है। आज के कठिन समय में मनुष्य और पृथ्वी को कविता की हरियाली ही बचा सकती है।"

पूँजीवाद के अतिशय विस्तार से मनुष्य के जीवन की चारों तरफ़ शून्यता व्याप्त हो रही है, मनुष्य के जीवन के तारे डूबने लगते हैं। हम पहचान चुके हैं कि पूँजी का विकास बाज़ार के विकास से मात्र सम्भव है। जिस तादाद में बाज़ार सम्पन्न होगा, उसी अनुपात में प्रकृति की सम्पदा ग़ायब होती चली जायेगी। इससे करोड़ों लोगों की जीविका के साधन लुप्त हो जायेंगे। जीवन जीने का नैसर्गिक अधिकार जो सारे प्राणियों को प्राप्त है, उससे चूक जायेंगे। इसकी चिन्ता आज के मानवाधिकार दर्शन में परिव्याप्त है। यह ज्वलंत तथ्य है कि आज के विकास के केन्द्र में केवल पूँजी बसती है, प्रकृति को लेकर चिन्ता आज के विकास के पैरोकार कभी करते नहीं हैं। 1992 में ब्राज़ील के रियो डी जनीरो में सम्पन्न पृथ्वी शिखर सम्मेलन में डेविड सुजुकी ने कहा है कि 'यदि अर्थशास्त्र प्रकृति केन्द्रित नहीं हो आयेगा तो पृथ्वी का नाश अवश्य हो जायेगा।' पृथ्वी के नाश से मानव के भौतिक–सांस्कृतिक जीवन के सारे तत्त्व विलीन हो जायेंगे। इससे जीवन जीने के अधिकार से मानव वंचित रह आयेगा। इस पृष्ठभूमि में मानवाधिकार विमर्श का प्रबल होना अचम्भे की बात नहीं है।

मानवाधिकार मानवीय दर्जे को सुरक्षित रखने हेतु की जानेवाली सांस्कृतिक सोच की परिणति है। जहाँ मानव की गरिमा–समृद्धि अपदस्थ

हो जायेगी, तब मानवाधिकार की बात वहाँ खड़ी होगी। मानव जीवन में व्याप्त अपसंस्कृतीकरण या जंगलीपन का प्रतिरोध मानव समाज की उत्तरोत्तर प्रगति के लिए अपेक्षित है। इसलिए मानवाधिकार विमर्श प्रखरता का रूप धारण कर हमारे सामने आजकल उपस्थित है जो समकालीन मानव की जीवन्तता के सबूत के रूप में सामाजिक व्यवहार के विविध आयामों में परिव्याप्त है। प्रत्यक्ष रूप में मानवाधिकार राजनीतिक विज्ञान की विचाराधीन संज्ञा होने के बावजूद वह इतिहास, समाज विज्ञान, दर्शन शास्त्र, नृविज्ञान, अर्थशास्त्र, पर्यावरणीय अध्ययन, सांस्कृतिक अध्ययन और साहित्य से उपादान स्वीकार कर आज के समय में बृहद् रूप धारण कर रहा है। ख़ासकर आधुनिक काल में द्वितीय विश्वयुद्ध की विभीषिकामय परिस्थितियों ने मानव के गौरव एवं उसके सम्मान के भाव पर गम्भीर रूप से सोच–विचार करने के लिए बाध्य कर दिया था। अन्तर्राष्ट्रीय स्तर पर संयुक्त राष्ट्रसंघ के नेतृत्व में मानवाधिकार की रक्षा हेतु अनेकानेक प्रयास किये गये, उसके प्रस्तावों व मानवाधिकार सम्बन्धी विविध सम्मेलनों में लिए गये निर्णयों के तहत विविध राष्ट्रों की तरफ़ से मानवाधिकार संरक्षण को ध्यान में रखकर कानूनी एवं संवैधानिक स्तर पर अनेकानेक क़दम उठाये गये हैं। मानवाधिकार का लक्ष्य दार्शनिक दृष्टि से मानव का गरिमायुक्त स्वतन्त्रतापूर्ण जीवन है। कहा जाता है कि मानव पंछी की तरह उड़ सकता है, मछली की भाँति तैर सकता है, बाघ की भाँति दौड़ सकता है पर मानव की तरह जी नहीं पाता है। मानव और अन्य प्राणियों में ख़ास अन्तर यह है कि मानव अपनी मेधा के बल पर विशिष्ट सामाजिक वातावरण तैयार करता है और उसी में वह अपना सांस्कृतिक–सामाजिक जीवन रूपायित करता है। अर्थ एवं सामाजिक सम्बन्धों के आधार पर समाज का ढाँचा जो बनता है, इतिहास के गत्यानुसार उसमें परिवर्तन होता रहता है। जब आधार संरचना में बदलाव होते हैं तब तदनुरूप परिवर्तन अधिसंरचना में होते हैं। जब समाज के ढाँचे में परिवर्तन आता है, उसका प्रतिफलन संस्थानीकृत सांस्कृतिक संस्थान में भी दृष्टिगोचर होने लगता है। जाति, धर्म, राष्ट्र, परिवार, शासन तन्त्र समाज में सक्रिय सत्ता के संस्थानीकृत रूप हैं जिनके भीतर श्रेणीबद्धता रहती है जो हौले–हौले सत्तात्मक असन्तुलन का कारण बन जाते हैं। धर्म, साहित्य, परम्परा, संस्कृति, भाषा आदि इस सत्तात्मक असन्तुलन को सामाजिक स्वीकृति प्रदान करनेवाले उपकरण होते हैं।

ये धीरे–धीरे हमारी जीवन पद्धति का रूप धारण करते हैं और हमारे दिन–ब–दिन के व्यवहार के हिस्से बन जाते हैं। सामाजिक व्यवहार से संकलित जीवनावबोध मानव के बौद्धिक–मानसिक जगत को रूपायित करता है। यह सही है कि हमारी सामाजिक–सांस्कृतिक विरासत में जो रूढ़िगत भावनाएँ रहती हैं, उनमें परिवर्तन के लिए वैचारिक धरातल पर परिवर्तन लाने की ज़रूरत है। कविता का मानवाधिकार–धरातल इसी परिवर्तन को लक्षित करता है क्योंकि कविता मानव की अनन्त जीवनाकांक्षा को, मानव के सर्वांगीण विकास को अपने भीतर सोखती है।

सत्ता का असन्तुलन अधिकार के असन्तुलन का कारण बनता है। यह असन्तुलन न केवल जीवन में लोकतन्त्रात्मकता का निषेध करता है, उसी अनुपात में शोषण व्यापकत्व ग्रहण करता है। सत्ता के केन्द्रीकरण से उपजनेवाली जीवन स्थितियाँ मानव की आत्मा के साथ–साथ शरीर के विकास को कुण्ठित करती हैं। इससे मानव की अनन्त सर्जना की सम्भावनाएँ मूर्च्छित हो जाती हैं। शोषण की वजह से भौतिक संसाधनों पर मानव का अधिकार सीमित हो जाता है, इसके परिणामस्वरूप सामाजिक, सांस्कृतिक क्षेत्र से उसे बहिष्कार का शिकार होना पड़ता है। यह स्थिति मानव की गरिमा से वंचित होने के बराबर है। इस वंचना से अस्वतन्त्रता का माहौल विकसित होता है। अस्वतन्त्रता में बन्धन और बन्धन से उपजनेवाले दर्द का भाव रूढ़ है। बन्धन मुक्ति जीवन के पीड़ादायक अनुभवों से मुक्ति है, यह मुक्ति मानव को अन्दर ही अन्दर सुखात्मक अनुभूति प्रदान करती है। यह सुखात्मक अनुभूति स्वस्थ जीवन परिवेश से बनती है। यदि मानव अपने जीवन में बुनियादी संसाधनों को जुटाने की चिन्ता में डूबा हुआ रहता है तो उसका मतलब यह है कि वह स्वतन्त्रता का अनुभव नहीं करता है। इस बात से कोई इनकार नहीं कर सकता कि बुनियादी जीवन के संसाधनों पर सबका समान अधिकार होना चाहिए। इसलिए मानव के समेकित विकास की चर्चा मुक्तियों के सन्दर्भ में करने की बात की जाती है। मंशा यह है कि अस्वतन्त्रता के बन्धन से पिसे हुए मानव के आत्म चैतन्य का विकास कदापि सम्भव नहीं हो पाता है। मानव की चैतन्यपूर्ण जीवन स्थिति को सुनिश्चित करने में मानवाधिकार की भूमिका महत्त्वपूर्ण है। अतः मानवाधिकार सार्वलौकिक है, अर्थात् थल–काल के अनुसार उनमें परिवर्तन नहीं होता। यह अधिकार नैसर्गिक है, अदम्य है।

मानवाधिकारों की रक्षा के लिए वर्तमान सामाजिक संरचना में परिवर्तन करना अनिवार्य इसलिए भी है कि मानवाधिकारों की स्थापना अपने मूल में सामाजिकों के स्वस्थ विचार पर आधारित व्यवहार से मात्र सम्भव है। मानवाधिकारों की स्थिति इसलिए एक सामाजिक उपक्रम का रूप धारण करता है। वह नवीन जीवन व्यवहार को हमारे सामने रखती है तथा वर्तमान सामाजिक–सांस्कृतिक सम्बन्धों में बदलाव की माँग करती है, सामाजिक क्रियाओं में परिवर्तन की वकालत करता है। मानव की सामाजिक क्रियाएँ मानव की संस्कृति की प्रतिछवि कही जाती हैं। अतएव इस परिप्रेक्ष्य में मानवाधिकार की चर्चा एक सांस्कृतिक चर्चा है। इसीलिए स्वस्थ संस्कृति की स्थिति स्वस्थ मानवाधिकारों की स्थिति है जो मानक राजनीतिक जीवन को समाज के समक्ष रखता है। मानवाधिकार का सम्यक् अनुपालन समाज की सहकारिता पर अवलम्बित है। लोकतन्त्रात्मक व्यवस्था में नागरिकों के बुनियादी मानवाधिकारों की रक्षा हेतु सामाजिक, राजनीतिक, संवैधानिक स्तर पर कानूनी प्रबन्धन करना राजनीतिक बाध्यता है, क्योंकि ये मानवाधिकार मानव की सामाजिक सुरक्षा एवं स्वस्थ व्यक्तित्त्व के विकास के आधार होते हैं। इसका उल्लेख मानवाधिकारों की सार्वलौकिक उद्घोषणा में साफ़ किया गया है। मानव की अन्तश्चेतना का विकास तभी सम्भव होता है जब मानव सत्तात्मक सम्बन्धों के निषेधपरक बन्धनों से मुक्त हो। जब समाज का विभाजन जाति, वर्ण, वर्ग, रंग, देश, वंश, धर्म, लिंग आदि अनेक पैमानों के आधार पर होता है तब मानव की आन्तरिक शक्तियों का विकास सम्भव नहीं हो पाता। ऐसे विभाजन से सामाजिक, सांस्कृतिक और यहाँ तक कि शरीर के स्तर पर दमन का शिकार मानव को होना पड़ता है। अतएव मानवाधिकारों की सामाजिक अवस्थिति को सुनिश्चित करने के लिए सामाजिक विभेदीकरण की प्रक्रिया को समाप्त करना होता है क्योंकि विभेदीकरण के मूल में सत्तापरक असन्तुलन कार्यरत है। साथ ही विभेदीकरण की प्रक्रिया में समाज की विभिन्न श्रेणियों में विशिष्ट प्रकार की अस्मिता भी विकसित करती है, जो सामाजिक संघर्ष का प्रारम्भ करती है। भारतीय समाज एक ऐसा पेचीदा समाज है जिसमें विभाजन के अनेक तत्त्व सक्रिय हैं। भारत के समाज का जातिगत ढाँचा इसका ठोस प्रमाण है। जाति का वैचारिक आधार धर्म से जुड़ जाने की वजह से उसपर वैज्ञानिक तर्कों के बल पर संवाद करने की स्थिति नहीं रह जाती है,

क्योंकि धार्मिक सत्ता आत्मसमर्पण की माँग करती है। जाति की प्रथा का प्रभाव सामाजिक स्तरीकरण तक सीमित नहीं है, उसका सीधा सम्बन्ध जीवन के आर्थिक, सामाजिक, सांस्कृतिक अधिकारहीनता के साथ–साथ मानव की सम्मानहीनता से जुड़ जाती है, यह स्थिति मानवाधिकारहीनता का कारण बन जाता है। जाति के संस्थानीकृत रूप के विकास में अर्थाभाव या सम्पत्ति के अभाव की स्थिति का भी योगदान रहा है। लेकिन अर्थ से बढ़कर भारतीय समाज में परिव्याप्त जातिबोध का सीधा सम्बन्ध मानव के सम्मान–असम्मान से है। आर्थिक दृष्टि से सम्पन्न दलित व्यक्ति को जाति विभक्त समाज में सम्मान का भाव नहीं प्राप्त होता है। कहने का तात्पर्य यह है कि सामाजिक स्तरीकरण अधिकारहीनता के लिए कारण अवश्य है। ऐसा समाज किसी भी हालत में समावेशी समाज नहीं कहा जा सकता है। ग्रानविले ने हार्वर्ड विश्वविद्यालय में आयोजित एक संगोष्ठी में भारत में मानवाधिकारों की स्थिति पर टिप्पणी करते हुए कहा है कि 'भारत में शासन तन्त्र के उपकरण से अधिक परम्परा, धर्म, जाति आदि मानवाधिकार हनन के उपकरण के रूप में कार्यरत हैं।' अधिकार का सीधा सम्बन्ध मानव की क्रिया से है, सर्जनात्मक हस्तक्षेप से है। मनुष्य की समस्त क्रियाएँ उसकी विचार प्रक्रिया का परिणाम कही जा सकती हैं। इस आलोक में मानवाधिकारों का सीधा सरोकार मानव की अन्तर्भूत सर्जना से है। मानव अपनी सामाजिक क्रिया को अपने विचारों के अनुसार रूपायित करता है। इसलिए मानवाधिकार सामाजिकों के विचारों को पुनः संरचित करके नूतन भावात्मक, सामाजिक, सांस्कृतिक, सामाजिक व्याकरण को सामने रखता है। समाज विशेष के सदस्यों के वैयक्तिक, सामाजिक, सांस्कृतिक आचरण पर बल देने के कारण मानवाधिकार में नैतिकता का भाव अन्तर्निहित है। नीति अपने आप में मानव के आचरण की शुद्धता या अशुद्धता, अच्छाई या बुराई की बुनियाद को निश्चित करती है। इसका मकसद यही है कि मानव के जीवन व्यवहार में असन्तोष का संक्रमण न हो। इसलिए मानवाधिकार समाज के समस्त प्रभेदक तत्त्वों का निराकरण करता है। मानवाधिकार सार्वजनिक उद्घोषणा के विभिन्न अनुच्छेद इस तथ्य को रेखांकित करते हैं।

मानवाधिकार मानव की एकसत्तात्मक जैविक एवं सांस्कृतिक अस्तित्त्व की उद्घोषणा करता है। मानवाधिकार सम्बन्धी जितने सारे प्रस्ताव,

क़ानून, संकल्प आदि जारी किये जा चुके हैं, वे सब एक नवीन मानवीय मूल्यबोध को हमारे सामने पेश करते हैं। वैश्विक स्तर पर मानव के बीच में सौहार्दपूर्ण सम्बन्ध की माँग करनेवाला मानवाधिकार संकीर्णताओं से मुक्त समाज का सपना देखता है। अतः मानवाधिकार हिंसा का विरोध करता है तथा मानवता के प्रसार का पक्ष लेता है। मानवाधिकार के मूल सिद्धान्त में फ्रेंच क्रान्ति के नारे सक्रिय हैं, यानी स्वतन्त्रता, समानता एवं बन्धुता मानवाधिकार के आधारभूत सिद्धान्त हैं। 'ये विश्व शान्ति एवं उदात्त सामाजिक व्यवस्था की नींव के पत्थर हैं।' इन आदर्शों के सफल कार्यान्वयन के लिए समाज के लोकतन्त्रात्मक आधार को सशक्त बनाना है। लोकतन्त्रात्मक स्थिति में राष्ट्र विशेष का नागरिक स्वतन्त्र रूप से निर्भय होकर अपने सामाजिक जीवन में निर्माणात्मक भूमिका निभा सकता है। स्पिनोसा इस धारणा का समर्थन करते हैं। इस दार्शनिक धरातल पर भारतीय संविधान के विविध अनुच्छेद यानी भेदभाव के निषेध का अधिकार (अनुच्छेद 15), अस्पृश्यता का अन्त (अनुच्छेद 17), स्वतन्त्रता का अधिकार (अनुच्छेद 19–21), शोषण मुक्ति (अनुच्छेद 23–24), धार्मिक स्वतन्त्रता का अधिकार (अनुच्छेद 25–28), सांस्कृतिक और शैक्षिक अधिकार (अनुच्छेद 29–30) आदि में भारतीय नागरिक के अधिकारों की सुरक्षा तथा इनको कार्यान्वित करने हेतु संवैधानिक क़दम उठाने का संकल्प किया गया है। जब मानवाधिकारों को संवैधानिक सुरक्षा प्राप्त होती है तब उसको सामाजिक अंगीकार जल्द प्राप्त होता है।

मानवाधिकारों की चर्चा के अन्तर्गत 'स्वतन्त्र अधिकारों' का नाम पहले लिया जाता है। इनमें मुख्य रूप से स्वतन्त्रता तथा राजनीतिक जीवन में भाग लेने के अधिकारों की चर्चा की जाती है। वाक् स्वातन्त्र्य, मताधिकार, धर्म के आचरण की स्वतन्त्रता आदि इसके अभिन्न अंग हैं। दूसरे प्रकार के अधिकार सार्वजनिक बाध्यता एवं सामाजिक न्याय पर केन्द्रित हैं। इनको अमूमन 'आर्थिक एवं सामाजिक अधिकार' कहा जाता है। इसके मूल में समाज में समानता लाने का भाव समाहित रहता है। इससे कार्य करने की अनुकूल परिस्थिति, बेरोज़गारी से मुक्ति, समान वेतन, शिक्षा का अधिकार, सामाजिक सेवा, चिकित्सा सेवा, खाना, कपड़ा, मकान की पूर्ति, बूढ़े–बुजुर्गों की रक्षा, शान्ति पूर्ण जीवन बिताने का अधिकार, निशस्त्रीकरण, अल्पसंख्यक अधिकार आदि सुनिश्चित किये जाते हैं। उपरोक्त अधिकारों के

अलावा सांस्कृतिक अधिकारों की बहस आजकल ज़ोरों पर है। सांस्कृतिक अधिकार का सीधा सम्बन्ध मानव के जीने के प्राकृतिक अधिकार के साथ जुड़ जाता है। जिस स्थान विशेष की संस्कृति में मानव का जन्म होता है, जिस भाषिक–सामाजिक परिस्थिति के साथ मानव का रागात्मक सम्बन्ध होता है, जिस संस्कृति–परम्परा में मानव की परवरिश होती है, उसी परिवेश में जीने का स्वाभाविक अधिकार मानव का मूलभूत हक बनता है। विकास की विकृति के अंजाम स्वरूप आदिवासी, दलित जनों को विशेषकर अपनी ज़मीन से विस्थापित होना पड़ता है। यह विस्थापन केवल स्थानिक विस्थापन तक सीमित नहीं, बल्कि अपनी भाषा, संस्कृति, सामाजिक जीवन, परम्परा, अपने परिवेश के प्रति जो भावात्मक–रागात्मक सम्बन्ध हैं तथा अन्ततोगत्वा जीवनाधारों के विस्थापन तक व्याप्त है। ख़ास जीवन परिस्थिति में ही आदिवासी जनों का नैसर्गिक अतिजीवन सम्भव होता है। पूँजीवादी संस्कृति के वर्तमान आलोक में राजेन्द्र बालू 'भूमण्डलीकरण और मानवाधिकार' शीर्षक अपने आलेख में अधिकारों की तीन पीढ़ियों की चर्चा करते हुए सांस्कृतिक अधिकारों की अनिवार्यता पर विशेष ज़ोर देते हैं। मानवाधिकारों के प्रकारों में चाहे अन्तर हो लेकिन मानवाधिकारों के मूल में मानव की आन्तरिक–बाह्य सुरक्षा तथा समृद्धि का भाव समाविष्ट है।

उल्लेख किया जा चुका है कि स्वतन्त्र भारत में मानवाधिकारों की रक्षा के लिए संविधान में अनेक प्रावधान किये गये हैं। यह संविधान वास्तव में भारत की राजनीतिक, सामाजिक और सांस्कृतिक जीवन को समृद्ध करने के रचनात्मक राजनीतिक प्रयास का उत्तम उदाहरण है। मानव की गरिमा को लक्षित कर भारत के संविधान के आठ सिद्धान्त निरूपित किये गये हैं। वे हैं– लोक प्रभुसत्ता, मौलिक अधिकार, राजनीति के निर्देशकों के सिद्धान्त, समाजवाद, धर्मनिरपेक्षता, न्यायिक स्वातन्त्र्य, संघीय शासन, मन्त्रिमण्डलीय शासन व्यवस्था। इनको आधार बनाकर भारत में लोकतन्त्रात्मक शासन व्यवस्था का बीजवपन हुआ है। लोकतन्त्रात्मक जीवन का साक्षात्कार तभी सफल माना जाता है जब एक राष्ट्र विशेष के नागरिक सच्चे अर्थों में स्वतन्त्रता का अनुभव कर सकें। मूलभूत स्वतन्त्रताओं के अन्तर्गत भारतीय संविधान में वाक् स्वतन्त्रता, संचरण की स्वतन्त्रता, संस्था या संघ बनाने की स्वतन्त्रता, सांस्कृतिक एवं शिक्षा सम्बन्धी स्वतन्त्रता को स्थान प्राप्त हुआ है। भारतीय संविधान की प्रस्तावना इस तथ्य को बुलन्द करती है।

उसमें कहा गया है–"हम भारत के लोग भारत को एक सम्पूर्ण प्रभुत्व सम्पन्न, समाजवादी, पन्थ निरपेक्ष, लोकतन्त्रात्मक गणराज्य बनाने के लिए तथा उसके समस्त नागरिकों को सामाजिक, आर्थिक और राजनीतिक न्याय, विचार, अभिव्यक्ति, विश्वास, धर्म और उपासना की स्वतन्त्रता, प्रतिष्ठा और अवसर की समता प्राप्त करने के लिए तथा उन सबमें व्यक्ति की गरिमा और राष्ट्र की एकता और अखण्डता को सुनिश्चित करनेवाली बन्धुता को बढ़ाने के लिए कृत संकल्प होकर अपनी इस संविधान सभा में आज तारीख 26 नवम्बर 1949 ई को एतद् द्वारा इस संविधान को अंगीकृत, अधिनियमित और आत्मसमर्पित करते हैं।"

हारोल्ड लास्की ने एक बार कहा था कि 'यदि किसी राज्य में कुछ लोगों के हाथों में असीमित सत्ता हो तो उनके द्वारा प्रशासित लोग कभी स्वतन्त्र नहीं हो सकते।' आज के जीवन का यथार्थ यह है कि दुनिया में सत्ता, सम्पत्ति के केन्द्रीकरण की प्रवृत्ति बलवती होती जा रही है। इसलिए इस कथन का वर्तमान में अलग महत्त्व है। भूमण्डलीकरण में आर्थिक सत्ता का केन्द्रीकरण है, साथ ही उसमें सांस्कृतिक प्रभुता का आतंक है। इनके परिणामस्वरूप मानव की बुनियादी अभिवृत्तियों में द्रुतगति से परिवर्तन हो रहा है तो दूसरी ओर अतिशय उपभोग के विस्तार के कारण प्रकृति के सीमित संसाधन मृतप्राय स्थिति में हैं। समस्त संसाधनों पर पूँजीपतियों की धाक जमी हुई है। इस एकाधिकार की भावना से समाज में विसंगतियाँ जन्म लेती हैं। विसंगतियों का विस्तार जिस समाज में होता है उस समाज का कोई भविष्य नहीं होता है। इस उपभोग पर आधारित जीवन और अर्थ व्यवस्था में जिसके पास ख़रीद की ताक़त है, वही टिक सकता है, यहाँ बलहीन लोगों के अतिजीवन (सरवाईवल) पर सवाल का चिह्न खड़ा होता है जो सभ्य मानव समाज के लिए कलंक है। हवेलियों में मानवाधिकार की खोज करना बेकार का काम है। इसलिए रूसवेल्ट ने ठीक कहा था कि 'हमें मानवाधिकार की तलाशी छोटी–छोटी जगहों पर करनी होगी, मानवाधिकार विश्व के नक़्शे में कभी दिखायी नहीं देगा।' समाज के साधनहीन लोगों के लिए मानवाधिकार एक आसरा है, वह उनके जीवन की सुरक्षा का आधार है। इस अन्दाज में मानवाधिकार एक सामाजिक सेवा का रूप धारण करता है।

लोकतन्त्र राजतन्त्र का विलोम है या तानाशाही की उल्टी परिकल्पना को द्योतित करनेवाला शब्द है तथा यह कुलीनवाद का नकार है। लोकतन्त्र एक शासन व्यवस्था का नाम नहीं है, वह मानव की जीवनचर्या यानी संस्कृति का अंश है। जनता के लिए जनता द्वारा की जानेवाली शासन व्यवस्था में समाज की भविष्य योजना में हर एक मानव की अपनी ख़ास भूमिका निभानी है। मानवाधिकार वास्तव में मानव जीवन के भौतिक–अभौतिक पक्ष का स्पर्श करता है। अर्थात् एक ओर मानवाधिकार मनुष्य के सामाजिक जीवन के विविध धरातलों को छूता है तो दूसरी ओर मानव के सांस्कृतिक आयाम को भी। जिस सामाजिक व्यवस्था में मानव को मानव का दर्जा प्राप्त नहीं होता है, क्रूरतापूर्ण व्यवहार से शारीरिक–मानसिक तौर पर उसको ध्वस्त–त्रस्त किया जाता है तो ऐसी स्थिति में उसके मन में जीवनाकांक्षा नहीं रहेगी। मानव के अमानवीकरण की प्रक्रिया की शुरुआत इस बिन्दु से होती है। यदि कोई इस भीषण अमानवीकरण के प्रतिरोध में उतरता है तो राष्ट्रतन्त्र अपनी मशीनरियों की सहायता से ऐसे इन्सानों की जीवनेषणाओं को रौंद देता है। इससे समाज में चुप्पी का साम्राज्य विकसित होता है जो प्रतिरोधहीनता को पल्लवित करता है। जिस समाज में प्रतिरोधधर्मिता ख़त्म हो जाती है, ऐसे समाज की गतिशीलता पर पूर्ण विराम चिह्न लग जाता है। एक प्रकार से यह जीवन का निरास है, गतिहीनता है या गत्यवरोधता की स्थिति है।

मानवाधिकार, मानवाधिकार और साहित्य तथा उसके विविध पक्षों को लेकर अनेक रचनाएँ हिन्दी साहित्य में उपलब्ध हैं। 'सपनों की मण्डी' व 'स्त्री आकांक्षाओं का मानचित्र' शीर्षक अपनी रचना में गीताश्री ने नारी जीवन की विविध समस्याओं के प्रति रोशनी डाली है तथा मानवाधिकार के परिप्रेक्ष्य में स्त्री की ज़िन्दगी की समस्याओं को देखने का प्रयास किया है। वेश्यावृत्ति के सांस्कृतिक, राजनीतिक, आर्थिक आयामों को यह रचना खोलती है। लिंगभेद, घरेलू हिंसा, जाति एवं संस्कृति के आधार पर भेदभाव, आर्थिक असमानता, ग़रीबी, निरक्षरता, दहेज, बाल–विवाह, पलायन आदि के आलोक में स्त्री ज़िन्दगी पर चर्चा करनेवाली गीताश्री की रचना भारतीय सामाजिक जीवन के सत्तात्मक असन्तुलन से उद्भूत अधिकारहीनता के विविध कारणों को सम्बोधित करती है। 'स्त्री लेखन और समय के सरोकार' में हेमलता महीश्वर साफ़ कहती हैं कि वर्तमानता तथा

परम्परा के साथ स्त्री का संघर्ष है। वैज्ञानिकता का संभल लेकर आगे बढ़ने का इशारा देनेवाली रचना यह कहती है कि वैज्ञानिकता से दूर होने का मतलब अपने जीवन संघर्ष से हटना ही है, फिर दूसरों के द्वारा सिखाये गये रास्ते पर आगे बढ़ने के लिए स्त्री बाध्य हो जायेगी। इन्दु भारती की रचना 'आधी आबादी' स्त्री–जीवन की समाजशास्त्रीय अध्ययन का उत्तम नमूना है। पितृसत्तात्मकता के स्वरूप को विश्लेषणात्मक ढंग से इसमें विवेचना की गयी है। 'समकालीन नारीवाद और दलित स्त्री का प्रतिरोध' (अनिता भारती) दलित साहित्य की यात्रा को ऐतिहासिक क्रम में रखती हैं तथा दलित राजनीति की स्त्री के सन्दर्भ में व्याख्या करती हैं। इस सन्दर्भ में 'स्त्रीत्व धारणाएँ और यथार्थ' (कुसुमलता केड़िया), 'नारी प्रश्न' (सरला माहेश्वरी), 'स्त्रीवादी विमर्श : समाज और साहित्य' (क्षमा शर्मा) में भी जीवन की अधिकारहीनता की स्थिति की ओर इशारा है। विमल थोरात की रचना 'दलित साहित्य का स्त्रीवादी स्वर' जाति आधारित भारतीय समाज की नब्ज़ को पकड़ने का प्रयास है। वर्चस्व एवं उससे उत्पन्न शोषण का विश्लेषण इसमें है। अम्बेडकरवादी चिन्तन के तहत साधन एवं सत्ताहीन वर्ग की जीवन समस्या को इसमें उकेरा गया है। पर व्यापक धरातल पर मानवाधिकार, सत्ता और साहित्य के सह–सम्बन्धों पर विस्तृत विवेचना नहीं की गयी है। महेन्द्र के. मिश्रा (भारत में मानवाधिकार) ने ऐतिहासिक दृष्टि से मानवाधिकार पर विचार करते हुए भारतीय संविधान के मानवाधिकार सम्बन्धी विविध अनुच्छेदों का परिचय दिया है। दामोदर मिश्रा और अखिल शुक्ला द्वारा लिखित 'मानवाधिकार : दशा और दिशा' में वेदों से लेकर मानवाधिकार के विकास की चर्चा की गयी है। इनके अलावा रमेशचन्द्र दीक्षित की रचना 'मानवाधिकार की दशा और दिशा' तथा मनोहर बाथम की किताब 'अस्तित्त्व का संकट और मानवाधिकार' भी इस सिलसिले में महत्त्वपूर्ण हैं। इसमें पाश्चात्य विचारकों के आलोक में मानवाधिकार को परिभाषित करने का प्रयास किया गया है। लेकिन मानवाधिकार संवेदना के आधार पर साहित्य की विशेषकर कविता की विवेचना विरले में ही पायी जाती है। यह अध्ययन उस रिक्तता को पूरा करने का शैक्षणिक उद्यम है।

इस अध्ययन का पहला हिस्सा समकालीन दलित कविता से जुड़ता है। दलित साहित्य के केन्द्र में जाति व्यवस्था के प्रति आक्रोश है, बुनियादी

अधिकारों की प्राप्ति का संघर्ष द्रष्टव्य है। साथ ही उसका सम्बन्ध सम्पत्ति पर अधिकारहीनता के साथ जुड़ता है। आज भी उत्पादन के साधनों पर दलित वर्ग का अधिकार न के बराबर है। इसलिए सत्ता की बागडोर दलितों के हाथ में नहीं है। इसलिए दलित का मोर्चा दुतरफ़ा है, एक ओर सम्पत्ति पर समान अधिकार तथा दूसरी तरफ़ सम्मान की लड़ाई उसे लड़नी पड़ती है। 'सत्ता अपने आप में इच्छित परिणामों को पाने की क्षमता है। लेकिन यह इच्छा उपलब्ध विकल्पों में से किसी एक के चयन से अभिव्यक्त होती है।' विकल्पों का चयन प्राथमिक रूप से आर्थिक और उसके साथ–साथ सांस्कृतिक, सामाजिक, ऐतिहासिक, भौतिक आदि कारणों पर अर्थात् जीवन स्थितियों पर निर्भर करता है। दलित कविता ब्राह्मणवादी सत्तात्मक सम्बन्धों व उनसे उपजनेवाले शोषण की वैचारिकी की खुली आलोचना करती है। इसको विस्तारित करते हुए सूरज बड़त्या कहते हैं–'ब्राह्मण, क्षत्रिय, वैश्य तीन उच्चवर्ग (जातियाँ) मिलकर एक वर्गीय सत्तामूलक समाज की स्थापना करते हैं। इसमें भारत का इतिहास, संस्कृति, साहित्य, राजनीति, अर्थव्यवस्था सभी कुछ उच्चवर्गीय वैचारिकी से संचालित होते हैं।' इसलिए मुकेश मानस को कहना पड़ा–'दलित आन्दोलन अपनी समग्रता में व्यापक मानवतावादी मुक्तिगामी संघर्ष है और वह स्वप्न का साहित्यिक रूप है जिसका उद्देश्य जातिविहीन, वर्गविहीन, लैंगिक भेदभाव रहित, प्रबुद्ध समाज का निर्माण है, जिसके मूल में ब्राह्मणवादी, पूँजीवादी, साम्राज्यवादी, साहित्यिक, सांस्कृतिक सरोकारों और रुझानों के प्रति प्रखर प्रतिरोध है।' यह प्रतिरोध अपने आप में मानवाधिकारों की प्राप्ति के लिए किये जानेवाले संघर्ष का रूप धारण करता है। भारतीय दलित–जीवन के अधिकारों की अभावग्रस्तता का विश्लेषण ऐतिहासिक–समाजशास्त्रीय परिप्रेक्ष्य में समकालीन दलित कविता के आलोक में इस शोध रिपोर्ट में किया गया है।

वर्तमान हक़ीक़त यह है कि जीवन में स्त्री को समानता का दर्जा नहीं दिया जाता है। आज स्त्री का अपमान किया जाता है, स्त्री जलाई जाती है, उसके साथ हमेशा असमान व्यवहार किया जाता है। सामाजिक व्यवहार के विभिन्न क्षेत्रों में उसको सम्यक् स्थान प्राप्त नहीं हो रहा है। उसके अन्तस की अनन्त सम्भावनाओं को पोषित करने का अवसर स्त्री के रूप में जन्म लेने के नाते उसे उपलब्ध नहीं होता है।

'सामाजिक पितृसत्ता शिक्षा एवं रोज़गार की सम्भावनाओं को नकारकर उसके आर्थिक स्वावलम्बन की सम्भावना को ख़ारिज करती है तथा इससे अपने जीवन के अनगिनत क्षणों में नारी ख़ुद ठोस निर्णय नहीं ले पाती है या नहीं ले सकती है। शिक्षा सम्पन्न पुरुष अपने को बुद्धिमान मानता है तथा अपनी बौद्धिक, शारीरिक, मानसिक श्रेष्ठता के बल पर अपने अनुकूल विचारधारा का गठन कर स्त्रियों पर थोपता है और सांस्कृतिक संसाधनों से दूर करता है। स्वाभाविक रूप से इससे दोयम दर्जे का स्थान स्त्री को प्राप्त होता है। स्त्री–जीवन की सफलता को विवाह और उससे सम्बन्धित ज़िम्मेदारियों तक सीमित रखना पितृसत्ता की साज़िश है। सामाजिक सदस्य के रूप में, यहाँ तक कि मानव के रूप में अंगीकार होने का अधिकार उसे इसलिए हस्तगत नहीं होता है। बच्चा पैदा करने की ताक़त ख़ुद उसके लिए अभिशाप का कारण बन जाता है। जन्म से ही एक स्त्री को ख़ास श्रेणी में बाँधने का सांस्कृतिक प्रयास शुरू हो जाता है। इसे स्त्रीकरण की संज्ञा दी जा सकती है। स्त्रियों को पुरुष एक साधन या उपकरण या वस्तु के रूप में स्वीकार करता है। पुरुष परम्परा से प्राप्त पितृसत्तात्मक अधिकारों के बल पर अपनी इच्छा का सामाजिक अंगीकार प्राप्त करता है। इसके परिणामस्वरूप पुरुष के मन में सामाजिक सक्रियता विकसित होती है, तो स्त्रियों में हीनता–ग्रन्थि विकसित होती है। स्त्रियों का मानवाधिकार संघर्ष पितृसत्तात्मक बन्धनों तक सीमित नहीं है, नक़ली विकास के वर्तमान दौर में जीवन के बुनियादी साधनों को जुटाने की चिन्ता से स्त्री को मुक्ति नहीं प्राप्त होती है। इस चिन्ता के बन्धन से मुक्त होने पर ही अन्य गुणों का विकास स्त्री कर सकती है।' इन जीवन परिस्थितियों के प्रति समकालीन स्त्री कविता किस प्रकार की भावात्मक प्रतिक्रिया अदा करती है, मानवाधिकार परिकल्पनाओं के आधार पर उसका विवेचन इसमें किया गया है।

साहित्य अमानवीकरण के प्रतिरोध का उपकरण है। इस अमानवीकरण की विभीषिका को हिन्दी की समकालीन कविता, ख़ासकर हिन्दी की पर्यावरणीय कविता शब्दाकार देती है। हिन्दी में पर्यावरणीय कविता का लेखन उन्नीस सौ अस्सी के बाद ज़ोरों पर रहा है। प्राचीन काल से अर्थात् पृथ्वीराज रासो में प्रकृति का वर्णन पर्याप्त मात्रा में उपलब्ध है। मध्यकाल तथा रीतिकाल में प्रकृति फीकी नहीं रही। बारहमासा और

नख–शिख वर्णन इसके उत्तम उदाहरण हैं। प्रकृति अन्तःकरण के अभिन्न हिस्से के रूप में हमारे साथ रही, क्योंकि मानवीय भावनाओं की उदात्त अभिव्यक्ति का माध्यम प्रकृति रही है। लेकिन अंग्रेज़ों की तरफ़ से भारत के उपनिवेशीकृत होने के बाद पाश्चात्य विकास प्रणाली का परिव्यापन भारत में हुआ तथा स्वतन्त्रता के बाद, विशेषतः 1990 के अनन्तर आर्थिक नीतियों में भारी भरकम परिवर्तन हुए, औद्योगिकीकरण, प्राकृतिक संसाधनों की लूट की वजह से जीवन का परिवेश विदीर्ण हो रहा है, पर्यावरणीय समस्याएँ आमूलचूल जीवन को प्रभावित करने लगी हैं। नष्ट होती जा रही प्रकृति को पुनः हस्तगत व ह्रदयगत करने की उत्कट अभिलाषा, बीते वैभव की याद, अतीत की प्राकृतिक सम्पदा के नज़ारे की प्रस्तुति पर्यावरणीय कविता के जेहन में है। प्राकृतिक दोहन, स्त्री शोषण, जैविकता का क्षरण, अधिकारहीनता, प्रदूषण का विस्तार, विकास के मानव विरोधी परिप्रेक्ष्य में समकालीन पर्यावरणीय कविता अपनी सजगता पेश करती है। पूँजीवादी विकास के वर्तमान आलोक में किस प्रकार अर्थतन्त्र पर्यावरणीय दोहन के माध्यम से मानवाधिकार के क्षरण का कारण बनता है, इस शोधाध्ययन का एक हिस्सा है।

मानवाधिकारों के आलोक में समकालीन कविता में प्रस्तुत विविध भावात्मक या संवेदनात्मक धरातल को ढूँढ़ निकालना प्रस्तुत रचना का मूल उद्देश्य रहा है। अनुसन्धानात्मक एवं आलोचनात्मक अध्ययन होने के नाते अवलोकन, कार्यकारणता, अनुभविकता, तार्किकता, क्रमबद्धता, निश्चितता, ईमानदारी एवं सैद्धान्तीकरण का समावेश इसमें किया गया है। समय सीमा को ध्यान में रखते हुए दलित, स्त्री, पर्यावरणीय कविताओं का विश्लेषणात्मक अध्ययन यहाँ किया गया है।

सभी सुधी पाठकों के सम्मुख यह रचना सहर्ष समर्पित करता हूँ।

–डॉ. प्रभाकरन हेब्बार इल्लत

1

सत्ता और मानवाधिकार

सत्ता और मानवाधिकार के बीच का सम्बन्ध स्वयंसिद्ध है। जहाँ आर्थिक, राजनीतिक, धार्मिक, सांस्कृतिक सत्ता रहती है, वहाँ अधिकार की उपस्थिति रहती है। इतिहास इस बात का साक्षी है कि आधुनिक काल में एक ओर पूँजीवादी व्यवस्था के विकास से सम्पत्ति का अतिशय केन्द्रीकरण हुआ था, वही आजकल राजनीतिक सत्ता से मिलकर भीषण रूप धारण कर रहा है। "संयुक्त राष्ट्र संघ के मानव विकास प्रतिवेदन (1998) के अनुसार पृथ्वी के समस्त संसाधनों में से छियासी प्रतिशत संसाधनों का उपयोग विकसित देश के सम्पन्न व्यक्ति कर रहे हैं, जिनकी जनसंख्या विश्व जनसंख्या की मात्र बीस प्रतिशत है, तथा विश्व बाज़ार के कुल आयात (बयासी प्रतिशत विदेशों में पूँजी निवेश (कुल अड़सठ प्रतिशत) इन्हीं बीस प्रतिशत जनसंख्यावाले देशों के हाथ में है।" अर्थ के इस केन्द्रीकरण से उत्पन्न सत्ता के केन्द्रीकरण के परिणामस्वरूप विश्वयुद्ध का आतंक संसार भर में व्याप्त रहा और उसी के विविध रूप कमोबेश आजकल भी विश्व में पाये जाते हैं। मानवाधिकार सम्बन्धी विचारों के अभ्युदय के पीछे दोनों विश्वयुद्धों की भूमिका महत्त्वपूर्ण रही है। युद्ध के बन्दियों के साथ, अन्य नस्ल के लोगों के साथ किये गये दुर्व्यवहार, स्त्रियों और बच्चों की दर्दनाक जीवन स्थितियाँ, ग़रीबी–बीमारी से पीड़ित जनता की दुस्थिति आदि मानवाधिकार सम्बन्धी विचारों के जागरण के कारण बने, मानव को मानव की गरिमा–महिमा के बारे में नये सिरे से सोचने के लिए विवश किया। सच में इस काल खण्ड को मानवाधिकारहीनता का युग कहा जा सकता है। इस अधिकारहीनता की गोद से मानवाधिकार के दार्शनिक धरातल का विकास हुआ है।

सामान्यतः सत्ता व अधिकार विमर्श के अन्तर्गत शक्ति, वैधानिकता आदि की बातें की जाती हैं। वास्तव में दूसरों को नियन्त्रित करने की व्यक्ति या समाज की क्षमता शक्ति नाम से अभिहित किया जाता है। सत्तात्मक संगठन जब इस शक्ति को वैधानिकता (लेजिटिमसी) प्रदान करता है तो शक्ति सत्ता (पावर) का रूप ग्रहण करती है। व्यक्ति की शक्ति को वैधानिकता प्राप्त नहीं होने के कारण उसको सामाजिक अंगीकार प्राप्त नहीं होता है। ए. एल. शर्मा के अनुसार 'सत्ता आदेश देने का अधिकार तथा आदेश के पालन कराने की शक्ति होती है।' सत्ता किसी भी प्रकार की हो, चाहे वह आनुवंशिक, पारम्परिक हो या और कुछ, विन्यासात्मकता, विकासात्मकता और लोकतन्त्रात्मकता के न रहने पर वहाँ अधिकारहीनता और सत्ता की हिंसात्मकता का सिर उभरने लगता है। सत्ता को जब वैधानिकता प्राप्त होती है तो वह शासन तन्त्र का रूप ग्रहण करती है। प्रजातान्त्रिक व्यवस्था में यह वैधानिकता जनता चुनाव प्रक्रिया के तहत मतदान अधिकार के माध्यम से प्रदान करती है। सत्ताधारी वर्ग को जनता की सम्मति विशिष्ट राजनीतिक प्रक्रिया से प्राप्त होती है। इससे यह बात स्पष्ट हो जाती है कि सत्ता शक्ति का संस्थानीकृत रूप है और सत्ता के सामाजिक अनुपालन में वैधानिकता काम करती है। इतना तो ज़रूर कहा जा सकता है कि शक्ति में सत्ता नहीं है, लेकिन सत्ता में शक्ति है।

मार्टिन ने एक बार कहा था कि 'व्यक्ति के पास न्यूनाधिक मात्रा में एक ही चीज़ रहती है, वह है, सत्ता।' राजनीतिक सत्ता असल में एक व्यक्ति के पास नहीं रहती है। लगता है कि कोई एक व्यक्ति सत्ता में है, पर हक़ीक़त में वह किसी दूसरे द्वारा प्रदत्त शक्ति का इस्तेमाल मात्र करता है। स्वतन्त्र रूप से प्रदत्त शक्ति का इस्तेमाल प्रक्रियाबद्धता के बल पर सत्ताधारी व्यक्ति या समूह या संस्था कर सकता है। इस शक्ति का राजनीतिक हस्तान्तरण लोगों की हितसाधना को ध्यान में रखकर किया जाता है। हर समाज में सत्ता की स्थिति किसी न किसी रूप में रहती ही है। सत्ता धर्मसत्ता, राजनीतिक सत्ता, पितृसत्ता, अर्थसत्ता आदि के रूप में समाज में सक्रिय रहती है। इसका रूप हमेशा एक जैसा नहीं रहता, उसका रूप इतिहास की प्रक्रिया के अनुरूप बदलता है। सत्ता को लेकर मार्क्स की धारणा यही रही कि 'उत्पादन के सम्बन्धों के आधार पर समाज में सत्तात्मक सम्बन्धों की संरचना बदल जाती है। इसके अनुरूप मानव की

सामाजिक भूमिका में परिवर्तन होता है।' इसी सत्ता का विस्तार समाज के समस्त रचनात्मक कार्यों में हम दर्शन कर सकते हैं। जब सत्ता दमनात्मक रूप धारण करती है, तब समाज की समरसता भंग होती है, सामाजिक शरीर रुग्ण हो जाता है। इतिहास के इसी सन्धि स्थल पर मानवाधिकार की बहस शुरू होती है।

मानवाधिकार सम्बन्धी संकल्पनाएँ मानव की जीवन स्थितियों को लेकर आधुनिककाल में किये गये व्यापक राजनीतिक–सांस्कृतिक संवाद का परिणाम हैं। विश्वयुद्धोपरान्त समाज में जटिलताओं का विकास पर्याप्त मात्रा में हुआ, उनके परिहारात्मक उपकरण के रूप में मानवाधिकार सामाजिक–राजनीतिक जीवन में हमारे साथ है। अपने मूल में मानवाधिकार व्यक्ति और समाज के बीच के आदर्शात्मक सम्बन्ध को दर्शानेवाले श्रेष्ठ विचारों को सामने रखता है। अधिकार के सामाजिक प्रयोग से मानव अपने भीतर की शक्तियों की क्रियात्मक अभिव्यक्ति करता है। इस मानवाधिकार का सीधा सम्बन्ध प्राकृतिक अधिकार से है जो मानव के जीवन जीने के अधिकार को सुनिश्चित करता है और मानवाधिकार के माध्यम से स्वतन्त्रता, समानता, बन्धुता में बाधा खड़ी करनेवाली शक्तियों से मुक्ति प्रदान करने का संकल्प लेता है।

मानवाधिकार के आदिम प्रमाण के रूप में माग्नकार्टा की गिनती की जाती है। मानवाधिकार शब्द का प्रथम प्रयोग 1941 के अतलांटिक चार्टर में हुआ है। इतिहास की दृष्टि से 25 जून 1945 में संयुक्त राष्ट्र संघ के चार्टर में मानवाधिकार का उल्लेख हुआ है। उसके बाद 1948 में मानवाधिकारों की सार्वलौकिक घोषणा निकली। इसके बाद संयुक्त राष्ट्र संघ की तरफ़ से मानवाधिकार के विषय पर लगातार प्रस्ताव, संकल्प आदि पारित होते रहे हैं। विश्व के विभिन्न राष्ट्रों ने उनका अंगीकार भी किया। मानवाधिकारों की आधारभूत संकल्पना मनुष्य मात्र के आत्मबोध तथा विवेकपूर्ण व्यक्तित्त्व का विकास करती है, क्योंकि मानवाधिकार सामाजिक व्यवहार में नये सम्बन्धों की तलाशी करता है, आचरण की स्तरीयता की माँग करता है, मानव के मूल–मौलिक अधिकारों की रक्षा की बात करता है। मानवाधिकार का एक नैतिक पक्ष भी प्रबल अवश्य है। इस नैतिकता–मौलिकता की प्रमुखता की वजह से किसी व्यवस्थापिका द्वारा उसे छीना नहीं जा सकता क्योंकि जीवन की गतिशीलता के लिए

मानवाधिकार अपेक्षित तत्त्व है। इसीलिए मानवाधिकार की संकल्पना में मानव के नैतिक, आध्यात्मिक, भौतिक कल्याण का भाव सुरक्षित है। इसी भावना को ध्यान में रखकर मानवाधिकार एक मापदण्ड तैयार करता है जो अपने आप में न्यूनतम है जो मानव के सर्वांगीण विकास को लक्षित करता है। इसलिए मानवाधिकार का सूक्ष्म दर्शन विश्व जनता की सेवा का दर्शन बन जाता है। मानवाधिकार जीवन की बुनियाद है जो शोषण मुक्त समाज की कामना करता है। इसकी स्थापना स्वतन्त्रता, समता, बन्धुता से ही होगी। आधुनिक काल में यह अधिकार संविधान द्वारा प्रत्याभूत है।

मानवाधिकार का एक मनोवैज्ञानिक आधार होता है, उसका सम्बन्ध मानव के आत्मपरितोष से है। मानव की स्वतन्त्रता की मूल एषणा के पीछे भी यही भाव कार्यरत है। यह आत्मपरितोष तभी प्राप्त होता है जब मानव की स्वतन्त्र रूप से कार्य करने की एषणा साकार हो। बोलना मानव की बुनियादी एषणा है, इसलिए आधारभूत अधिकारों की कोटि में 'वाक् स्वातन्त्र्य' को रखा गया है। इस भाँति चलना भी मानव की स्वतन्त्र इच्छा का ही क्रियात्मक विस्तार है, वह मनुष्य की आन्तरिक इच्छा का कार्य रूप है, इसीलिए 'चलन का स्वातन्त्र्य' मानवाधिकार की कोटि में आता है। इस स्वातन्त्र्य के उपभोग में भयहीनता की स्थिति है। भय से यहाँ तात्पर्य बाहरी प्रकृति से उत्पन्न आतंक की भावना से नहीं, सत्तात्मक बन्धन से उत्पन्न भय से है जिससे मानव की स्वतन्त्रता अवरुद्ध हो जाती है, जिससे मानव दमन का दास बन जाता है। इसलिए भय–मुक्ति या सुरक्षा मानव के अधिकार का हिस्सा है। भयमुक्त स्थिति में मानव अपनी शक्तियों का विकास कर सकता है। धार्मिक भावना भी व्यापक अन्दाज में इस जगत के रहस्य को जानने के मानसिक व कल्पनात्मक प्रयास का नाम है। इस प्रयास में मानव अपनी आन्तरिक वृत्तियों की खुली अभिव्यक्ति करता है और जीवन के आधारभूत रहस्यों को समझता है। नयी मूल्य व्यवस्था व नैतिकता के आदर्श रूप समाज में इसके माध्यम से विकसित होते हैं। कहने का तात्पर्य यह है कि उच्चकोटि का धार्मिक चिन्तन मानव के वैयक्तिक, सामाजिक, सांस्कृतिक जीवन को सम्पुष्ट करता है। यह वास्तव में मानव की रचनाधर्मिता का विस्तार करता है। इसके मूल में मानव की स्वतन्त्रता कार्यरत रहती है। इसलिए धर्म के आचरण की स्वतन्त्रता मानवाधिकार के अन्तर्गत आती है। इस प्रकार मानव की आन्तरिक–बाह्य

समृद्धि को सुनिश्चित करनेवाले मानवाधिकारों की परिकल्पनाओं का विस्तार नागरिक एवं राजनीतिक, सांस्कृतिक अधिकार सम्बन्धी संयुक्त राष्ट्र संघ के सम्मेलनों में पारित प्रस्तावों में हम देख सकते हैं। जीने का अधिकार, उत्पीड़न से मुक्ति, गुलामी से मुक्ति, देश या राष्ट्र छोड़ने की स्वतन्त्रता, न्याय के समक्ष समानता, धर्म और विचार का स्वातन्त्र्य, वाक् स्वातन्त्र्य, संघ या संगठित होने की स्वतन्त्रता, सार्वजनिक जीवन में भाग लेने की स्वतन्त्रता, धर्म–संस्कृति का स्वातन्त्र्य आदि के साथ आर्थिक, सामाजिक, सांस्कृतिक अधिकार और संयुक्त राष्ट्र संघ के विविध सम्मेलनों में पारित प्रस्ताव के अन्तर्गत आनेवाले सामाजिक सुरक्षा का अधिकार, पारिवारिक सुरक्षा का अधिकार, न्यूनतम आजीविका के स्तर का अधिकार, शारीरिक और मानसिक स्वास्थ्य प्राप्त करने का अधिकार, शिक्षा का अधिकार, सांस्कृतिक कार्यकलापों में भाग लेने का अधिकार आदि उपर्युक्त बात को प्रमाणित करते हैं। ये सारे के सारे अधिकार आधुनिक मानवाधिकार एवं जीवन दर्शन के आधार स्तम्भ कहे जा सकते हैं। मानवाधिकार के विभिन्न पक्षों पर विचार करने पर अवगत होता है कि मानवाधिकार मानव समाज की सीमाओं की तरफ़ इशारा करता है, हमारी जीवन पद्धति की कमी की ओर प्रकाश डालता है। साथ ही यह मानवाधिकार नये विचार को, नयी ज़िम्मेदारियों को, नवीन सामाजिक–सांस्कृतिक संकल्पों को मानव समाज के सम्मुख रखता है और स्वस्थ समाज की रचना की ओर उन्मुख बनाता है।

संस्कृति परिमार्जन और शोधन की प्रक्रिया का नाम है। इस प्रक्रिया से मानव अपने जीवन की सीमाओं को अपनी रचनात्मकता के ज़रिये पार करता है, वही रचनात्मक कार्य संस्कृति कही जा सकती है। साधारणतः प्रस्तुत शब्द मानव जीवन की गुणवत्ता का, साथ ही आन्तरिक समृद्धि का प्रतिनिधित्व करता है क्योंकि संस्कृति उदात्त मानवीय संकल्पनाओं का आगार है या दूसरी भाषा में संस्कृति विचारों की उत्कृष्टता प्रोद्घोषित करती है। यह संस्कृति मानव के जीवन की अन्तर्धारा के रूप में प्रवाहमान है। वैचारिक सम्पन्नता की वजह से संस्कृति जीवन की संचालिका शक्ति कही जा सकती है। 'विचार' शब्द में तो 'चर' का भाव व्युत्पत्ति से ही जुड़ा हुआ है। संस्कृति की 'चर' मूलधातु के अन्तरंग में गतिमयता का अर्थ समाहित है। अतः विचार में मानव जीवन की गति का बोध है तो तदनुरूप उच्च विचारों से संग्रथित होने के कारण संस्कृति में भी जीवन की गति का

भाव संचरित होता है। मानवाधिकार भी मानव जीवन के उदात्त विचार रूप को ही पेश करता है और वह जीवन की गति को सुनिश्चित करता है।

मानव की श्रेष्ठ साधना ही संस्कृति का रूप धरती है। मानव की साधना एक चिरन्तन प्रक्रिया है, अतएव इस साधना से मानव के विचार और उसकी धारणाओं का परिमार्जन होता है। इसलिए संस्कृति के उदात्त भावों के ग्रहण करने पर मानव पाशविकता से मुक्त होता है। मुक्ति का सतत अनुशीलन मानव के मूल्यान्वेषण का अंजाम कहा जाना चाहिए। मनुष्य अपने जीवन में आनुवंशिक या जैविकता के तत्त्व के अलावा अपनी सामाजिक भागीदारी के माध्यम से सांस्कृतिक तत्त्वों को अपनाता है। सांस्कृतिक तत्त्वों के आत्मसातीकरण से मानव के मन में सौन्दर्यात्मक बोध का विकास होने लगता है। यह बोध जीवन–यापन करने के तरीक़ों को या जीवन की पद्धति को निर्धारित करता है। यही जीवन पद्धति के रूप में परिवर्तित होता है। सांस्कृतिक चेतना समस्त चर–अचर के प्रति भावात्मक, आत्मीय व संवेदनात्मक सहानुभूति को संचरित करती है, इससे संसार में सहयोग, सौहार्द एवं सहानुभूति की भावना पनपती है। इस नज़रिये से संस्कृति भिन्नता की दीवारों को तोड़ती है, मानव की सामाजिकता को सम्पुष्ट करती है, समाज के स्तरीकरण के मापदण्डों को तोड़ती है। अतएव मानव को अपने परिवेश के साथ सच्चे अर्थों में आपस में जोड़नेवाली, आन्तरिक सम्पन्नता को पुष्ट करनेवाली शक्ति के रूप में संस्कृति काम करती है। इस बिन्दु पर मानवाधिकार और संस्कृति हाथ मिलाते हैं क्योंकि मानवाधिकार भी मानव मात्र की समग्र सम्पन्नता की हिमायत करता है। यह सम्पन्नता 'मन के संस्कार से मात्र सम्भव है।' संस्कृति शब्द की उत्पत्ति और प्रयोजन पर विचार करते हुए गोविन्द चातक कहते हैं– "कृषि के लिए जिस प्रकार भूमिशोधन की प्रक्रिया आवश्यक है, उसी प्रकार संस्कृति के लिए भी मन के संस्कार की अपेक्षा होती है।"

नैतिकता संस्कृति की सुपुत्री है। वह असल में जीवन के संचालन के निदेशों का संकलन है। मानव समाज में किस प्रकार सम्यक् व्यवहार करें, समाज में मानव के कार्यों का निष्पादन कैसा हो, इसका प्रतिपादन नैतिकता की विषयवस्तु है। जब अपने समाज के अन्य सदस्यों की हित भावना या दूसरों के दुख–दर्द को लेकर जो चिन्ता व्यक्ति के मन में रहती है, वही नैतिकता के आधार को बुनती है। सामाजिक व्यवस्था के प्रति

मानव के मन में जो जैविक एवं स्वच्छ प्रतिक्रिया रहती है, उसे नैतिकता की संज्ञा दी जा सकती है। मानवीय अधिकार एवं कर्तव्य, मूल्य, आदर्श आदि नैतिकता की परिकल्पना से निष्पन्न होते हैं। नैतिकता की इस परिकल्पना का व्यवस्थागत रूप विधि, धर्म, राजनीतिक चिन्तन आदि के रूप में समाज में प्रवृत्त होता है। संस्कृति के अंश होने के नाते परिरक्षण एवं सुधार का भाव नैतिकता में भी पायी जाता है। इसलिए सतत परिवर्तन एवं परिमार्जन नैतिकता का गुण बन जाता है।

नैतिकता अहिंसा का प्रसार करती है। यह मानव के ख़ुद के प्रबन्धन का, आन्तरिक अनुशासन का ही विधान है। नैतिकता में जो विधान है, उसमें सत्ता का अंश अवश्य पाया जाता है, जो व्यक्ति एवं समाज हित को ध्यान में रखकर मानव को विशेष ढंग से नियोजित करता है। आचरण की शुद्धता–अशुद्धता पर बल देनेवाली नैतिकता दूसरों की समस्याओं के परिहार पर बल देती है। समाज के स्वस्थ भविष्य की चिन्ता नैतिकता में सन्निहित रहती है। नैतिकता के मूल में मानवीयता की पुनीत भावना रहती है, उसके रूपायन में मानव की रचनात्मकता काम करती है जो समाज विशेष होने पर भी मानव की गरिमा पर बल देती है। यह कहना युक्तिसंगत है कि सामाजिक शेयरिंग की वजह से नैतिक भावनाओं के बीच में कुछ सामान्य तत्त्व पाये जाते हैं, जिससे नैतिकता एक सामान्य सामाजिक आचरण का रूप धारण करती है। मानवाधिकार का भी एक नैतिक पक्ष होता है, जो मानव के सामाजिक कार्य को नूतन ढंग से रूपायित करता है जिसके सफल सामाजिक कार्यान्वयन से वर्तमान सामाजिक जीवन के सांस्कृतिक व्यवहारों में परिवर्तन की उम्मीद की जाती है।

अशोक पाण्डेय के अनुसार 'मूल्य' शब्द अंग्रेज़ी के 'वैल्यू' शब्द का पर्यायवाची शब्द है। वल्यू शब्द लाटिन के 'वलारे' शब्द से बना है जिसका अर्थ 'अच्छा', 'सुन्दर' होता है।' मूल्य मानव की इच्छाओं को साकार करनेवाला होता है। यह मानव का या किसी समाज का गुण हो सकता है। मानव जीवन और उसके चारित्रिक विकास में सहायक तत्त्व को मूल्य कहा जा सकता है। इस मूल्यान्वेषण के पीछे जीवनाकांक्षा काम करती है, जो ज्ञानार्जन की परम्परा की पहली शर्त है। वैयक्तिक हित से बढ़कर जब सामान्य हित की साधना पर मानव का ध्यान केन्द्रित होता है तो व्यक्ति के हितों का नियन्त्रण स्वाभाविक रूप से अनिवार्य बन जाता है।

जहाँ 'स्व' की पुष्टि समष्टि की क़ीमत पर हो जाती है तो समाज के हित को ध्यान में रखकर सामाजिक–राजनीतिक व्यवस्थाएँ उसका नियन्त्रण करती हैं। व्यक्ति हित की सामाजिकता में ही जीवन मूल्य की सार्थकता है। आत्मबोध के विकास के साथ मनुष्य में अपनी प्रवृत्तियों की ओर सजगता का भाव जाग्रत होता है जो उसके सहज रूप को पूरी तरह स्वीकार नहीं करता है, फिर भी सामाजिक प्राणी होने के नाते सामाजिक मूल्य–बोध का अनुसरण करता है। अज्ञात विषयक प्रवृत्तियों से बरबस संचालित होकर मनुष्य विवेक द्वारा अनुमोदित विषयों के अनुसन्धान में अपनी स्वतन्त्रता पाता है। अतुल सिन्हा का कथन है कि "आत्मबोध, विवेक और स्वतन्त्रता के न्यूनाधिक अभाव नियत प्राकृतिक प्रवृत्ति चक्र को मानवीय पर्येषणा में अनन्त ऋजुपथ में रूपान्तरित करने की ओर उद्दिष्ट रहते हैं। यथाप्राप्त अन्तराल से आदर्श विषयों की खोज, यही मनुष्य का मनुष्योचित जीवन है। यही मूल्यान्वेषण या पर्येषणा है।"

मूल्य मानव स्वभाव की परिपक्व सन्तुष्टि का बोध है। इसलिए किसी उच्चतर प्राप्य की खोज के लिए मानव सन्नद्ध होता है। मूल्य मानव को विशिष्ट अस्मिता प्रदान करता है। मैं यहाँ जोड़ना चाहूँगा कि मूल्य सामाजिक होते हुए भी व्यक्ति चरित्र या उसकी अस्मिता का अंश बन जाता है। यह अस्मिता एक समाज या व्यक्ति की मूल्यवत्ता को ही प्रसारित करती है। विशिष्ट सामाजिक अस्मिता में रहते हुए मानव समाज से मूल्यों का अधिग्रहण करता है। सामाजिक जीवन मूल्यों की निरन्तरता समाज की निरन्तरता का साक्षी है। इस नैरन्तर्य में अपवर्जन व समावर्जन की क्रिया चलती रहती है। मूल्य की अर्थवत्ता जीवन को समृद्ध करने में है, मानव की एषणाओं, नीतियों और आचरण के सन्तुलन में है। यह समाज का नयाचार है जो मानव की गतिविधियों पर अंकुश लगाता है। मूल्य व्यवस्था मानव की स्वायत्तता (ऑटोनमी) को सामाजिक स्वीकार्यता प्रदान करती है।

मूल्य मानव को आन्तरिक और बाह्य क्षमता प्रदान करता है, उसकी वैयक्तिक एवं सामाजिक क्रिया को पूर्णत्व प्रदान करता है। यदि मानव द्वारा मूल्यों का आत्मसातीकरण नहीं होता है तो एक 'नैतिक मानव' के रूप में उसका विकास नहीं होगा, उसकी स्वेच्छा से चालित क्रियाओं को, स्वतन्त्रता की अभिव्यक्तियों को सामाजिक स्वीकृति प्राप्त नहीं होगी। नैतिक मानव के पास सामान्य समाज हित की भावना रहती है जिसे समाज की

सम्मति मिली हुई है। इसका तात्पर्य यह नहीं निकलता है कि समाज की मूल्य व्यवस्था तथा नैतिकता का कोई स्थायी रूप होता है। नैतिक मूल्यों में बदलाव मानव–मानव की सामाजिक क्रिया के अन्वय से होता है। इस अन्वय यानी सामाजिकता में मानव को जीवन में परितोष हाथ लगता है। यह परितोष जीवन के सन्तुलन या सम्यक् आचरण का द्योतक है जो जीवन के स्वस्थ वातावरण से मात्र प्राप्त होता है। मानवाधिकार भी स्वस्थ जीवन मूल्य का ही पर्यायवाची शब्द है जो मानव के सामाजिक व्यवहार में बदलाव लाकर सम्पूर्ण मानव समुदाय की समृद्धि को लक्ष्य करता है।

न्याय (जस्टीस) सभी सामाजिक संस्थाओं का मूल तत्त्व होता है और हर विचार प्रणाली और हर सामाजिक व्यवस्था या संस्थान की स्थापना का उद्देश्य न्याय की स्थापना होता है। परितोष की उपलब्धि न्याय का मूलभाव है, जो मानव की आत्म–चेतना का अटूट अंग है। मानव को धार्मिक मूल्य (एथिकल वैल्यूस) सामाजिक व्यवहार से प्राप्त होता है, जो उसके 'इतोस' (चरित्र) **को** रूपायित करता है। नैतिक मूल्यों के माध्यम से मानव की आधारभूत एषणाओं का सकारात्मक रूपायन समाज कल्याण की अहम अपेक्षा है। न्याय उच्चतम राजनीतिक, मूल्यपरक तत्त्व है। वह हमारी न्यायिक, राजनीतिक, धार्मिक, सामाजिक संरचना की नींव का पत्थर है। न्याय की प्रमुख विशेषता यह है कि वह हमेशा समता का समर्थन करता है। न्याय के मूल में समाज के कल्याण की भावना निहित होने के कारण न्याय की रक्षा करना हर समाज की ज़िम्मेदारी है। संक्षेप में अवांछित जीवन स्थितियों का निराकरण दमनकारी शक्तियों के उत्सादन का भाव न्याय में है और मानवाधिकार परिकल्पना में भी वही भाव समान रूप में परिलक्षित है। न्याय का परिपालन समाज द्वारा बनाये गये नियमों के द्वारा सम्पन्न होता है। नियम मानव के आचरण को सही दिशा देने का उपकरण है। समाजहित विधि में प्रतिबिम्बित होता है। यह स्मर्तव्य है कि विधि का निर्माण समाज के अतिजीवन के लिए अनिवार्य है। मानव का सामाजिक अनुभव मानव के सामाजिक व्यवहार में तब्दीली करने के लिए बाध्य करता है, विधि या न्याय प्रणाली इसी माँग की पूर्ति करती है। जीवन जीने के तरीक़े से ही या सामाजिक वैचारिक संघात से ही नवीन मूल्य, नवीन नैतिकता तथा न्याय की नवीन परिकल्पनाओं का गर्भधारण होता है।

दलित–जीवन और मानवाधिकार पर विचार करने से पहले विमर्श पर चन्द बातें करना आवश्यक प्रतीत होता है। विमर्श आज के सामान्य व्यवहार में किसी शाब्दिक, लिखित अभिव्यक्ति का पर्यायवाची शब्द है जिसमें विचारों की तार्किकता व क्रमबद्धता रहती है। वर्तमान आलोचनात्मक व्यवहार में किसी लिखित या भाषिक व्यवहार का विभिन्न दृष्टिकोणों से विवेचन–विश्लेषण करना विमर्श कहा जाता है। जब समाज में विसंगतियाँ भर जाती हैं, उस वक़्त विमर्श का आगमन होता है। विमर्श नयी बौद्धिक अभिवृद्धि का परिचायक शब्द है क्योंकि वह नये ढंग से समाज और दुनिया को परिभाषित करता है तथा उसको पुनःसंरचित करने का बौद्धिक प्रयास करता है। विमर्श किसी विषय की सार्थक बातचीत का भी नाम हो सकता है। इस बातचीत में अनेक विचारधाराएँ सक्रिय होती हैं। विचारधारा का प्रश्रय लेने के कारण विमर्श एक बौद्धिक यज्ञ का रूप धारण करता है और उससे किसी सांस्कृतिक प्रतिभास का सत्तात्मक सम्बन्ध व संरचना खुल जाते हैं। विमर्शों के उभार के काल में आजकल मानवाधिकार विमर्श, लोकतन्त्रात्मक विमर्श आदि हमारे सामने हैं, जिनके अन्तर्गत दलित, स्त्री, आदिवासी, मज़दूर, बाल, विस्थापित लोग आदि के अधिकारों की चर्चा की जाती है।

'दलित' शब्द अपने आप में दमन के भार का वहन करता है, वह समस्त हाशियेकृत जीवन या समाज से बहिष्कृत जीवन का प्रतीकत्व ग्रहण करता है। 'दलित–जीवन' लिंग, जाति, वर्ग आदि के आधार पर किये जानेवाले दमनात्मक जीवन का दूसरा रूप है जिसका सीधा 'सम्बन्ध आर्थिक, सामाजिक, सांस्कृतिक, जातिगत पिछड़ापन या अधीनस्थता से है। 'यह पिछड़ापन ख़ास विचारधारा की छाया में विकसित होता है। जिससे जातिगत स्तरीकरण को सामाजिक स्वीकृति मिलती है।' भारत की ऐतिहासिक सच्चाई यह है कि दलितों का सामाजिक, सांस्कृतिक, भौतिक सम्पत्ति पर अधिकार नहीं रहा है। इसलिए सत्ता के गलियारों में उनकी भूमिका नगण्य है। साथ ही व्यापार, वाणिज्य, व्यावसायिक संगठन, धार्मिक संस्थाएँ आदि में उनकी भूमिका न के बराबर है। इससे यह व्यक्त होता है कि जाति व्यवस्था भोग, सत्ता एवं वित्त की प्राप्ति का दरवाज़ा उच्चवर्गवाले के लिए खोलती है, पर निम्न जातिवाले के लिए वह दरवाज़ा हरगिज़ खुलता ही नहीं। यह सही है कि मानव की मानसिक, बौद्धिक,

शारीरिक क्षमता संस्कार का रूप धारण करती है, वही इन्सान की पहचान है या होनी चाहिए, पर जाति की अमानवीय व्यवस्था में निम्न जातियों का अंगीकार नहीं होता है। कारण स्पष्ट है कि उसका जन्म अमुक जाति विशेष में हुआ है। जाति व्यवस्था में व्यक्ति की प्रतिभा की नहीं, जाति शरीर का ही सम्मान–असम्मान होता है। इसलिए मानवतावादी विचारधारा पर आधारित समाज की स्थापना के लिए जाति व्यवस्था का उन्मूलन अनिवार्य बन जाता है। इस उद्देश्य की पूर्ति हेतु धार्मिक, सामाजिक, आर्थिक, सांस्कृतिक क्रान्ति की आवश्यकता पड़ती है, एक महासंग्राम के माध्यम से ही भारतीय सामाजिक संरचना में सकारात्मक परिवर्तन होगा।

जाति व्यवस्था में जाति मानव की सामाजिक पहचान या अस्मिता का रूप धारण करती है। इस पहचान की वजह से जाति आज भी सांस्कृतिक संरचना का रूप धारण करती है। कहने का मक़सद यह है कि जाति जीवन के अस्तित्त्वपरक, प्रकार्यात्मक और अनुभूत्यात्मक प्रकार का एक रूप है, जिसके पीछे इतिहास, संस्कृति, मिथ, विश्वास आदि भरे रहते हैं। इन्हीं उपकरणों से दलित शरीर एवं आत्मा का निर्माण किया जाता है। इस सामाजिक निर्माण की प्रक्रिया से विशिष्ट कोटि के कर्तृत्व का विकास होता है और यह कर्तृत्व व्यक्ति का सांस्कृतिक रूप है। यह विदित है कि कर्तृत्व के रूपायन में व्यक्ति के जीवनानुभवों की बड़ी भूमिका रहती है। विभिन्न सामाजिक स्थितियों में व्यक्ति की प्रतिक्रिया में 'कर्तृत्व' (सबजेक्ट) काम करता है। जाति आधारित समाज ही दलित के जीवन–बोध को रूपायित करता है। समाज का कर्ता अभिकरण (एजेंसी) के रूप में जब काम करने लगता है तब वह **अपनी तरफ़** से एक दुनिया का सृजन करता है। दलित शब्द अपने आप में एक विस्तृत दलित अभिकरण का पर्यायवाची शब्द है। जब दलित कर्तृत्व अभिकरणत्व ग्रहण करता है तब उसका सामाजिक हस्तक्षेप प्रभावकारी होता है। यह अभिकरणत्व दूसरी भाषा में मानव के अन्दर की भावना को बाहरी दुनिया से जोड़ता है।

दलित कौन है? इसके उत्तर में 'दलित पैंथर्स का घोषणा पत्र' में कहा गया है कि 'राजनीतिक, आर्थिक तथा धर्म के नाम पर शोषण जिनका किया जाता है, वही दलित है तथा जो जाति प्रथा को तोड़ने के लिए सक्रिय वामपन्थ के लोग ही दलित जनों के मित्र हो सकते हैं। उनका कहना सही हैं कि जाति–धर्म की राजनीति का खेल खेलनेवाले

दलित जनता के विपक्षी है, शत्रु हैं। "दलित कौन है? वे हैं– अनुसूचित जाति तथा जनजाति के लोग, नवबौद्ध मज़दूर लोग, भूमिहीन निर्धन खेतिहर, स्त्रियाँ और वे सभी जिनका राजनीतिक, आर्थिक तथा धर्म के नाम पर शोषण किया जा रहा है।" "हमारे मित्र कौन हैं? वे क्रान्तिकारी दल जिनका लक्ष्य जाति प्रथा और वर्ग शासन को तोड़ना है। वामपन्थी दल जो सच्चे अर्थों में वामपन्थी है, समाज के अन्य भाग जो आर्थिक तथा राजनीतिक उत्पीड़न के शिकार हैं।" "हमारे शत्रु कौन हैं? सत्ता, धन, क़ीमत, भूपति, पूँजीपति, महाजन और उनके चाटुकार नौकर, वे दल जो धर्म तथा जाति की राजनीति खेलते हैं तथा वे सरकारें जो उनपर निर्भर करती हैं।" पैंथर्स के घोषणा पत्र से विदित होता है कि उनकी निगाह सम्पूर्ण सत्तात्मक शोषण व्यवस्था पर टिकी हुई है, किसी व्यक्ति या समूह पर नहीं है। जनता को व्यापक रूप में संगठित कर एक नवीन जनान्दोलन खड़ा करना उसका लक्ष्य रहा है। चाहे बाद में यह दलित संगठन नामदेव ढसाल (मार्क्सवादी गुट) और राजा धाले (बौद्ध धर्म का गुट) के नेतृत्व में दो प्रमुख गुटों में विभक्त हो गया हो, फिर भी दोनों का मुकाम प्रजातान्त्रिक समाजवाद की स्थापना है, जहाँ व्यापक परिप्रेक्ष्य में 'दलितों' के समस्त अधिकारों की रक्षा हो। भारत की दलित ज़िन्दगी के अभिशाप के रूप में ब्राह्मणवादी हिन्दू साम्राज्यवाद कार्यरत है जो समता, स्वतन्त्रता और भ्रातृत्व के पुनीत आदर्श को ख़ारिज करता है। ब्राह्मणवाद में मुझे लगता है कि धर्म, समाज, राजनीतिक, सांस्कृतिक सत्ता का साकल्य है, इस आलोक में दलित–जीवन और उसके मानवाधिकारों पर विवेचना की जानी है। जाति व्यवस्था साम्राज्यवादी व्यवस्था दोनों समानान्तर कार्य करनेवाली एक व्यवस्था है। साम्राज्यवाद की प्रमुख विशेषता यह रही कि वह अपने को सशक्त रूप में दूसरों के सम्मुख पेश करता है, अपने को आदर्श के रूप में प्रस्तुत करता है। इतना ही नहीं, वह अपनी तरफ़ से कुछ आचार संहिता तैयार करके उसको मानक बताकर दूसरों पर थोपता है। साम्राज्यवाद सामाजिक हस्तक्षेप के सन्दर्भ में अपनी स्वार्थता की सिद्धि हेतु उत्पीड़नात्मक मार्गों को अपनाता है। उपनिवेशीकृत राष्ट्र की संस्कृति को ध्वस्त कर साम्राज्यवाद अपने प्रभुत्व को स्थायी बनाता है। सामुवल हंटिंगटन 'सभ्यताओं के संघर्ष' में इसी तथ्य को रेखांकित करते हैं। इस भाँति जाति भी साम्राज्यवाद की लीक पर चलकर सांस्कृतिक आतंक का रूप ग्रहण करती है तथा निम्नजाति के लोगों के भीतर की भावनाओं को

ख़ारिज कर खोखला करके उसे छोड़ देती है। जाति व्यवस्था को आन्तरिक या मानसिक साम्राज्यवाद कहा जा सकता है। ब्राह्मणवादी संस्कृति से पालित–पोषित जाति व्यवस्था अपने को छोड़कर बाकी सबको हेय भावना से देखकर गुलामी संस्कृति का प्रसार करती है। जाति मानसिक शोषण है और वह दासत्व के संस्कार का पल्लवन करती है। जो जाति व्यवस्था को स्वीकार करता है, उसका अपना कुछ नहीं रहता। विडम्बना यह है कि जाति का सामाजिक व्यवहार दलित लोगों की सम्मति से आगे बढ़ता है। इसलिए अम्बेडकर कहते हैं– "जिस तरह ब्रितानियों का (अंग्रेज़ों) एक साम्राज्य है, उसी तरह हिन्दुओं का भी है। इस रूप में हिन्दू धर्म क्या साम्राज्यवाद का ही एक रूप नहीं और क्या अछूत उनकी कमकर जाति नहीं जो अपने हिन्दू मालिकों की सेवा में पूरी निष्ठा एवं दासता के साथ जुटे रहते हैं?"

दलित एक जाति नहीं, एक सामाजिक–सांस्कृतिक अनुभूति विशेष है। इस अनुभूति से दलित मानव की भाँति जी नहीं पाता है। दलितों के राजनीतिक संघर्ष इस जात्याधारित मानसिक अनुभूति से मुक्ति है। दलितों की मुक्ति तभी सम्भव हो पायेगी जब ब्राह्मणवादी जाति व्यवस्था द्वारा उत्पादित एवं पोषित सामाजिक, सांस्कृतिक, आर्थिक बन्धनों से मुक्ति हो जायेगी। जाति व्यवस्था दलितों के सामाजिक जीवन के अनेक परतों को सामाजिक बन्दिशों से नियन्त्रित करती है। इन बन्दिशों की वजह से दलितों के सामाजिक जीवन को सीमित किया जाता है। सामाजिक व्यवहार के थल में यानी सार्वजनिक रास्ता, धार्मिक संस्थान, मसान, सभा आदि में दलितों का प्रवेश निषिद्ध माना जाता है, किसी भी प्रकार की सम्पत्ति पर अधिकार स्थापित करने से दलितों को रोका जाता है ताकि वे हमेशा गुलामी करते रहे, समाज में उनकी स्थिति हमेशा पराश्रयत्व की रहें। यहाँ तक कि जीवन जीने के आवश्यक साधनों व संसाधनों पर दलितों की पहुँच न रहे। जीवन के बुनियादी साधनों से यानी, पीने के पानी तक के स्रोतों से भी दलितों को दूर रखा जाता है। शिक्षा मानव के आन्तरिक नैपुण्य के विकास का कारक तत्त्व है। शिक्षा के माध्यम से ही विचारों को आत्मसात करने और उन्हें संग्रथित करने की शक्ति मानव को प्राप्त होती है। शिक्षा शक्ति का पर्याय है जो बौद्धिक और राजनीतिक विकास का आधार है। पर शिक्षा जैसे सामाजिक उन्नति के अवसर दलितों के जीवन में खुलते नहीं हैं।

निजीकरण के वर्तमान दौर में शिक्षा की संस्थाएँ प्रबल वेग से निजीकृत हो रही हैं। ऐसी संस्थाओं में सम्पत्तिहीनता से पीड़ित दलित जनों की स्थिति क्या होगी, गम्भीर रूप से सोचने–विचारने की बात है। शिक्षा का अर्जन मात्र औपचारिक ढंग से नहीं होता है, अनुभव, सामाजिक व्यवहार और सम्पर्क से होता है। पर दलितों के सामाजिक व्यवहार के स्थल सीमित होने के कारण मानसिक–बौद्धिक विकास के अवसर दलितों को हस्तगत नहीं होते हैं। यह सुखद बात है कि कमियाँ रहते हुए भी लोकतन्त्रात्मक व्यवस्था दलितों के अधिकारों को वैधानिक सुरक्षा प्रदान करती है, अपने अधिकारों के प्रति दलितों को सजग बनाती है, संगठित होने का अवसर देती है, जीवन में आशा का संचरण करती है।

दलित जनों के जीवन में बहिष्कार के अनेक तरीक़े कायम हैं। रोज़गार के पर्याप्त अवसर दलितों के पास नहीं हैं। आजकल बाज़ार में सारे के सारे काम बाह्य अभिकरणों से करवाये जाते हैं। दलितों को केवल मज़दूर, दिहाड़ी, नौकर–चाकर, चपरासी, बाबू तक का काम दिया जाता है। जीवन में आगे बढ़ने की सम्भावना इससे विकसित नहीं होती है। व्यापार और वाणिज्य के क्षेत्र में घुसने के लिए प्रारम्भिक पूँजी निवेश का अभाव उसकी बेरोज़गारी की स्थिति को ख़राब कर देता है। आर्थिक अभाव के कारण शिक्षा, चिकित्सा, जीवन साधन आदि जुटाने के लिए भी दलितों को संघर्ष करना पड़ रहा है। सत्ता एवं अधिकारहीनता की वजह से दलितों के आत्मचैतन्य का विकास नहीं होता है। यह दलित–जीवन में अपाहिजता की स्थिति पैदा करती है। जाति व्यवस्था में समाज का एक वर्ग दूसरे वर्ग का बहिष्कार करता है, रोटी–बेटी के सम्बन्ध का तिरस्कार करता है। इसके अलावा इस जाति व्यवस्था में श्रेष्ठ समझे जानेवाले उच्च वर्ग के पास विशिष्ट अधिकार परम्परा से सुरक्षित रहते हैं, जिनके आधार पर वह निम्न वर्ग पर अपना दमनचक्र फैलाता है। दलित–जीवन में अधिकार की असमानता जाति व्यवस्था में उच्च वर्गों के विशेषाधिकारों से विकसित होती है। अधिकारहीनता की वजह से निम्न वर्ग को सामाजिक सदस्यता प्राप्त नहीं होती है। इससे दलितों में सामाजिकता कम होती जाती है, समाज के व्यापक जन का सहकार दलितों को प्राप्त नहीं होता है। मानसिक अस्वतन्त्रता तथा शारीरिक अस्वतन्त्रता के कारण दलित–जीवन करुण कहानी बन जाती है। जातिगत ढाँचा एक विचारधारा की छाया में अपनी

सत्ता प्रसारित करता है। इस जातिगत ढाँचे को तोड़ने के लिए वैचारिक क्रान्ति यानी सांस्कृतिक क्रान्ति लाने की ज़रूरत है। विचार मानव की अन्तश्चेतना का रूपायन करता है। विचारधारा हम जानते हैं कि काल–थल विशेष के सामाजिक–सांस्कृतिक सम्बन्धों की परिणति कही जा सकती है। एक विचारधारा अपने को वैध ठहराने के लिए भी अनेक उपकरण तैयार करती है। साहित्य, कला, सामाजिक, धार्मिक, सांस्कृतिक संस्थाएँ यही भूमिका निभाती हैं। मानव की अन्तःक्रियाओं के अनुरूप उसकी सामाजिक क्रियाएँ रूपायित होती हैं। इसी वैचारिक धरातल पर समाज की सत्तापरक संरचना निर्मित होती है। यदि समाज की नीति, मूल्य आदि सकारात्मक नहीं हैं, यदि किसी समाज में बौद्धिक विकास अर्जित करने तथा अपने विचारों की अभिव्यक्ति की सम्भावना नहीं रह जाती है तो ऐसे समाज और व्यक्ति मानसिक रूप से गुलाम होते हैं। इसी आधार पर डॉ. अम्बेडकर को कहना पड़ा कि "हर हिन्दू व्यक्ति अपने आप में गुलाम है और उसे किसी न किसी की गुलामी स्वीकार करनी ही पड़ेगी। उसे वेदों की गुलामी स्वीकार करनी होगी, हिन्दू धर्म की तमाम धर्मग्रंथों की दासता अपने सिर पर रखनी होगी, उस समाज के उच्च वर्ग की और ऊंचे वर्ग की दासता स्वीकार करनी होगी, तभी हिन्दू कहला सकता है। यानी एक हिन्दू की यही पहचान है।" इस गुलामी की वजह से जाति व्यवस्था में गतिशीलता नहीं रहती है, इसी वजह से समाज का संरचनात्मक परिवर्तन भी नहीं होता है। काल के अनुसार जातिगत पेशों में परिवर्तन हुआ है, पर उन पेशों से जुड़ी जाति अभी भी मिटती नहीं है। इससे व्यक्त होता है कि जाति का सांस्कृतिक वैचारिक आधार मज़बूत है। मानव की सामाजिक क्रिया सांस्कृतिक विचारधारा की प्रतिछवि कही जा सकती है। जातिव्यवस्था मानव विरोधी, दलित विरोधी वैचारिकता का उत्पाद है। कुँवरपाल सिंह के शब्दों में केवल इतना कहा जा सकता है कि "जिस सभ्यता संस्कृति के पास मित्रता की गरमाहट और प्रेम की मर्यादा न हो, उसका विकास सम्भव नहीं है। घृणा और ईर्ष्या के आधार पर कोई नवनिर्माण नहीं किया जा सकता। केवल मनुष्य, समाज और देशों को बाँटा जा सकता है।"

दलितों की मुक्ति आध्यात्मिक मुक्ति को लक्ष्य करके किये जानेवाला मुक्ति संघर्ष नहीं, यह विराट जीवन संघर्ष इसलिए है कि इसके माध्यम से सभी प्रकार के बन्धनों से मुक्ति की कामना की जाती है।

यह संघर्ष एकदम फूटा नहीं, इसका अपना अलग लम्बा इतिहास है। उन सम्पूर्ण ऐतिहासिक बोध के अभाव में दलित संघर्ष की अर्थवत्ता को समझना मुश्किल का काम होता है। विमल थोरात का कथन है कि "दलित मुक्ति चेतना का विस्तार जाति आधारित समाज व्यवस्था के वर्ण–जाति–स्त्री की संस्कृति के प्रतिरोध में हुआ। वर्चस्व और अधीनता, श्रेष्ठ और कनिष्ठ, दासता और मालिक जैसे अन्यायपूर्ण सम्बन्धों और विधि–विधान, शास्त्र तथा धर्म से नियन्त्रित व्यवस्था को बदलने का संकल्प रहा है।" इस जाति प्रताड़न में सभी प्रकार के अपमान, हिंसा का विकराल रूप समाहित है। वह आगे कहती हैं कि "यहाँ दैवी दासता का विकास हुआ। आज भी अपने नरक जीवन को पिछले जन्म का कर्मफल मानते हैं। इसका भी फ़ायदा उठाकर जाति व्यवस्था के ऊँचे पायदान पर स्थित जातियों ने अपने लिए प्रगति के सोपान तैयार किये और श्रमजीवी समाजों के लिए सारे रास्ते बन्द किये।" इस तथ्य को भी किसी भी हालत में भूला नहीं जा सकता है कि जाति व्यवस्था के अन्दर जाति के साथ अर्थतन्त्र, पितृसत्ता के घिनौने चेहरे हैं। अर्थाभाव के कारण दलितों को दूसरों पर मोहताज रहकर शारीरिक शोषण/उत्पीड़न का शिकार होना पड़ रहा है। दलित स्त्रियों के बलात्कार के पीछे भी ग़रीबी एक प्रमुख कारण अवश्य है। जाति में व्यक्ति की गरिमा न के बराबर है क्योंकि जिस जाति में मानव का जन्म होता है, उसी के आधार पर उसकी सामाजिक हैसियत तय की जाती है। व्यक्ति की आन्तरिक गुणवत्ता के साथ उसका कोई सम्बन्ध नहीं रहता। इसमें कोई सन्देह नहीं कि व्यक्ति में अन्तर्निहित शक्तियों का विकास सामाजिक जीवन में सम्भव है बल्कि जाति व्यवस्था इस सम्भावना को नकार कर विकास की समस्त सम्भावनाओं का, व्यक्ति की स्वतन्त्रता सहित समस्त अधिकारों का निषेध करती है।

जाति व्यवस्था मानसिक शोषण का पर्याय है। धर्म ग्रन्थों का सहारा लेकर जाति को न्यायसंगत ठहराया गया है। मनुस्मृति में कहा गया है कि 'दस वर्ष के ब्राह्मण को सौ वर्ष का क्षत्रिय पिता तुल्य समझें।' 'बिल्ली, नेवला, चिड़िया, मेंढक, कुत्ता, गधा, उल्लू, कौआ आदि को मारने पर जितना पाप लगता है उतना पाप दलितों को मारने पर ही मिलता है, जाति को धर्म का आधार प्रदान करना उसको वैज्ञानिक एवं उपयुक्त ठहराने का सांस्कृतिक षड्यन्त्र है क्योंकि धर्म हमेशा आत्मसमर्पण की शिक्षा देता है।

वहाँ तर्क को कोई महत्व नहीं दिया जाता है। पूर्वजन्म के कर्म सिद्धान्त के आधार पर मानव की अवमानना, अधिकारहीनता, अभावग्रस्तता आदि को सच स्थापित किया जाता है। एक प्रकार से मनुवादी संस्कृति अपसंस्कृति का पर्याय है जो मानव–मानव के बीच की बराबरी को स्वीकार नहीं करती है। यह व्यवस्था समस्त अधिकारों से वंचित रहकर पशुतुल्य जीवन बिताने के लिए निम्न जाति के लोगों को मज़बूर करती है। इसके लिए अनेकानेक मिथक गढ़े जाते हैं जो कभी लुभावने होते हैं, कभी डरावने भी होते हैं। भारतीय समाज के यह उच्च वर्ग के पास सभी प्रकार के साधन मौजूद हैं, जिनकी वजह से उनका सत्तात्मक वर्चस्व बरकरार रहता है। साधनहीनता ही दलित की सत्ताहीनता का कारण है। इतिहास की एक घटना को यहाँ उद्धृत करना मैं संगत समझता हूँ। अलका और चेतना जो बोधगया आन्दोलन की जुझारू महिलाओं ने 1987 में ज़मीन मिलने के बाद यों कहा– 'हमारे पास ज़बान थी, पर हम बोल नहीं सकती थीं। हमारे पास पैर थे, पर हम चल नहीं सकती थीं, अब हमारे पास ज़मीन है हमारे पास बोलने और चलने की ताक़त है।'

दलित चिन्तन का मूल उद्देश्य समाजवादी लोकतन्त्र की स्थापना है, रूढ़ परम्पराओं का खण्डन है, साथ ही साथ वर्ण व्यवस्था, जाति व्यवस्था, अस्पृश्यता का विरोध, दलित मानसिकता का चित्रण, शोषण एवं पराधीनता से मुक्ति है। मार्क्स का समतामूलक जीवन दर्शन दलितों की वैचारिकी का मूलाधार है। मेरा विश्वास है कि उत्पादन सामग्रियों पर भारतीय दलितों की विशेष भूमिका नहीं रही हैं। दलितों के सामाजिक पिछड़ेपन के लिए सम्पत्ति का असमान वितरण एक प्रमुख कारण है। लेकिन भारतीय सामाजिक ज़िन्दगी में परिव्याप्त जाति के विकराल रूप को समझने के लिए वर्ग के आविर्भाव के सिद्धान्त पर्याप्त नहीं है, उसके व्यापक सांस्कृतिक आधार को समझना होगा। सारांश के रूप में इतना कहना पर्याप्त है कि जाति एक प्रकार से मानसिक गुलामी एवं शोषण का सांस्कृतिक समर्थित रूप है। इसका विकास विशिष्ट सत्तात्मक संरचना के बल पर विचारधारा का आधार ग्रहण करके हुआ है जिसके मूल में अपवर्जन है, आतंक है, दमन है, अवमानना है, शारीरिक–मानसिक उत्पीड़न है, जीवन के समस्त आयामों में स्वतन्त्रता, समानता, बन्धुता का नकार है, सर्वोपरि मानव के समस्त अधिकारों का निषेध है।

स्त्री की स्वतन्त्रता, अधिकारों की माँग करनेवाले तथा पितृसत्तात्मकता के सभी प्रकार के बन्धनों से मुक्ति पाने की माँग करनेवाले सामाजिक–सांस्कृतिक आन्दोलन के रूप में स्त्रीवादी आन्दोलनों का प्रादुर्भाव औद्योगिकीकरण की गोद में हुआ है। पहले पहल मतदान, लैंगिक विवेचन, सम्पत्ति पर अधिकार, समान मजूरी एवं गर्भ–छेद जैसे मामलों में स्व–निर्णय लेने का अधिकार आदि के लिए स्त्री की आवाज़ें बुलन्द हुईं। प्रारम्भिक काल में सिस्टर जुवाना (1651–1695), मेरी वाल्टन क्राफ्ट आदि ने इसका नेतृत्व किया। आगे इस अधिकार की लड़ाई को आगे बढ़ाने में बारबरा स्मिथ, एलिसबेथ बारट ब्रोनिंग, जॉर्ज इलियट, विर्जिनिया वूल्फ, सीमोन द बोउवा, कातरिन मुरे मिल्लेट, जूलिया क्रिस्टेवा, एलन शॉवाल्टर, लूसी इरिगारे, हेलन सेक्सोस, सांद्रा गिलबर्ट आदि के नाम महत्त्वपूर्ण हैं। इसके साथ ही नारीवाद और महिला अध्ययन केन्द्र की स्थापना की वजह से महिला समस्याओं का अन्तर्राष्ट्रीयकरण हुआ, विमर्श के रूप में उसका विकास हुआ, अधिकारों के प्रति सजगता बढ़ी, नैतिकता और मूल्य व्यवस्था के ढाँचे में परिवर्तन के लिए उद्‌बोधन हुए। इन सबके परिणामस्वरूप नवीन सामाजिक अवबोध का विस्तार हुआ। भारत में साम्यवादी राजनीति का विकास, सेवा (सेल्फ एंप्लाइड विमेन्स एसोयियेशन) की स्थापना, 1985 का नॉरोबी सम्मेलन, महिला अध्ययन का प्रारम्भ आदि नारीवाद के उदय के कारण के रूप में गिने जाते हैं। स्त्रियों के अधिकारों के लिए वैचारिक पृष्ठभूमि तैयार करना, उनके राजनीतिक और सामाजिक अधिकारों की लड़ाई को आगे बढ़ाना, स्त्रीकरण की प्रक्रिया की राजनीति का पर्दाफ़ाश करना, स्त्री सशक्तीकरण की प्रक्रिया को आगे बढ़ाना नारी चिन्तन के विचाराधीन विषय हैं। स्त्री होने के नाते जीवन में जो विवेचना उसके प्रति दिखायी जाती है, उसका प्रतिरोध भी स्त्रीवादी चिन्तन करता है। इसके अलावा नारीवाद सत्ता की ग़लत अवधारणा पर प्रश्नचिह्न खड़ा करता है तथा सांस्कृतिक स्थितियों की वस्तुपरक व्याख्या को स्वीकार करता है। मानव की स्वायत्तता पर विश्वास करनेवाला स्त्री मुक्ति चिन्तन सख्त बौद्धिकता का पक्ष लेकर नारी जीवन की स्थितियों की पर्यालोचना करता है। इस अन्दाज में नारी चिन्तन नारी की जीवन समस्याओं का सैद्धान्तीकरण करता है। सैद्धान्तीकरण की प्रक्रिया तीक्ष्ण बौद्धिकता का नतीजा है, वह मानवीय ऊर्जा का प्रतिरूप है। नारीवाद मानव को अपने जीवन की सीमाओं का परिचय कराता है तथा नये कार्य करने के लिए

प्रोत्साहित करता है, साथ ही चिन्तन के नये आयामों को उद्घाटित करने के लिए सक्षम बनाता है। नारीवाद ने आधुनिक काल में नागरिकता की परिभाषा ही बदल डाली और समाज की वरीयता को उलटफेर कर दिया। समाज में छायी हुई प्रभुता को नारीवाद खोलता है और दिखाता है कि किस प्रकार पितृसत्ता, धार्मिक सत्ता और सामाजिक सत्ता स्त्री के जीवन की सम्भावनाओं को कुंठित करती है, स्त्री के शारीरिक, मानसिक और आत्मविकास को बुझा देती है। यह जीवन स्थिति अधिकारहीनता की छाया में पल्लवित हो सकती है। अधिकार की विपन्नता असल में स्त्रीकरण की साजिश की परिणति है। सीमोन द बोउवा के दर्शन का निचोड़ यही रहा है–'स्त्री का जन्म नहीं होता है, स्त्री बनायी जाती है।'

पितृसत्ता पुरुष की सम्प्रभुता का संस्थानीकृत रूप है जो बच्चों, स्त्रियों पर अपना वर्चस्व स्थापित करके अपनी सत्ता का विस्तार करती है। पितृसत्ता शब्द के मूल में ही पुरुष की प्रबलता का भाव छिपा हुआ है। यह प्रवृत्ति अमूमन देखने को मिलती है कि नारी के साथ पितृसत्तात्मक समाज भावुकता के साथ काम करता है। उसको आदर्शीकृत रूप में चित्रित कर नारी को मानसिक रूप में गुलाम बना दिया जाता है। इस गुलामी में क्रूरता एवं अन्याय की भरमार है। पितृसत्तात्मक समाज स्त्री के शारीरिक, मानसिक श्रम को कोई महत्त्व नहीं देता है। सम्पत्ति पर पुरुषों का एकाधिकार रहने के कारण स्वायत्तता की स्थिति किसी भी हालत में स्त्री की ज़िन्दगी में नहीं उत्पन्न होती है। इसलिए जीवन के अनेक क्षणों में पराश्रित मानसिकता के साथ, परतन्त्र मानसिकता के साथ असम्मान की ज़िन्दगी नारी को काटनी पड़ती है। स्त्री के लिए न 'यज्ञ', 'व्रत' है, बल्कि 'पति' की सेवा ही उसके लिए स्वर्ग दिलाती है, यही भावुक–काल्पनिक दर्शन का स्त्री–पाठ है।

सम्पत्ति सत्ता का एक सशक्त प्रकार है। सच्चिदानन्द सिन्हा 'संस्कृति विमर्श' शीर्षक अपनी रचना में स्त्री–जीवन की सम्पत्तिहीनता के वैश्विक आँकड़े को हमारे सामने प्रस्तुत करते हुए कहते हैं–"संयुक्त राष्ट्र संघ के प्रतिवेदन 1980 के अनुसार विश्व की महिलाएँ लगभग दो तिहाई कार्य घंटे का निष्पादन करती हैं, किन्तु पूरे विश्व की आय का दसवाँ भाग प्राप्त करती हैं।" इसका विस्तार स्त्रियों के सामाजिक–राजनीतिक प्रतिनिधित्व में भी देखा जा सकता है। उदाहरण के लिए भारतीय राजनीति में 2010 के

आँकड़े के आधार पर स्त्रियों की भागीदारी बीस प्रतिशत है तो संसद में उनका प्रतिनिधित्व 13.8 प्रतिशत तक सीमित है। अधिकार व सम्पत्तिहीनता से उत्पन्न शोषण की प्रबलता परिवार में देखी जा सकती है। मार्क्सवादी चिन्तन के अनुसार परिवार में स्त्री गुलाम है, पुरुष मालिक है। ऐसी सामाजिक प्रथा में स्त्री–जीवन 'घरेलू दासता का प्रत्यक्ष प्रमाण बन जाता है।' दूसरी भाषा में आधुनिक वैयक्तिक परिवार नारी की प्रत्यक्ष या परोक्ष घरेलू दासता पर आधारित है। परिवार नामक संस्था का लक्ष्य यौनिकता और प्रजनन है। पुरुष ने अपनी परम्परा और सम्पत्ति को बनाये रखने के लिए परिवार की स्थापना की। पारिवारिक गुलामी में स्त्री आदमी को स्वामी मानती है। गुलाम उसके मालिक की चल सम्पत्ति है। मालिकापन से गुलाम में अधिकारहीनता की स्थिति विकसित होती है। अधिकार एक अन्दाज में सम्पत्ति का दूसरा रूप है, वह भी एक प्रकार की सत्ता है। इसलिए गुलामी व्यवस्था औद्योगिक व्यवस्था बन जाती है। कहने का तात्पर्य यह है कि गुलामी व्यवस्था से परिवार के भीतर एक श्रेणी या स्तर विकसित होता है। सामाजिक स्तरीकरण से अधिकार की असमानता बढ़ती हैं, इससे अधिकारहीन मानव के गौरव को क्षति पहुँचती है। हिंसा, भय, उत्पीड़न आदि निषेधात्मक सामाजिक स्तरीकरण के भीतर विकसित अमानवीय तत्त्व हैं जो मानव के जैविक–सांस्कृतिक अस्तित्त्व पर कलंक लगाते हैं। सभी प्रकार के अधिकारों से वंचित रह जाने की स्थिति में स्त्री का शरीर पुरुष का उपनिवेश बन जाता है। बलात्कार, अपहरण, घरेलू हिंसा और हत्या इस उपनिवेशवाद के मिसाल हैं। मिसाल के तौर पर हर चौवन मिनुट के अन्तराल पर इस देश की एक औरत के साथ बलात्कार होता है। ... हर चार मिनट पर एक स्त्री का अपहरण होता है... हर दस मिनट पर एक औरत की दहेज के लिए हत्या होती है। आज के भीषणपूर्ण समय में अपने शरीर को पुरुष की नज़रों से बचाने की मशक्कत में स्त्री लगी रहती है। यह क्रूर पितृसत्ता का आतंक है, उसकी आँखों में स्त्री भोग की वस्तु मात्र है। पितृसत्ता एक ऐसी रणनीति तैयार करती है कि जिसके तहत स्त्रियों को अबला कहकर शारीरिक, मानसिक तथा बौद्धिक दृष्टि से परास्त किया जाता है। इस पराजय की स्थिति में सुरक्षा का कवच धारण कर स्त्रियों के चारों ओर पुरुष अपना आधिपत्य स्थापित करता है। सम्पूर्ण मायने में स्त्री की स्वतन्त्रता इस सांस्कृतिक दबाव में सीमित हो जाती है तथा समाज में उसकी भूमिका परिवार के चारों तरफ़ मात्र फैल जाती है।

इस अस्वतन्त्रता से स्त्री के आन्तरिक एवं बाह्य व्यक्तित्त्व का विकास सम्भव नहीं हो पाता है।

दमन का अपना एक वैयक्तिक एवं राजनीतिक तत्त्व अवश्य होता है। नान्सी ई स्नो अपने निबन्ध 'नारी का मूल्य और दमन' में कहती हैं कि 'पितृसत्ता नारी के सामाजिक थल (स्पेस) को कम करती है और सामाजिक व्यवहार में स्त्री के साथ समानता का व्यवहार करने से रोकती है। इसलिए स्त्री के सामने विकास के विकल्पों की दुनिया सँकरी हो जाती है। इस सँकरी ज़िन्दगी में विकास के अवसर स्त्री को उपलब्ध नहीं होते हैं। इससे स्त्री के व्यक्तित्त्व का विकास अवरुद्ध होता है। अवसरों की समानता का आशय यह है कि व्यक्ति के जीवन में कामयाबी, व्यक्ति की क्षमता के आधार पर प्राप्त हो, लिंग, वंश, देश–काल के आधार पर न हो। शिक्षा, इलाज की सुविधा सबको समान रूप से प्राप्त हो।

पितृसत्ता का एक अर्थशास्त्रीय, सामाजिक, सांस्कृतिक आयाम होता है। गीताश्री इस पर गम्भीर विचार करते हुए कहती हैं–"भारत में लगभग दस मिलियन वेश्याएँ हैं। क़रीब प्रतिदिन दो सौ लड़कियाँ जिस्म के कारोबार में हिस्सा बनती हैं। इनमें से अस्सी प्रतिशत लड़कियाँ ऐसा अपनी मर्जी के ख़िलाफ़ ज़ोर ज़बरदस्ती के चलते करती हैं। माँ–बाप पर बोझ समझ जाने का सामाजिक कलंक इन्हें आसान शिकार बना देता है। ये लड़कियाँ न केवल वेश्याएँ बनायी जाती हैं बल्कि जिन राज्यों में सेक्स रेशियो बुरी तरह बिगड़ चुका है, वहाँ इन्हें दुल्हन के तौर पर बेचा जाता है। कहीं घरेलू कामकाज के लिए ज़बरन क़ैद कर लिया जाता है। हालत इतने बेक़ाबू हैं कि या तो बेटियों को मार दिया जाता है या फिर बेच दिया जाता है। भारत में ये बातें आम हैं। अनवरत सिलसिला जारी है।" वे आगे कहती हैं कि "एक सर्वेक्षण के अनुसार दुनिया भर में मानव तस्करी का कारोबार लगभग आठ खरब डॉलर का है। संयुक्त राष्ट्र संघ के आँकड़े कहते हैं कि प्रतिवर्ष सत्तर हज़ार से बीस लाख महिलाओं एवं बच्चों की अन्तर्राष्ट्रीय सीमा पर तस्करी होती है।" जीवन की दर्दनाक स्थिति का एक नजारा यह भी है कि स्त्रियों को लाल बाज़ार में बेचा जाता है। इस बिक्री में स्त्री का मान–सम्मान का कोई भाव नहीं रहता है। अपनी ग़रीबी, कभी पेशे, कभी ज़बरदस्ती, कभी धोखे के जाल में फँसकर लड़कियों को इस कार्य में जुट जाना पड़ता है। इसके साथ ही इस पेशे से जुड़ा जो कलंक

या सामाजिक हेय दृष्टि पीढ़ियों के बाद भी नहीं मिटती है। यह भी एक प्रकार से शारीरिक व मानसिक शोषण का कारण बनती है। विषमतापूर्ण ज़िन्दगी जीने के लिए वेश्याएँ बाध्य हो जाती हैं। आज के ज़माने में मानव तस्करी ने एक व्यापार का रूप धारण कर लिया है। मज़दूरी और वेश्यावृत्ति के लिए तस्करी की जाती है। वेश्यावृत्ति के दौरान यदि बच्ची पैदा हो जाती है तो उसे ज़िन्दगी भर यह पता नहीं चलता कि उसके पिता कौन हैं। धीरे–धीरे वह भी उसी पेशे को स्वीकार करने के लिए बाध्य हो जाती है। एक प्रकार से उनके लिए ज़िन्दगी मगरमच्छों से भरी नदी बन जाती है। खरीदार की ऐयाशी का उपकरण मात्र बन जाना 'पारो' की (तस्करी करके लायी गयी लड़की) नियति बन जाती है। "थॉम्सन रॉयटर फांउडेशन पोल (अन्तर्राष्ट्रीय संस्था) द्वारा कराये गये सर्वेक्षण की रिपोर्ट कहती है कि भारत दुनिया में औरतों के लिए चौथा सबसे ख़तरनाक देश है।" गीताश्री यह बताना चाहती हैं कि स्त्री के शरीर का वाणिज्यीकरण आज के भीषण समय की सच्चाई है। जब मनुष्य एक पण्य वस्तु बन जाता है तो उसकी आत्मा का, उसके हृदयगत भावों की कोई क़ीमत नहीं रह जाती है। ऊपर उल्लिखित घटनाएँ मानव की बढ़ती असंवेदनशीलता तथा मानव की अधिकारहीनता, असम्मान की तथा अस्वतन्त्र समाज की कहानी ही बता रही हैं। जीवन के अधिकार–असम्मान के मूल कारणों पर विचार करते हुए वाघमरे ने आदर्श समाज की जो बातें कहीं, उनको मैं उसी भाँति उद्धृत करना चाहता हूँ–"श्रेणीबद्धता को जब जन्माधिष्ठता प्राप्त हो जाती है तब उसे एक प्रकार की शाश्वतता एवं चिरंजीविता प्राप्त होती है। उसे धर्मशास्त्र का समर्थन भी मिलने लगता है। धीरे–धीरे राजनीतिक दर्शन की मान्यता भी वह प्राप्त कर लेती है। वर्ण भेद, जाति भेद, वंश भेद, लिंग भेद आदि भेदों के मूल में विषमता का पोषण करनेवाली एक विचारधारा तथा मूल्य व्यवस्था काम करती है। उस समाज तथा संस्कृति के रहन–सहन, दैनन्दिन व्यवहार, शिक्षा, साहित्य, कला आदि के माध्यमों से उस विचारधारा और मूल्य व्यवस्था को सार्वजनिकता प्राप्त होती है। जिस समाज की श्रेणीबद्धता को कठोर स्वरूप प्राप्त हो जाता है, उस समाज के सभी स्तरों की गतिशीलता कुण्ठित होने की, समाप्त होने की सम्भावना होती है।...प्रकृति, ज्ञान तथा वहाँ प्राप्त साधन–सामग्री की सीमाओं में सभी व्यक्तियों को अपना पूर्ण विकास कर लेने के अवसर पर जिस समाज में उपलब्ध हो जाते हैं, जिस समाज में स्थित संस्थाएँ

तथा सामाजिक नीतियाँ व्यक्तित्त्व के पूर्ण विकास के लिए पोषक होती हैं, भिन्न–भिन्न व्यक्तियों को उनके स्वीकृत कर्तव्य पूर्ण करने की स्वतन्त्रता जहाँ होती है, तथा इच्छानुसार मौज–मज़ा भी जहाँ लोग कर सकते हैं, ऐसे समाज को स्वतन्त्र समाज कहा जा सकता है।"

लिंग (जेंडर) व्यवहार की सांस्कृतिक परिभाषा है। लिंग तो एक प्रकार का मानसिक भाव है, यह एक प्रकार से अनेक प्रतीकों का अमूर्त रूप है। इनकी वजह से विशिष्ट सामूहिक मानसिकता विकसित होती है। उसके अनुरूप मनुष्य की वैयक्तिक अस्मिता गढ़ती है। लिंग सम्बन्धी परिकल्पना के अन्तर्गत लैंगिकता, प्रजनन, स्त्रीत्व–पुरुषत्व और इनके बीच का मैथुनत्व, सत्ता, अधिकार जिनकी वजह से स्त्री किस प्रकार सोचने–जीने के लिए विवश होती है, और उसका राजनीतिक–आर्थिक जीवन, यहाँ तक कि सांस्कृतिक जीवन का भाव व्यवहृत होता है।

ग़रीबी स्त्री–जीवन का अभिशाप और वह स्त्री की स्वायत्तता को स्वाहा करती है। ग़रीबी की वजह से स्त्रियों को पुरुष की तुलना में कठिनाइयों का सामना करना पड़ता है। ग़रीबी के कारण शारीरिक–मानसिक आतंक, गाली गलौज, अपहरण, लैंगिक शोषण, चिकित्सा प्राप्त न होना, सामूहिक धमकी, सामाजिक–राजनीतिक–धार्मिक–आर्थिक अधिकारहीनता, अशिक्षा का विस्तार, घरेलू हिंसा, कुपोषण, आत्मविश्वासहीनता आदि का शिकार स्त्री को होना पड़ता है। इस विपद अवस्था में स्त्री की स्वायत्तपूर्ण ज़िन्दगी पर विचार नहीं किया जा सकता है। स्वायत्तता प्राप्त इन्सान 'स्व' निर्णय के अनुसार अपने सामाजिक कार्य को आगे बढ़ाता है, उसकी अपनी मूल्यवत्ता एवं ज़िम्मेदारियाँ होती हैं। स्वायत्तता एक प्रक्रिया का ही उत्पाद है। विकल्पों व इच्छाओं के सन्दर्भ में सही रूप में अपने निर्णय का सामाजिक क्रियान्वयन व्यक्ति के लिए चुनौतीपूर्ण भरा काम अवश्य है। स्वायत्तता मानव की स्वतन्त्रता की उद्घोषणा ही है। स्त्री–जीवन के सन्दर्भ में स्वतन्त्रता का मतलब व्यापक अर्थ सीमा में 'लैंगिक शोषण' मुक्ति है। लैंगिक शोषण से मुक्ति का तात्पर्य शारीरिक और सामाजिक बन्धनों से मुक्ति है। इस मुक्ति से ही स्त्री के सशक्तीकरण की सामाजिक योजना सफल हो जायेगी, स्त्री की आन्तरिक सर्जनशीलता का विकास होगा। के. पी. पिल्लै की राय में 'इससे स्त्री की ज़िन्दगी की गुणवत्ता बढ़ेगी तथा न्याय की स्थापना होगी।'

मानव के जीवन को सजाने में स्त्रियों की भूमिका महत्त्वपूर्ण रही है। स्त्री मानव समुदाय का आधा हिस्सा है। विचित्र स्थिति यह है कि राजनीतिक समानता प्राप्त होने पर भी स्त्रियों के अग्रगामी सफ़र में सामाजिक नैतिकता, धार्मिकता, लोकाचार के बहुत सारे तत्त्व बाधाएँ खड़े करते हैं। परम्परा से प्रदत्त पितृसत्तात्मक अधिकार के बल पर स्वयं पुरुष नियन्ता की भूमिका स्त्री के जीवन में निभाता है। इस लौह बन्धन में स्त्री की सर्जनात्मक शक्ति कारावास ग्रहण करती है। पितृसत्ता के बल पर पुरुष स्त्री पर हावी हो जाता है, उसका दमन–शोषण करता है। इस दमनात्मक रवैये के परिणामस्वरूप ही भौतिक सम्पत्ति के साथ सांस्कृतिक सम्पत्तियों पर स्त्री का अधिकार नहीं रह जाता है। इस आलोक में पितृसत्ता साधनों, संसाधनों, सम्पत्तियों, और समस्त अधिकारों के कब्ज़ाकरण का दूसरा रूप धारण करती है। यह पितृसत्तात्मकता के विभिन्न रूप हो सकते हैं। सामाजिक पितृसत्ता लिंगाधृत हैं तो ब्राह्मणवादी पितृसत्ता जाति आधारित है। इसमें दो मत नहीं है कि स्त्रियों की बदतर स्थिति के लिए जाति भी ज़िम्मेदार है। जातिगत बन्धन में जकड़ा हुआ भारतीय समाज असल में दलित स्त्रियों को मानव का दर्जा तक प्रदान नहीं करता है। दलित के उद्धार पर विचार करते हुए अम्बेडकर ने साफ़ कहा है कि दलित उद्धार को दलित स्त्री–जीवन की प्रगति के आधार पर मूल्यांकित किया जाना चाहिए। उनकी ही भाषा में–"दलित समाज ने कितनी प्रगति की है, इसे मैं दलित स्त्री की प्रगति से तौलता हूँ।" यह सही है कि आर्थिक स्वावलम्बन के साथ नागरिक–सामाजिक अधिकारों की प्राप्ति के अभाव में किसी भी समाज में राजनीतिक स्थिरता और सामाजिक सुस्थिरता सम्भव नहीं है। मानसिक गुलामी जिस समाज में पनपती है, उस समाज की गति आगे बढ़नेवाली नहीं। गुलामी बन्धन का पर्याय है, बन्धन मुक्ति मानवाधिकारों की स्वस्थ उपस्थिति को ही साक्ष्यांकित करती है।

वर्तमानकाल में पर्यावरण एक बहुचर्चित शब्द है, क्योंकि आज के मानव के आगे हिमालय का रूप धारण कर पर्यावरणीय संकट उभर रहे हैं जो मानव मात्र नहीं, वरन् अन्य प्राणी जालों की जैविक अवस्थिति पर प्रश्नचिह्न लगा रहे हैं। इतिहास यह स्वीकार करता है कि आधुनिक काल मानव के इतिहास का ऐसा काल खण्ड है जहाँ ज्ञान–विज्ञान की अभूतपूर्व उन्नति हुई तथा तकनीकी का अतिशय विकास हुआ।

आबादी की वृद्धि के परिणामस्वरूप जीविका की बुनियादी ज़रूरतों की पूर्ति हेतु मशीनों की सहायता से, विज्ञान की विभूतियों की सहायता से प्रकृति का अतिशय शोषण प्रारम्भ हुआ, पहले वह सीमित मात्रा में था, लेकिन आजकल पूँजीवादी व्यवस्था के विकास के परिणामस्वरूप उपयोग के स्थान पर उपभोग तथा मन्त्र संस्कृति के स्थान पर अर्थ और यन्त्र की संस्कृति विकसित हुई। इसके परिणाम पर 'बेरनाड क्रिक ने एक बार कहा है कि 'आधुनिक काल में विकसित विज्ञान एवं प्रौद्योगिकी पूँजी के विकास का कारण बने हैं और शासन या सत्ता अर्थ द्वारा नियन्त्रित होने लगी है।' पूँजीवाद के विकास के इस काल में खेती भी एक उद्योग बनती जा रही है। वह हमारी संस्कृति का हिस्सा थी, पर आज वही खेती कमाई का साधन बन रही है। मशीन, रासायनिक पदार्थ, कीटनाशिनी, कृत्रिम बीज, एकल खेती, औद्योगिक फ़सलों की खेती आदि की वजह से मानव और मिट्टी की पवित्रता के साथ जो पवित्र सम्बन्ध रहा था, आज नहीं रह गया है। बाज़ारी अर्थ व्यवस्था में खेती उत्पाद मात्र रह जाती है। इनकी वजह से 'पृथ्वी बंजर होती जा रही है।' इसका दूरगामी प्रभाव विश्व पर पड़ेगा ही। 8 दिसम्बर 2016 में पर्यावरणीय अर्थशास्त्र वेत्ता प्रोफ़ेसर लिंडले मार्क के साथ हैदराबाद विश्वविद्यालय में मेरी बात हुई थी। उन्होंने मुझसे कहा था कि 'अगले तीस–चालीस सालों में विश्वभर के तीस–चालीस प्रतिशत लोगों को अच्छा खाना नहीं मिलेगा, वे नंगे–भूखे रह जायेंगे। इसके परिणामस्वरूप बड़ी मात्रा में लोग कुपोषण, अस्वास्थ्य आदि के शिकार हो जायेंगे और शारीरिक–मानसिक रोग के शिकार हो जायेंगे। पर्यावरणीय संकट की बढ़ोत्तरी से पर्यावरणीय पलायन आम प्रतिभास बन आयेगा। ऐसी घटनाएँ सामाजिक–राजनीतिक बनी–तनाव का कारण बन जायेंगी। पूँजीवाद अपने विस्तार के लिए, बाज़ार को मज़बूत करने के लिए प्राकृतिक संसाधनों का व्यापक दोहन करेगा। संसाधनों को अधिग्रहण करने के सिलसिले में वनों का सपाट नाश हो आयेगा जिससे बीमारियाँ फैल जायेंगी। उन्होंने यह भी कहा कि भारत में जो हरित क्रान्ति हुई, उसका निषेधात्मक प्रभाव भारत में होनेवाला है।' क्रान्ति उनके कथन का सार यही है कि मानव स्वस्थ रूप में जीवन जीने के बुनियादी प्राकृतिक अधिकारों से वंचित रह जायेगा। इस आफ़त से मोचन उपभोग के संस्कार के तिरस्कार से मात्र सम्भव है। बेशक हम यह बता सकते हैं कि आज के समय में मानव की मुक्ति से तात्पर्य पूँजीवाद से और उसके आतंक से मुक्ति है।

गाँधीजी पूँजी की इस भीषणता से वाक़िफ़ थे। पूँजीवाद के प्रतिरोध के वर्तमान में हमें गाँधीजी के रास्ते पर जाना होगा। गाँधीजी ने अपने 'ग्राम स्वराज' के माध्यम से पश्चिमीकरण को सीधी चुनौती दी है। साफ़–साफ़ उन्होंने मानवीय जीवन के पुनर्निर्माण की बात कही है। ग्राम स्वराज के माध्यम से गाँधीजी ने यूरोप की साम्राज्यवादी पूँजीवादी मशीनी संस्कृति एवं सभ्यता के खतरों से भारत को बचाने के बेहतर उपायों को हमारे सामने रखा और एक नया अर्थशास्त्र, राजनीति और समाज व्यवस्था की स्थापना की अनिवार्यता को हमारे सम्मुख रखा। आज के समय में उपभोग के पैमानों के आधार पर मानव की श्रेष्ठता का ऐलान किया जाता है, इस विकलांग सोच का विरोध गाँधीजी ने खुले आम किया है। ज़रूर, जीवन की समग्रता पर गाँधीजी की दृष्टि जमी थी। प्यारेलाल 'पूर्णाहुति' खण्ड चार में गाँधीजी के आदर्श गाँव के संकल्प को हमारे सामने रखते हैं–"ग्राम स्वराज की मेरी कल्पना यह है कि वह ऐसा ही पूर्ण प्रजातन्त्र होगा जो अपनी अहम ज़रूरतों के लिए अपने पड़ोसियों पर भी निर्भर नहीं होगा। और बहुतेरी ज़रूरतों के लिए जिसमें दूसरों का सहयोग अनिवार्य होगा, वह परस्पर सहयोग से काम लेगा। इस तरह हर एक गाँव का पहला काम यह होगा कि वह अपनी ज़रूरत का तमाम अनाज और कपड़े के लिए पूरी कपास ख़ुद तैयार कर ले।...इसके बाद भी गाँव की ज़मीन यदि बची है तो उसमें वह अपनी उपयोगी फ़सलें बोयेगा, जिन्हें बेचकर वह आर्थिक लाभ उठा सकें।...गाँव का शासन चलाने के लिए हर साल गाँव के पाँच आदमियों की एक पंचायत चुनी जायेगी...इस ग्राम स्वराज में आज के प्रचलित अर्थों में सजा या दंड का कोई रिवाज़ नहीं रहेगा...इस ग्राम शासन में व्यक्तिगत स्वतन्त्रता पर आधार रखनेवाला सम्पूर्ण प्रजातन्त्र काम करेगा। व्यक्ति ही अपनी इस सरकार का निर्माता होगा, उसकी सरकार और वह दोनों अहिंसा के नियम के वश होकर चलेंगे।" इसलिए लूयिस फिशर को आज के युग में लेनिन, मार्क्स, माओ से बढ़कर गाँधीजी प्रासंगिक लगते हैं क्योंकि गाँधीजी के दर्शन में धन के प्रति आसक्ति नहीं है। स्पष्टतः हम बता सकते हैं कि गाँधीजी का दर्शन पूँजीवाद के प्रतिरोध की वैचारिक पृष्ठभूमि तैयार करता है।

प्रदूषण आज की ज्वलन्त समस्या है। शहरीकरण, आबादी, औद्योगीकरण आदि की वजह से हवा, मिट्टी, जल सब प्रदूषित हो रहे हैं।

प्रदूषण से प्राणियों की जैव व्यवस्था बिगड़ जाती है। अनुसन्धान द्वारा यह प्रमाणित हो गयी है कि 1990 के बाद बच्चों में कैंसर की दर बारह गुना बढ़ गया है। आजकल के बच्चों के शरीर में तीन सौ से ज़्यादा रासायनिक पदार्थ घुस गये हैं। प्रदूषण से हमें अपने को, अपनी प्रकृति को बचाना है। प्रकृति की तन्दुरुस्ती मानव की भलाई के लिए तथा जीविका के लिए अनिवार्य है। मानव के हस्तक्षेप से जीवनाधार के रूप में कार्य करनेवाली प्रकृति का जैववैविध्य नष्ट होता जा रहा है। निर्वनीकरण, खनन–उत्खनन, प्रदूषण आदि के माध्यम से मानव प्रकृति के जैविक एवं अजैविक पदार्थों को हानि पहुँचाता रहता है। पेट्रोल, डीज़ल इत्यादि के ज्वलन से कार्बन की मात्रा अन्तरिक्ष में बढ़ रही है। बाँध की वजह से विस्तृत भूभाग की मृदा, जैव वैविध्य सदा–सदा के लिए दूर हो जाते हैं तथा इसका प्रभाव भूमि के उपरितल पर पड़ता भी है। समुद्र के प्रदूषण से समुद्र की सारी सम्पत्ति निकट भविष्य में मिट जायेगी। इससे मानव के सामने महासंकट अवश्य उपस्थित हो आयेगा, मानव के जीवनाधार हिल जायेंगे, क्योंकि समुद्र एक बड़ा पारिस्थितिकी तन्त्र है।

आजकल पूँजीवादी व्यवस्था के परिणामस्वरूप विकसित उपभोग की संस्कृति समग्रता के अभाव के कारण मानव विरोधी ठहरती है। यहाँ समग्रता से मेरा तात्पर्य समस्त मानवजाति की भलाई की कामना पूँजीवादी उपभोग संस्कृति में नहीं समाई हुई है। यह तथ्य स्वीकार्य है कि पूँजीवाद में अर्थ के केन्द्रीकरण की प्रवृत्ति प्रबल है। इस प्रवृत्ति के विस्तार के लिए पूँजीवाद बाज़ार को हमेशा सम्पन्न बनाता है। पूँजी की वृद्धि को ध्यान में रखकर ज्ञान–विज्ञान की सहायता से मशीनीकरण की प्रक्रिया को भरपूर तवज्जो दीया जा रहा है। इससे एक ओर प्रकृति वीरान हो जाती है, मानव की क्रय शक्ति क्षीण हो जाती है तो दूसरी ओर मानव पृथक्करण का शिकार होता जा रहा है। कम श्रम–शक्ति का इस्तेमाल कर अधिकाधिक धन बटोरना पूँजीवाद की नीति–नियति है। पूँजीवादी संस्कृति के विस्तार से सम्पत्ति का असमान वितरण, पर्यावरण प्रदूषण, बीमारियों का फैलाव, आर्थिक मन्दी, ग़रीबी का विस्तार, युद्ध का प्रकोप आदि बढ़ते जा रहे हैं, लेकिन इनको जनसमाज के सम्मुख प्रस्तुत नहीं किया जा रहा है। एक ओर पूँजीवाद को विकास के एकमात्र विकल्प के रूप में पेश किया जा रहा है, दूसरी ओर समाजवाद तथा समता की राजनीति को, रीति–नीति को असफल

और अनुपयुक्त घोषित किया जा रहा है। इसमें कोई सन्देह नहीं कि यह वर्तमान एकध्रुवीय वैश्विक राजनीति की परिणति है। यह भोगपरक संस्कृति विश्वभर की जनता के मन में क्षणिक सुखवाद का संचरण करती है और मानव की सामाजिकता को तहस–नहस कर विकल्पों की सम्भावना को ख़त्म करती है। विडम्बनात्मक हालत यह है कि मानव–मानव के बीच में स्थित भावात्मक–रागात्मक रिश्ते को भी बाज़ार ने धन के ढेर लगाने के उपकरण के रूप में आज़माया है। सस्ते मनोरंजन के प्रसार के रूप में जो सूचना–प्रौद्योगिकी के साधन हमारे बीच में उपस्थित हैं, उन साधनों से उपभोग की चीज़ों को विज्ञापन, सिनेमा, वेबसाइट, अनेकानेक एप्लिकेशन्स के द्वारा घर–घर पहुँचाया जा रहा है। थोथा मनोरंजन मानव की मानसिक रुग्णता या विकृति का परिचायक है तथा इस विकृति से बौद्धिक तथा शारीरिक विकृति के विकसित होने का वातावरण तैयार होता है। उपभोग की संस्कृति जब मानव की जीवनशैली का अभिन्न हिस्सा बन जाती है तब बाज़ार की चीज़ों के स्वामित्व पर वह अपनी सामाजिक–सांस्कृतिक हैसियत को पाने लगता है, वस्तुओं का स्वामी बन पाने की मानसिक स्थिति मानव के मन में हीनता ग्रन्थि विकसित करती है जिससे वह ख़ुद अपनी परम्परा से, अपनी संस्कृति से परहेज करने लगता है। वस्तुओं के साम्राज्य में रहने की वजह से उसमें असामाजिकता की भावना रेंगने लगती है, 'वस्तुपरक' जीवन दृष्टि के विकास से वह असंवेदनशीलता का शिकार होता जाता है। इसे आज की शब्दावली में अमेरिकीकरण कहा जाता है। यह भौतिकवाद का पोषण करता है तथा सारी की सारी मानवीय संवेदनाओं को गिरवी में रखने के लिए बाध्य करता है। संक्षेप में मानव के शरीर तक का वाणिज्यीकरण कर पूँजीवाद अपना सफ़र आगे बढ़ाता है। यह संस्कृति हीनता या असंस्कृतीकरण की विकृत स्थिति है। विष्णु नागर कहते हैं कि "अपसंस्कृति का काम ही है लोगों को उनके जड़–मूलों से काटना। जहाँ यह काम फूहड़, भद्दे, हत्यारे ढंग से किया जा सकता है, वहाँ वह इस रूप में काम करती है। जहाँ सूक्ष्म कलात्मक नपे–तुले ढंग की ज़रूरत होती है, वहाँ वह दूसरे रूप में भी सक्रिय रहती है।"

भूमण्डलीकरण पूँजीवाद की सन्तान है। भूमण्डलीकरण के बारे में बादियो का कहना है कि पूँजीवाद अपनी प्रभुत्वशाली अर्थसत्ता के बल पर विशिष्ट विचारधारा का प्रसार करता है। इससे मानव समस्त विवेक को

नष्ट कर 'वस्तु आधिपत्य' को स्वीकार करने लगता है। मशीनी सभ्यता से विकसित बाज़ारी व्यवस्था में जिसके पास ख़रीद की ताक़त नहीं है, वह पीछे खिसक जाता है। उपभोग की संस्कृति में बाज़ार की वस्तुएँ मस्ती के सूचक हैं। हम यह भूल जाते हैं कि अतिशय उपभोग का भार जनसाधारण पर ही पड़ता है। वे सच में साधनहीन हो जाते हैं, उनका जीवन सभी प्रकार की अस्वतन्त्रताओं का पर्याय बन जाता है।

वैश्वीकरण के वर्तमान सन्दर्भ में चारों ओर विकास की चर्चा बुलन्द हो रही है। सामान्य व्यवहार में विकास एक ऐसा शब्द है जिसमें जीवन के विविध धरातल पर होनेवाले परिवर्तन, वैज्ञानिक–तकनीकी विस्तार, आर्थिक मापदण्डों में सुधार के साथ ही मानव की समृद्धि का भाव अन्तर्भूत है, 'इसमें अधिकारों की समृद्धि भी शामिल है। मानव विकास के कार्यक्रमों के माध्यम से अपने जीवन की बुनियादी ज़रूरतों की पूर्ति करता है तथा भौतिक सुविधाओं को प्राप्त करता है। आज के समय का क्रूर यथार्थ यह है कि विकास के नाम पर आदिवासी सहित समाज का एक बड़ा तबका अपने जल–जंगल–ज़मीन से विस्थापित होता जा रहा है। जनता अपने जैविक अस्तित्त्व को बचाने की लड़ाई के साथ अपनी संस्कृति, भाषा और रस्मो–रिवाज़ को सम्भालकर रखने की लड़ाई भी लड़ रही है। उनकी लड़ाई सच्चे अर्थों में जीवन के अधिकारों को प्राप्त करने की लड़ाई का रूप धारण कर रहा है। सच में विकास का दर्द ग़रीब लोगों को उठाना पड़ रहा है। इस अवसर पर अमर्त्य सेन के 'विकास की परिकल्पना' पर ध्यान देना युक्तिसंगत प्रतीत होता है। उनकी भाषा में– 'द सक्सेस ऑफ़ ए सोसाइटी इज़ टु बी इवॉल्युवेटेड प्राइमरिली बाई द फ्रीडम्स दैट मेम्बर्स ऑफ़ द सोसाइटी एनजॉय।' कहने का तात्पर्य यह है कि मुक्तियों के सन्दर्भ में विकास की चर्चा की जानी चाहिए। मुक्ति से उनका तात्पर्य यह है कि उन बन्धनों से मुक्ति है जो मानव के विकास को अवरुद्ध करते हैं या कभी असम्भव बनाते हैं। इस आलोक में कुपोषण, ग़रीबी, बीमारी, अकाल मृत्यु, अशिक्षा, प्राकृतिक विध्वंस आदि ऐसे बन्धन हैं जिनसे मानव की चेतना का विकास अवरुद्ध हो जाता है।

भाषा एवं संस्कृति के साथ पर्यावरण का निकट सम्बन्ध है। मानव संस्कृति एवं सभ्यता पर विचार करते हुए लगता है कि संस्कृति अपने आप में भाषा का वरदान है, यह संस्कृति मानव के गहन चिन्तन–मनन का अंजाम है।

अर्थाधारित विकास तो भाषा के विकास को अवरुद्ध करने वाला होता है क्योंकि आज का विकास अतिशय औद्योगिकीकरण का समर्थन करता है जिससे प्रकृति का वैविध्य नष्ट होता जाता है। प्रकृति का नष्ट हो जाना भाषा का नष्ट हो जाना है क्योंकि प्रकृति मानव की भाषा के रूप में परिवर्तित हो जाती है। साथ ही यह उल्लेखनीय है कि बाज़ार किसी भी हालत में भाषा की बहुस्वरता की हिमायत नहीं करता है क्योंकि बहुस्वरता वाणिज्य एवं व्यापार में रोड़ा उपस्थित करती है। इसलिए बाज़ार एकल संस्कृति का पैरोकार है। भाषा के नाश से वास्तव में मानव अपनी संस्कृति, परम्परा आदि से कट जाता है। अपनी भाषा एवं संस्कृति से कटा मानव अपने इतिहास से ही कट जाता है। इतिहास से वंचित मानव प्रतिरोध नहीं करता है, यदि करता है तो वह अस्थायी होता है। इस प्रतिरोधहीनता से शोषण का विस्तार मात्र होता है। शोषण मानव की गरिमा की, सम्मान की और जीवन की गुणवत्ता की वृद्धि नहीं करता है। आज के पूँजीवादी विकास के मॉडल से प्रकृति नाश के कगार पर है, प्रकृति या पर्यावरण के विनाश से एक ओर मानव के जीवन के सांस्कृतिक धरातल हिलने लगते हैं तो दूसरी ओर जीवन के भौतिक आधार भी। इतिहास की इस घड़ी में स्थायी एवं स्वस्थ विकास की बात उठ रही है। इसलिए ही 'विकास का अधिकार' मानव के अधिकार का हिस्सा बनता जा रहा है।

2

आधुनिकता मूल्यपरक कालखण्ड को सूचित करनेवाला ऐसा अभिधान है जो मध्यकालीन जीवन–संस्कृति से भिन्न एक नवीन जीवन दर्शन को हमारे सामने प्रस्तुत करता है जिसमें मुख्यरूप से ईश्वरपरक मूल्यों के स्थान पर मानवपरक मूल्यों की ज़ोरदार प्रतिष्ठापना हुई है। सामान्यतः ग़दर के बाद के कालखण्ड को सूचित करने के लिए हिन्दी में आधुनिकता शब्द का प्रयोग किया जाता है। आधुनिककाल तक आते–आते ज्ञान–विज्ञान और उनके बल पर औद्योगिक प्रौद्योगिकी का अभूतपूर्व विस्तार हुआ। इस आशय को स्पष्ट करते हुए श्यामाचरण दुबे का कथन है कि 'आधुनिकता तार्किक और वैज्ञानिक विश्वदृष्टि, आर्थिक वृद्धि, विज्ञान और तकनीक के अधिकाधिक उपयोग पर आधारित है। इस उपयोग या प्रयोग से प्रभावित होकर आधुनिक मनुष्य अपने अतीत का पुनर्निर्माण तथा वर्तमान को नये ढाल में ढालने का प्रयास करता आ रहा है। यहाँ आकर जीवन

की ज्वलन्त ऐतिहासिक वास्तविकता से मानव की मुठभेड़ हुई है, तीष्ण सत्य को खोजने की ललक विकसित हुई। इस ललक में वैज्ञानिकता की तीक्ष्णता है, स्वाभाविक रूप से प्रश्नों की निरन्तरता भी है। यह निरन्तरता आधुनिकता की प्रखर प्रवृत्ति के रूप में हमारे सामने है। इस कारण से जीवन की व्यावहारिकता, सामान्य वस्तुबोध के स्थान पर मानवीय दृष्टिकोण का तार्किक, बौद्धिक या वैज्ञानिक हो जाना आश्चर्य की बात नहीं है। इस प्रवृत्तिगत व अभिवृत्तिगत परिवर्तन से प्रेरित होकर पूर्णत्व की अनवरत यात्रा में मानव लगा रहता है। इस खोज के कारण ही मानवीय चिन्तन के केन्द्र में काल्पनिक आदर्श लोक के स्थान पर ज़िन्दगी की यथार्थता सक्रिय होने लगी। विश्व मानव की भलाई से प्रेरित होकर की जानेवाली चिन्ता इसलिए देश–काल की सीमा को लाँघती है। सामाजिक, राजनीतिक, सांस्कृतिक व्यवहार में समानता, स्वतन्त्रता और बन्धुता के आचरण की उदात्तता एवं न्याय की विराटता इस दार्शनिक चिन्तन के विकसित रूप हैं।

आधुनिकता मानवतावादी विचारधारा की जन्मस्थली है। मानवतावाद से तात्पर्य मानव की ज़िन्दगी की समस्याओं के जगत में प्रवेश करना होता है। अपने से बढ़कर अन्य समस्त मानव की हित कामना से प्रेरित होकर मानव कर्म के प्रांगण में उतरता है, यह आधुनिकता का मूलभाव है। मनुष्य को केन्द्र में रखने का अर्थ दूसरी भाषा में यह है कि मानव की गरिमा, उसकी स्वतन्त्रता तथा सृजनशीलता को केन्द्र में रखकर कर्मपथ का अनुसरण करना होता है। आधुनिक भावबोध यह स्वीकार करता है कि व्यक्ति की सृजनशीलता तभी फूलती–फलती है जब उसे सम्पूर्ण स्वतन्त्रता प्राप्त होती है। इसलिए वैयक्तिक स्वतन्त्रता की अवधारणा आधुनिकता की अंगीठी से विकसित है। यह स्वतन्त्रता किसी व्यक्ति या वर्ग या समुदाय या स्थल–काल तक सीमित नहीं है, सम्पूर्ण मानव समाज के लिए समान रूप से लागू होती है। हम अनुभव करते हैं कि अस्वतन्त्रता बन्धन का पर्याय है। बन्धन मानव के सामाजिक कार्य को, विकास को नियन्त्रित करता है। इस तथ्य का कोई निराकरण नहीं कर सकता है कि मानव की सामाजिक सक्रियता या भौतिक जीवन में मानव–मानव के आपसी सम्पर्क से विकसित सामाजिकता मानव के भीतर की स्वतन्त्रता को उजागर करती है। अतः आधुनिकता मानव की अतुल्य सर्जनात्मकता के नियतिवादी पक्ष को नकारती है। अपनी स्वतन्त्रता के सामाजिक प्रयोग करते समय मनुष्य

अपनी स्वेच्छा से प्राप्त स्वतन्त्रता का सामाजिक प्रयोग नहीं कर सकता है। समाज के अन्य प्राणियों के सौहार्द एवं सहकार से मात्र मानव अपनी रचनात्मक स्वतन्त्रता की श्रीवृद्धि कर सकता है। इससे यह बात साफ हो जाती है कि स्वतन्त्रता का सामाजिक प्रयोग व्यक्ति और समाज के बीच के भावात्मक समझौते का रूप धारण करता है। स्वतन्त्रता वास्तव में समाज द्वारा प्रदत्त विकल्पों में से व्यक्ति के सकारात्मक चयन का ही नाम है, वह किसी भी हालत में सारे के सारे बन्धनों से मुक्ति की स्थिति नहीं है, नहीं हो सकती है। मंशा यह है कि मानव की मुक्ति कल्पना या स्वतन्त्रता की कल्पना समाज की ऊर्ध्वमुखी विकास यात्रा के साथ स्वस्थ रूप धारण करती है, और करती रहेगी।

आधुनिकता के प्रबल लक्षण के रूप में 'तर्क' (लॉजिक) की गिनती की जाती है। तर्क तो अच्छाई और बुराई को परखने की मानवीय बौद्धिक चेतना या औज़ार है। इसके बल पर आधुनिक मानव अपनी आँखों के सामने प्रत्यक्ष अनगिनत जैविक–अजैविक प्रतिभासों का निरीक्षण–परीक्षण करके तर्काधारित वैचारिक निष्कर्ष पर पहुँचने का संतत प्रयास करता है। इससे विचारों की प्रगतिशीलता, जगत की वस्तुनिष्ठता और सुष्ठु रूप में, पूरी ऐतिहासिकता के साथ प्रतिभासित होने लगती हैं। इस वजह से कार्य की पारदर्शिता तथा निर्णय की वस्तुनिष्ठता तर्काधारित आलोचनात्मक यथार्थवाद के पैमाने बन जाते हैं। शिवकुमार मिश्र यथार्थवाद के स्वरूप पर विचार करते हुए कहते हैं कि 'सत्य के प्रति अप्रतिहत निष्ठा, सूक्ष्म पर्यवेक्षण, समग्र आकलन, वस्तुगत यथार्थ का मार्मिक विश्लेषण, अन्तर्भेदी दृष्टि, व्यवस्थाजन्य विकृतियों का निर्मम उद्‌घाटन, चित्रण की समग्रता, उसका पारदर्शी स्वरूप, गहरी सामाजिक निष्ठा तथा अकृत्रिम मानवीय संवेदना, यान्त्रिकता का तिरस्कार, महाकाव्यात्मक औदात्य दृष्टिकोण तथा चित्रण, आलोचनात्मक यथार्थवाद की विशेषताएँ हैं।' इस आलोचनात्मक यथार्थवादी दृष्टि ने पीड़ित–मानव की गरिमा–महिमा को लेकर गहरी चिन्ता व्यक्त की उसे मानवाधिकार सम्बन्धी संकल्पनाओं के आर–पार हम देख सकते हैं।

तर्क की सहायता से जीवन की स्थितियों की विवेचना उसके ऐतिहासिक सन्दर्भ में करना और परम्परा की नकारात्मकता का निषेध करना आधुनिकता की कार्य पद्धति है। इस पद्धति की वैचारिक गर्मी से 'विमर्श' की दुनिया खुलती है।

यह क्रिया–प्रतिक्रिया की द्वन्द्वात्मकता के बौद्धिक स्वरूप को सामने रखता है। सर्राजु आधुनिकता पर विचार करते हुए कहते हैं कि 'अधिकारों के प्रति सजगता, सत्ता और न्याय की अवधारणाओं का प्रचलन असल में आधुनिकता के विस्तार से हुआ जो द्वन्द्वमयता की गतिशीलता की अगली कड़ी कही जा सकती है।' उनके कथन का मन्तव्य यह है कि मानवाधिकारों के सन्दर्भ में जिन अधिकारों के सार्वलौकिक स्वरूप को लेकर बात की जाती है, उसका अंकुर आधुनिकता में देखा जा सकता है। सही है कि आधुनिकता मानवीय गरिमा का, मानवाधिकार का गायन करती है। इसलिए दीपांकर गुप्त का कहना है कि आधुनिकता की चार कसौटियाँ रहती हैं–"व्यक्ति की गरिमा, सर्वव्यापी प्रतिमानों की आस्था, जन्मजात विशेषाधिकारों के स्थान पर व्यक्तिगत उपलब्धि का उन्नयन, सार्वजनिक जीवन में जवाबदेही।" स्वतन्त्रता इसी सर्वव्यापी प्रतिमानों का आधार होती है और मानवाधिकार उसके कसने की सच्ची कसौटी। मानवाधिकार की सामाजिक स्थिति को स्वतन्त्रता की अनुभूति के आधार पर ही आँका जा सकता है, हक़ीक़त में आँका जाना चाहिए। यह स्वतन्त्रता सचेतन मनुष्य की मुक्त इच्छा का (फ्री विल) परिणाम है। स्वतन्त्र भावना के प्रेरक तत्त्व के रूप में यही इच्छा काम करती है। यदि मानव के पास स्वतन्त्र रूप से कार्य करने की इच्छा नहीं है तो उसके लिए आज़ादी का कोई मतलब नहीं निकलता है। व्यक्ति के भीतर कार्य करने की स्वतन्त्र चेतना हो तथा बाहर अपने कार्य करने का थल भी मनुष्य को उपलब्ध हो, तभी स्वतन्त्रता की भावना साकार होने लगती है। व्यक्ति के भीतर उद्‌भूत कार्य करने की तत्परता वास्तव में मानव की अन्तर्निहित सर्जनशीलता का ही दूसरा रूप है। इच्छा अपने मूल में जैवेषणा के अंश होने के कारण मानवीय स्वतन्त्रता का एक जैविक पक्ष भी सामने उभरकर आता है।

आधुनिक काल में व्यक्तिवाद का विकास हुआ। व्यक्तिवाद ख़ास प्रकार के कार्य करने की स्वतन्त्रता व्यक्ति को देता है, जिससे व्यक्ति के कार्य करने की इच्छा तृप्त हो और व्यक्ति सत्ता का विकास हो। इस कार्य में मानव की रचनाशीलता सक्रिय होने के कारण व्यक्तिवाद मानव के सौन्दर्यात्मक आयामों को तृप्त करने का सामाजिक माहौल तैयार करता है। इस माहौल में विकल्पों के चयन की सम्भावना रहती है। इससे व्यक्त होता है कि स्वतन्त्रता मानव द्वारा अन्वेषित की जाती है। जब व्यक्ति के

कार्य की सीमा सामाजिक हित की मर्यादा को लाँघती है तो नैतिकता के उपकरण (मोरलाइसिंग मशीनरी), अर्थात धर्म, सेना, संविधान, नैतिकता, शिक्षा, न्यायालय आदि सक्रिय होने लगते हैं। उन मशीनरियों की सहायता से मानव के सामाजिक व्यवहार का सामान्यीकरण (नॉरमलाईसेशन) होता है। इस प्रक्रिया से व्यक्ति के जीवन में अनुशासन का प्रवेश होता है। इससे मानव का शरीर, कार्य करने का थल, दृष्टि आदि नियंत्रित एवं नियोजित होने लगते हैं। यह नैतिकता मानव के सामाजिक व्यवहार से निष्पन्न होती है। मध्ययुग में धर्म ने मानव को नियन्त्रित करने की योजना बनायी तो आधुनिक काल में संविधान द्वारा नियन्त्रित सरकार की व्यवस्था ने उसकी प्रतिस्थापना की। संविधान पर आधारित शासन प्रणाली के विकास से धीरे–धीरे धर्मसत्ता की पकड़ कमज़ोर होती गयी और राज्य सत्ता तथा समाज सत्ता की पकड़ मज़बूत होती गयी। लोकतन्त्रात्मक प्रशासनिक व जीवन व्यवस्था इसी परिवर्तन की उपज है। लेकिन यह स्मरणीय है कि सामान्यतः जब सत्ता का केन्द्रीकरण किसी भी व्यवस्था में हो जाता है तब सामाजिक स्तरीकरण की प्रक्रिया या समाज के प्रभेदक तत्त्व प्रबल होने लगते हैं, जो सदैव अधिकारों की असमानता का विष घोलती है। आधुनिक काल इसका एकान्त साक्षी है।

लोकतन्त्र स्वस्थ सामाजिक जीवन के मानवीय अन्वेषण का नतीजा है। आधुनिक काल में लोकतन्त्र के अनेक मॉडल यानी प्रातिनिध्य लोकतन्त्र (रिप्रेजेंटेटिव डेमोक्रेसी), राष्ट्राध्यक्षीय लोकतन्त्र (प्रेसिडेंसियल डेमोक्रेसी) आदि उभरे, उन सब में सारी जनता की सहभागिता को सुनिश्चित करने की तथा सार्वजनिक जीवन में जनता के उत्तरदायित्व को प्रमुखता देने की भावना निहित है। लोकतन्त्र मानव की स्वतन्त्रता, समानता, बन्धुता का पक्षधर है, उसकी रक्षा का सामाजिक व राजनीतिक उपाय है। लोकतन्त्र की सफलता व्यष्टि और समाज की भलाई में निहित है। लोकतन्त्रात्मक शासन व्यवस्था के लक्ष्य पर विचार करते हुए काल्डोर और वेजवोड़ा कहते हैं कि 'जनकल्याण को ध्यान में रखते हुए उचित निर्णय लेना तथा ऐसी विधि का निर्माण करना जिनका अनुसरण कर मानव को अपने जीवन में विकास के अधिकाधिक अवसर मिले और अपनी सक्रिय भागीदारी के माध्यम से सामाजिक निर्णयों में अपना योगदान दे सके। लोकतन्त्रात्मक व्यवस्था जीवन के विविध क्षेत्रों में परिव्याप्त सत्ता को सकारात्मक ढंग से

पुनर्नियोजित करती है जिससे समाज का हर सदस्य समाज में निर्माणात्मक सक्रिय भूमिका निभाये।' बाथम के अनुसार अवश्य ही "लोकतन्त्र के दो मूल सिद्धान्त हैं– "एक तो सामूहिक निर्णयों पर सार्वजनिक नियन्त्रण और दूसरा, वह नियन्त्रण लागू करने में अधिकारों की समानता। जिस हद तक ये दोनों सिद्धान्त किसी संगठन की निर्णय–निर्धारण पद्धति में विद्यमान हो, उस हद तक उसे लोकतान्त्रिक कहा जा सकता है।" मानव के अधिकारों को नियन्त्रित करने का अधिकार वैधता से ही लोकतन्त्रात्मक व्यवस्था को प्राप्त होता है। वैधता समाज की ज़मीन से, लोकतान्त्रिक प्रथाओं से, लोकतान्त्रिक प्राधिकार और सामाजिक संस्थाओं की स्थापनाओं के उद्देश्यों से बनती है जबकि वैधानिक निदेश व्यवस्था की क्रमीकृत इकाइयों से दिए जाते हैं। सत्ता के वैधतायुक्त प्रयोग से प्राधिकार (आतोरिटी) बनता है। प्राधिकार के सार्थक अनुपालन के लिए ताक़त के प्रयोग करने की ज़रूरत नहीं पड़ती है। सत्ता के माध्यम से सामाजिक आचरणों को सार्वजनिक स्वीकृति प्राप्त होती है, अर्थात् उसको व्यवस्थागत स्थायित्व प्राप्त होता है। समाज की न्यायिक व्यवस्था का अनुसरण करते हुए नागरिक लोकतन्त्र में मानव अपनी सामाजिक भूमिका का निर्वाह करता है। लोकतन्त्रात्मक व्यवस्था के अन्तर्विरोधों को संवैधानिक प्रक्रिया से, अपने राजनीतिक अधिकारों का प्रयोग करते हुए नागरिक सुधार सकता है। इसके लिए सामूहिक रूप से जनता संगठित होती है और निवारक उपायों को जनता के सम्मुख रखा जाता है। जनतान्त्रिक व्यवस्था में समाज के विविध कार्यकलापों में जनता की सक्रियता रहती है, स्वस्थ लोकतन्त्र में सकारात्मक चर्चाएँ चलती हैं। असल में लोकतन्त्र की संकल्पना मानव के श्रेष्ठ राजनीतिक चिन्तन को व्यक्त करती है। जीवन के विविध आयामों में सकारात्मक परिवर्तन करने हेतु किये जानेवाले मानवीय प्रयास को राजनीति की संज्ञा दी जा सकती है। इसके ज़रिये नवीन विचारों का उद्‌गम होता है, सामाजिक परिवर्तन को ध्यान में रखते हुए योजनाएँ बनायी जाती हैं। इसलिए राजनीति को नयी सम्भावनाओं की तलाशी की कला कहा जाता है। इसी तलाशी से नयी संस्थाएँ, नये सम्बन्ध, समस्याओं के निवारण के नये रास्ते आदि सामने प्रकट होने लगते हैं। ज़रूर, राजनीति सामाजिक प्रक्रिया में हस्तक्षेप करती है और बदलाव लाती है। राजनीति विज्ञान की परिकल्पना के अनुसार राजनीति अपने आप में सत्ता का विज्ञान है और इसलिए सत्ता का वितरण, समाज, राष्ट्र और व्यक्ति के बीच का सत्तात्मक सम्बन्ध राजनीति

के प्रतिपाद्य विषय बन जाते हैं। राजनीतिक प्रक्रिया से उत्पन्न विचारों के माध्यम से मानव काल्पनिक बातों को धरती पर उतारता है, जीवन में क्रान्तियों का आयोजन करता है। राजनीति राष्ट्र और नागरिक के जीवन के सारे के सारे आयामों को स्पर्श करती है। इस समेकित सामाजिक प्रयास से किसी भी 'राजनीतिक समुदाय' में कल्याणकारी लोकतन्त्रात्मक व्यवस्था कायम होती है।

लोकतन्त्र हमेशा एक कल्याणकारी समाज का सपना देखता है या कल्याणकारी राज्य को लोकतान्त्रिक व्यवस्था का लक्षण माना जाता है। इस कल्याणकारी राज्य में एक नागरिक दूसरे नागरिक की भलाई के लिए आपस में ज़िम्मेदार है। इस राज्य में समाज हित की भावना से प्रेरित होकर मानव समाज में अपनी स्वाभाविक स्वतन्त्रता का प्रयोग करता है और इसमें हर एक व्यक्ति को अपने व्यक्तित्त्व के विकास के लिए पर्याप्त सुविधाएँ मिलती हैं। यहाँ समाज के हर एक सदस्य को जीवन जीने के साधन उपलब्ध होंगे, सभी प्रकार की सुरक्षा प्राप्त होगी जिनसे मानव की अन्तर्भूत शक्ति का विस्तार हो सकेगा। कल्याणकारी समाज व्यवस्था में व्यक्ति स्तरीय स्वास्थ्य, सन्तोष और समृद्धि का अनुभव करता है, वहाँ सबको न्यूनतम जीवन साधनों की उपलब्धता होती है। 'कल्याण' शब्द के भीतर उत्तम परितोष का भाव निहित है जो सामाजिक कार्यकलापों में सक्रिय भागीदारी से और समाज में एक सदस्य के रूप में जीवन–यापन करते हुए हस्तगत होता है। ओगिल्वी इस परिकल्पना को आगे बढ़ाते हुए कहते हैं कि 'कल्याण' सकारात्मक जीवन स्थितियों का समुच्चय है।

आज के लोकतन्त्र की सीमा यह रही है कि बहुतायत लोगों की न्यूनतम ज़रूरतों की पूर्ति सम्भव नहीं हो पा रही है। धर्म का हस्तक्षेप, लोक लुभावन नारे, राजनीति का अपराधीकरण, भ्रष्टाचार आदि वर्तमान लोकतन्त्र की अन्य सीमाएँ हैं। इसलिए आज के लोकतन्त्र में विश्वसनीयता कम होती जा रही है। आज के लोकतन्त्र में नाम के अनुरूप 'लोक' का 'तन्त्र' नहीं रहता है, ऐसी स्थिति में लोकतन्त्र तानाशाही का पर्याय बन जाता है, ऐसे राजनीतिक समुदाय में जनता का सशक्तीकरण नहीं होता है। दलित, स्त्री सहित सभी हाशिएकृत जनता का सशक्तीकरण लोकतन्त्र के लिए अनिवार्य है। सशक्तीकरण से तात्पर्य हाशिएकृत जनता के राजऩीतिक, आर्थिक, सामाजिक, सांस्कृतिक आदि अधिकारों की प्राप्ति से है।

लोकतन्त्र में ही मानव के अधिकारों की रक्षा की जा सकती है, अपने अधिकारों से तिरस्कृत जनता के लिए लोकतन्त्र एकमात्र आसरा है। अनिता भारती ने दलित चिन्तन पर विचार करते हुए मुझसे एक बार कहा था–"प्रजातन्त्र यदि हमसे (दलित) दूर चला गया तो फिर दलित के पास कुछ नहीं रहेगा। प्रजातन्त्र दलित जनता का आसरा है, दलितों की उम्मीद प्रजातन्त्र में टिकी हुई है। धर्म सत्ता के आगमन से दलितों का ही नुक़सान होनेवाला है। कॉर्पोरेट राज भी दलित जन विरोधी है। अम्बेडकर के नेतृत्व में रचे गये संविधान के, उसी के आधार पर चल रहे प्रजातन्त्र के नष्ट हो जाने पर महिलाओं और दलितों को उसका फल भुगतना होगा। इस ख़तरे से दलित चिन्तक वाक़िफ़ हैं। इसलिए फ़ासीवाद, साम्प्रदायिकता, पूँजीवादी साज़िशों के ख़िलाफ़ दलित आन्दोलन सक्रिय रूप से कार्यरत है।" उनका कहना सही है कि प्रजातान्त्रिक व्यवस्था में ही स्वतन्त्रता, समानता, बन्धुता का सपना साकार हो सकता है या होगा। लोकतन्त्र की सफलता एक ऐसे आदर्श समाज की निर्मिति में है जिसमें सबको बराबरी का हक मिले। अम्बेडकर का सपना यही था– "...एक ऐसा समाज जिसमें, न्याय, बन्धुता, समता और स्वतन्त्रता हो। मैं समझता हूँ कि किसी भी विचारवान को इसमें इनकार नहीं होना चाहिए। बन्धुता का अर्थ यह है कि देश में उत्पन्न सभी व्यक्ति परस्पर भाई–भाई हैं, सभी का पिता की सम्पत्ति की भाँति देश की सम्पत्ति पर समान अधिकार है। जीवन के लिए आवश्यक भोजन, वसन, औषधि और शिक्षा के लिए सभी बराबर के हक़दार हैं। इसका नाम बन्धुता या भाईचारा है। इसका दूसरा नाम है जनतन्त्र या लोकतन्त्र।" इससे यह बात साफ़ हो जाती है कि मानवाधिकार अपने मूल में मानव की प्रतिष्ठा एवं गरिमा को सुनिश्चित करने का सांस्कृतिक उपक्रम है। इसके बल पर मानव अपने जीवन का सर्वांगीण विकास कर सकता है।

यह स्वीकृत तथ्य है कि मानवाधिकार का स्वरूप सार्वभौम होता है, उसको किसी भी हालत में दबाया या नकारा नहीं जा सकता। मानवाधिकार की अवधारणा मानव की आधारभूत जीवनाकांक्षा तथा स्वतन्त्रता से जुड़ी हुई होती है। स्वतन्त्रता को मानव का उच्चतम मानवाधिकार इसलिए कहा जाता है कि अन्य मानवाधिकार इससे विकसित हुए हैं। स्वतन्त्रता की प्राप्ति से मानव जीवन के बौद्धिक, नैतिक एवं अन्य सौन्दर्यात्मक आयाम

विकसित होने लगते हैं। मानवाधिकारों को सामान्यतः ऐसे अधिकारों के रूप में भी परिभाषित किया जाता है जिनकी प्राप्ति मानव को मानव होने के नाते प्राप्त होती है। संसार भर की विविध संस्कृतियों में इस प्रकार मानव मात्र के अधिकारों की रक्षा को ध्यान में रखकर कुछ सिद्धान्त एवं अवधारणाओं का विकास अवश्य हुआ है। इन अवधारणाओं के बल पर सार्वलौकिक मानव समाज की भलाई को ध्यान में रखकर सामान्य परिकल्पनाएँ विकसित हुईं जो कालान्तर में मानवाधिकार के उभार का कारण बनीं। मानव मात्र की बन्धुता की उद्घोषणा भारतीय वाङ्मय में भी पर्याप्त मात्रा में हुई है। 'वसुधैव कुटुम्बकम्', 'विश्वं भवत्येक नीड़म', 'एकैव मानुषी जाति', 'रामराज्य' आदि परिकल्पनाएँ इसके उदाहरण हैं। उदाहरण के लिए रामराज्य के लक्षण के रूप में यह बताया गया है कि कल्याणकारी राजनीतिक जीवन स्थिति में सत्ता का वर्चस्व नहीं दिखायी देता है। रामायणकार का कथन है कि रामराज्य में प्रजा आपस में रक्षा करती है– 'प्रजा रक्षन्तिस्म परस्परम।' यह मानवाधिकारों के उच्चतम आदर्श की स्थिति है, वहाँ सत्ता की असमानता नहीं, इसलिए अधिकारहीनता की स्थिति भी कायम नहीं है। इसी प्रकार पाश्चात्य जगत में भी पुनर्जागरण और ज्ञानोदय के काल में मानवतावादी विचारों का उन्नयन हुआ है। इस सांस्कृतिक परिस्थिति में मानव के समग्र विकास की कल्पना की गयी तथा मानव की सर्जनात्मक सम्भावना को पोषित करने के लक्ष्य को सामने रखकर अनेक सकारात्मक कदम भी उठाये गये जो अन्तर्राष्ट्रीय संस्थाओं, संगठनों की विभिन्न घोषणाओं, प्रसंविदाओं आदि के रूप में इतिहास के अंश बन गये हैं।

मानवाधिकार के माध्यम से सामाजिक व राजनीतिक स्तर पर मानव को मान्यता प्रदान कर मानव को शोषण की भीषणता से मुक्त करने का संकल्प किया जाता है। यह मानवाधिकार जीवन संघर्ष में सत्ता के दमनात्मक रूप के ख़िलाफ़ मानव के प्रतिरोध का सांस्कृतिक औज़ार बन जाता है। यह भी उल्लेखनीय है कि जिस समय मानवाधिकार सम्बन्धी उन्नत विचार सामने आये, उसी काल में मानव विरोधी उपनिवेशीकरण की प्रक्रिया इतिहास में शुरू हुई थी। इस प्रकार उदात्त जीवनादर्श और नैतिकता के प्रसार करनेवाले भारत में नफ़रत की आग उगलनेवाली जाति की प्रथा विकसित हुई। आधुनिक विश्व के इतिहास के पन्नों में यह बात सुरक्षित है कि

अठारहवीं शताब्दी के अन्तिम चरण में कुछ देशों में महत्त्वपूर्ण आन्दोलन हुए जिन्होंने मानवाधिकार सम्बन्धी अवधारणा की राजनीतिक प्रक्रिया को सम्बल प्रदान किया। सर्वसत्तावादी निरंकुश राजनीतिक व्यवस्थाओं को उखाड़ फेंकने की चालक शक्ति के रूप में ये आन्दोलन सफल रहे हैं। विश्व के स्तर पर व्यापक मानवाधिकार विचारों के प्रचार–प्रसार में तथा नवीन मानवाधिकार सम्बन्धी चेतना के जागरण में इन आन्दोलनों का योगदान अवश्य है। इस सन्दर्भ में 'अमेरिकी स्वतन्त्रता की घोषणा' तथा फ्रांस की 'मनुष्य तथा नागरिकों के अधिकारों की घोषणा' का विशेष महत्त्व है। सार्वजनीन मानव की मुक्ति इनके लक्ष्य रहे हैं। समाज में कार्यरत निरंकुश सत्ता को मिटाना, लोकतान्त्रिक शासन व्यवस्था की स्थापना, व्यक्ति के स्वातन्त्र्य की रक्षा आदि उपर्युक्त आन्दोलन के उद्देश्य रहे हैं। उन्नीसवीं शताब्दी के प्रारम्भ में उदित समाजवादी आन्दोलन ने वर्ग मुक्त सामाजिक जीवन तथा समानता के सिद्धान्त को विश्व जनता के सम्मुख रखा। इतिहास यह भी बताता है कि इस काल में मानवाधिकार राजनीतिक चिन्तन और आन्दोलन के केन्द्र में रहा था, पर उसे संवैधानिक मान्यता और व्यापक समाज के अंगीकार की प्राप्ति में विलम्ब हुआ है। उदाहरण के लिए 'अमेरिकी स्वतन्त्रता की घोषणा' के बावजूद संयुक्त राज्य अमेरिका के जनवादी और गणतान्त्रिक संविधान के अपनाने के लगभग पचहत्तर साल तक दास प्रथा वहाँ कायम रही। जनतान्त्रिक व्यवस्था की स्थापना के बाद भी नारियों को मतदान का अधिकार क़रीब एक सौ वर्ष के बाद प्राप्त हुआ है। स्पष्टतः अधिकारों की वंचना इतिहास का हिस्सा ही रही है।

'अमेरिकी स्वतन्त्रता की घोषणा' का अंगीकार 4 जुलाई 1776 को द्वितीय महाद्वीपीय कांग्रेस ने किया। इस महासभा में उत्तरी अमेरिका के अंग्रेज़ी उपनिवेशों के प्रतिनिधि शामिल थे। यह घोषणा वास्तव में अमेरिकी उपनिवेशों की स्वतन्त्रता और संयुक्त राज्य अमेरिका की औपचारिक उद्घोषणा थी। इस घोषणा में उपनिवेशों ने ब्रिटेन से अपनी स्वतन्त्रता की घोषणा का स्पष्टीकरण दिया और मनुष्य की महिमा की उद्घोषणा की। उसमें कहा गया है कि "सभी मनुष्य जन्म से समान हैं, उनके स्रष्टा ने उन्हें अनपहार्य अधिकारों से सम्पन्न किया है; इन अधिकारों में जीवन, स्वतन्त्रता और सुख की तलाश के अधिकार शामिल हैं। इन अधिकारों को सुरक्षित रखने के लिए सरकारों की स्थापना की जाती है, जिनकी

न्यायसम्मत सत्ता का स्रोत शासितों की सम्मति है। जब कोई सरकार, चाहे वह किसी भी प्रकार की हो, इन उद्देश्यों के लिए घातक बन जाती है, सम्बन्धित जन समाज को यह अधिकार है कि वह उस सरकार को बदलकर एक ऐसी सरकार की स्थापना करें जो उस जन समाज की सुरक्षा तथा सुख प्रदान करने में सफल हो।"

हम सब जानते हैं कि 1789 में फ्रांसीसी क्रान्ति हुई। इसी वर्ष जनता द्वारा राज्य कारागार का ध्वंस किया गया। यह ध्वंस निरंकुश तन्त्र और फ्रांस की पुरानी राज्य व्यवस्था के अन्त का सूचक था। फ्रांस की राष्ट्रीय महासभा ने स्वतन्त्र फ्रांस के लिए तैयार किये जानेवाले संविधान के प्रस्ताव के रूप में 26 अगस्त 1789 को 'मानव और नागरिक के अधिकारों की घोषणा' का अंगीकार किया। इस घोषणा का प्रभाव विश्व में व्यापक स्तर पर पड़ा। इससे विश्व भर के क्रान्तिकारी आन्दोलनों को नयी दिशा व उत्तेजना प्राप्त हुई। उसमें कहा गया है कि "राष्ट्रीय महासभा के रूप में संगठित फ्रांस की जनता के प्रतिनिधियों ने मनुष्य के अधिकारों के सम्बन्ध में अज्ञान, उपेक्षा और अवहेलना को सार्वजनिक दुर्भाग्य और सरकारी भ्रष्टाचार का एकमात्र कारण बताते हुए मनुष्य के प्राकृतिक, अनपहार्य और पवित्र अधिकारों को एक पावन घोषणा में प्रस्तुत करने का निश्चय किया है, ताकि समाज के सभी सदस्यों को सदा सुलभ रहने के कारण यह घोषणा हमेशा अपने अधिकारों तथा कर्तव्यों के प्रति जागरूक रखे।" आगे उसमें कहा गया है कि मनुष्य स्वतन्त्र और समान अधिकारों के साथ जन्म लेते हैं और स्वतन्त्रता तथा समान अधिकारों के साथ जीवित रहते हैं। सभी राजनीतिक संगठनों का लक्ष्य इस घोषणा के तहत मनुष्य के प्राकृतिक और सहज अधिकारों की रक्षा करना होता है। स्वतन्त्रता, सम्पत्ति की सुरक्षा और अत्याचार के प्रतिरोध के अधिकार इनमें शामिल हैं। मानव स्वतन्त्रता का सामाजिक प्रयोग करते समय दूसरों का किसी भी हालत में नुक़सान न हो। इसके अनुच्छेद नौ में बताया गया है कि हर मनुष्य को तब तक निर्दोष माना जाता है जब तक उसका दोष सिद्ध न हो और अनुच्छेद ग्यारह में बताया गया है कि विचार और मत का निर्बाध सप्रेषण मनुष्य के मूल्यवान अधिकारों में आते हैं। इसलिए प्रत्येक नागरिक मुक्त भाव से बोलकर और मुद्रित कर अपने विचारों की अभिव्यक्ति दे सकता है।

1917 की अक्तूबर क्रान्ति (बोलशेविक क्रान्ति) के बाद सोवियत संघ ने मानव के अधिकारों की रक्षा को केन्द्र में रखकर कई आज्ञप्तियाँ (डिक्रीस) जारी की हैं। उनमें प्रमुख हैं–शान्ति सम्बन्धी आज्ञप्ति, भूमि सम्बन्धी आज्ञप्ति, रूस के जन साधारण के अधिकारों की घोषणा आदि। इसके सिवाय श्रमिक और शोषित जनों के अधिकारों की घोषणा का चाहे बोलशेविक प्रतिनिधि मण्डल ने अंगीकार नहीं किया हो, बाद में अखिल रूसी सोवियत कांग्रेस ने उक्त घोषणा जारी कर दी। यह मनुष्य द्वारा मनुष्य के शोषण के उन्मूलन, समाज के वर्ग विभाजन की पूर्ण समाप्ति, शोषकों के निर्ममतापूर्ण दमन का विरोध करती है तथा सम्पत्ति पर निजी स्वत्वाधिकार को समाप्त कर सामान्य सम्पत्ति घोषित करती है।

1919 में राष्ट्रसंघ की स्थापना का उद्देश्य अन्तर्राष्ट्रीय सहयोग को प्रोत्साहित करना था और अन्तर्राष्ट्रीय शान्ति व सुरक्षा की स्थापना करना था। इस उद्देश्य के अनुसरण में अन्तर्राष्ट्रीय समुदाय में स्थित विभिन्न सदस्य राज्य युद्ध के तरीक़ों को अपनाने की अपेक्षा अन्तर्राष्ट्रीय शासन और कानून को स्वीकार करने के लिए सन्नद्ध हुए। दूसरे विश्वयुद्ध के छिड़ जाने से राष्ट्रसंघ भंग हो गया। 1919 में स्थापित अन्तर्राष्ट्रीय श्रम संगठन ने सार्वभौमिक स्थायी शान्ति की स्थापना के लिए सामाजिक न्याय को आधारभूत आवश्यकता के रूप में प्रस्तुत किया। अन्तर्राष्ट्रीय श्रम संगठन के मानवाधिकार संरक्षण को ध्यान में रखकर 1946 में उसे संयुक्त राष्ट्र संघ की प्रथम विशिष्टीकृत सदस्यता प्रदान की गयी।

बीसवीं शताब्दी के पूर्वार्द्ध में विश्व में औपनिवेशिक शासन का वर्चस्व रहा है। इसी दौर में अनेक देशों में सर्वसत्तावादी सरकारों का उदय हुआ तथा जर्मनी, इटली जैसे राष्ट्रों में आक्रामक नात्सी–फ़ासीवादी शासन व्यवस्था की स्थापना हुई। इसी कालखण्ड में अनेक उपनिवेशी राष्ट्रों में मुक्ति संघर्ष भी उभर रहे थे। इतिहास के इस विध्वंसात्मक काल में क्रमशः 1914–1918 तथा 1939–1945 की अवधि में दो विश्वयुद्ध हुए और इस काल के अन्तिम वर्ष में फ़ासीवादी, सैन्यवादी सरकारों के ख़िलाफ़ विश्व स्तर पर व्यापक संघर्ष का बीजवपन हुआ और मानवाधिकार की परिकल्पना का प्रयोग जिस अन्दाज में आज के समय में किया जा रहा है, उसका अभ्युदय इसी काल में हुआ है। द्वितीय विश्वयुद्ध के दौरान फ़ासीवादी शक्तियों के विरुद्ध युद्धरत देशों और उनके मित्र देशों के प्रतिनिधियों

की कई बैठकें और सम्मेलन हुए, ये सारे देश जनवरी 1942 से संयुक्त राष्ट्र कहलाने लगे। ब्रिटेन, संयुक्त राज्य अमेरिका, चीन आदि राष्ट्रों के प्रतिनिधियों ने डंबार्टन आक्स (यूएसए) में एक सम्मेलन किया जिसका लक्ष्य एक शान्ति रक्षक संस्था की स्थापना की योजना बनानी थी। इस पर गम्भीर चर्चा 25 अप्रैल 1945 को अमेरिका के सानफ्रांसिस्को में सम्पन्न सम्मेलन में हुई। इस सम्मेलन में पचास देशों के प्रतिनिधि शरीक हुए। 26 जून 1945 को उक्त सम्मेलन में भाग लिए देशों ने संयुक्त राष्ट्र संघ के अधिकार पत्र पर हस्ताक्षर किये। इस अधिकार पत्र में संयुक्त राष्ट्र संघ के गठन की व्यवस्था की गयी है। यह 24 अक्तूबर 1945 को लागू हुआ। इसी क्रम में संयुक्त राष्ट्र संघ के 'अधिकार पत्र का अध्ययन' किया जाना चाहिए। उसमें कहा गया है कि ''युद्ध के अभिशाप ने हमारे जीवन काल में ही मानवजाति को दो बार जिस अकथनीय विपत्ति में डाला है, उससे भावी पीढ़ियों की रक्षा करने के लिए, और मूल मानवाधिकारों में व्यक्ति के रूप में मानव की गरिमा और महत्त्व में पुरुषों तथा स्त्रियों और छोटे तथा बड़े राष्ट्रों के समान अधिकारों में अपनी आस्था को दोहराने के लिए, और जिन परिस्थितियों में न्याय की तथा सन्धियों एवं अन्तर्राष्ट्रीय क़ानून के अन्य स्रोतों से उद्‌भूत दायित्वों के प्रति सम्मान की भावना की रक्षा हो, ऐसी परिस्थितियाँ कायम करने के लिए और अधिक स्वतन्त्रता के वातावरण में सामाजिक प्रगति तथा उच्चतर जीवन स्तर को बढ़ावा देने के लिए कृतसंकल्प होकर हम संयुक्त राष्ट्र संघ कार्यरत हैं।"

संयुक्त राष्ट्र संघ के इस घोषणापत्र के तीन साल बाद 'मानवाधिकारों की सार्वलौकिक घोषणा' (10 दिसम्बर 1948) में ऐसे अनेक मानवाधिकारों की लम्बी सूची दी गयी है, जिनकी प्राप्ति, सभी जन समाजों और सभी राष्ट्रों के लिए आवश्यक मानी जाती है। यह घोषणा मानवाधिकारों की समकालीन व्याख्या की आधारशिला है और संयुक्त राष्ट्रसंघ सार्वजनीन स्तर पर इसे लागू करने का आग्रह करता है। इसका प्रतिफलन बीसवीं शताब्दी के नवोदित राष्ट्रों के संविधानों में हम देख सकते हैं। मानवाधिकारों की सार्वलौकिक घोषणा यह संकल्प करती है कि विश्व में मानव की गरिमा को स्थापित करने के लिए सब समान रूप से ज़िम्मेदार है। इसमें फ़ासीवादी बर्बरता के विरुद्ध युद्धरत देशों की जनता की आकांक्षाएँ प्रतिबिम्बित हुईं तथा **मूल** मानवाधिकारों तथा व्यक्ति की गरिमा और महत्त्व में आस्था का

भाव प्रकट हुआ। इसमें यह भी जोड़ा गया है कि संयुक्त राष्ट्र संघ उच्चतर जीवन स्तर, सबके लिए रोज़गार, आर्थिक तथा सामाजिक प्रगति और विकास की परिस्थितियों को, आर्थिक, सामाजिक, स्वास्थ्य विषयक तथा अन्य सम्बन्धित समस्याओं के समाधान को तथा अन्तर्राष्ट्रीय सांस्कृतिक एवं शैक्षणिक सहयोग को, नस्ल, लिंग, भाषा या धर्म के विभेद किये बिना सबके मानवाधिकार और मूल स्वतन्त्रताओं के लिए सार्वजनीन सम्मान की भावना और उनके पालन की वृत्ति को बढ़ावा देगा। घोषणा की उद्देशिका में कहा गया है कि मानव परिवार के सभी सदस्यों की गरिमा, सम्मान तथा अनपहार्य अधिकारों की स्वीकृति विश्व की स्वतन्त्रता, न्याय और शान्ति की आधारशिला है। इसके अनुच्छेद पच्चीस में इस बात पर विशेष ज़ोर दिया है कि प्रत्येक व्यक्ति को एक ऐसे जीवन स्तर का अधिकार है जो स्वयं उसके और उसके परिवार के स्वास्थ्य और कल्याण के लिए उपयुक्त हो, जिसमें भोजन, वस्त्र, आवास और चिकित्सा सम्बन्धी देख–रेख की उचित सुविधा तथा आवश्यक सामाजिक सेवाओं की व्यवस्था का, और बेरोज़गारी, बीमारी, शारीरिक अक्षमता, वैधव्य, बुढ़ापा या उसके बस के बाहर की अन्य परिस्थितियों में, जिनमें वह अपनी जीविका अर्जित करने में असमर्थ हो जाये, सामाजिक सुरक्षा की व्यवस्था का समावेश है। अनुच्छेद छब्बीस में शिक्षा प्राप्ति को मानवाधिकार का दर्जा दिया गया है और अनुच्छेद सत्ताईस में प्रत्येक व्यक्ति को समुदाय के सांस्कृतिक जीवन में निर्बाध रूप से भाग लेने, कलाओं के आनन्द उठाने तथा वैज्ञानिक प्रगति और उसके लाभों में हिस्सेदारी करने के अधिकार की बात की गयी है। इस घोषणा के ऐतिहासिक महत्त्व को ध्यान में रखते हुए प्रतिवर्ष 10 दिसम्बर को मानवाधिकार दिवस के रूप में मनाया जाता है। हमें यह समझना चाहिए कि सार्वजनीन मानवाधिकार उद्घोषणा विश्व के राष्ट्रों के बीच किसी सन्धि, समझौता अथवा बन्धनकारी कोई वैधानिक दस्तावेज़ नहीं है, केवल मानव के महत्त्व, उसकी गरिमा के सिद्धान्तों का संकल्प इसमें किया गया है। मानवाधिकार सम्बन्धी विविध संकल्पों में कुछ संकल्प अपने मूल में 'स्वतन्त्रता उन्मुख' है, कहने का तात्पर्य यह है कि उनके द्वारा मानव के नागरिक तथा राजनीतिक अधिकारों की रक्षा की बात की गयी है, लेकिन 'सुरक्षा अभिमुख' अधिकारों के अन्तर्गत सामाजिक, आर्थिक, सांस्कृतिक अधिकारों की सुरक्षा की व्यवस्था की गयी है। आजकल 'विकासोन्मुख अधिकार' की चर्चा भी की जा रही है, जिनके लिए संयुक्त राष्ट्र संघ के

सदस्यों की सहमति प्राप्त हुई है। 1986 में संयुक्त राष्ट्र संघ द्वारा अपनायी गयी 'विकास के अधिकार की घोषणा' का अलग महत्त्व है। इसमें पर्यावरण और सांस्कृतिक अधिकारों का विस्तृत संकल्प किया गया है। 171 राष्ट्रों और ग़ैर सरकारी संस्थाओं की विएना घोषणा स्पष्ट शब्दों में बताती है कि सभी मानवाधिकार सार्वजनीन, अविभाज्य, अन्तर्निर्भर और अन्तःसम्बन्धित हैं। संयुक्त राष्ट्र संघ द्वारा पल्लवित मानवाधिकारों की सूची सभी जनसमाजों और सभी राष्ट्रों के लिए उपलब्धि का एक सामान्य मापदण्ड प्रस्तुत करती है। संयुक्त राष्ट्र संघ की घोषणा के बाद भी अनेक घोषणाएँ, प्रसंविदाएँ और अभिसमय अपनाये गये जिन्होंने मानवाधिकारों के सार्वजनीन घोषणा के अनेक मानव के अधिकारों को जीवन के स्तर पर विस्तृत करके प्रस्तुत करने का काम किया है। मानवाधिकार सम्बन्धी धरातल को मज़बूत करने के लिए विश्व के अनेक राष्ट्र विश्व स्तर के संयुक्त राष्ट्र संघ के सदस्य बने और उसके मानवाधिकार सम्बन्धी निदेशों को कार्यान्वित करने में अपनी सन्नद्धता व्यक्त की। यह संघ विश्व स्तर पर के जन समाज की अधिकारहीनता को प्रतिबिम्बित करने का प्रयास करता रहा है।

मानवाधिकारों की सार्वजनीन घोषणा ने संयुक्त राष्ट्र संघ के लिए घोषणा के ख़ास पहलुओं के सम्बन्ध में प्रसंविदाएँ, अभिसमय, घोषणाएँ और अनुशंसाएँ तैयार करने का आधार प्रस्तुत किया। सार्वजनीन घोषणा में प्रतिज्ञापित मानवाधिकारों को दो प्रसंविदाओं में पल्लवित किया गया। ये हैं–'आर्थिक, सामाजिक तथा सांस्कृतिक अधिकारों से सम्बन्धित अन्तर्राष्ट्रीय प्रसंविदा' (16 दिसम्बर 1966 को पारित तथा 3 जनवरी 1976 से प्रभावित) और 'नागरिक तथा राजनीतिक अधिकार सम्बन्धी अन्तर्राष्ट्रीय प्रसंविदा।' (16 दिसम्बर 1966 को पारित तथा 23 मार्च 1976 से प्रभावित) इनके अतिरिक्त दो विज्ञप्तियाँ (प्रोटोकोल) भी जारी की गयीं। मानवाधिकार सार्वजनीन घोषणा, उपर्युक्त दो प्रसंविदाएँ तथा दो विज्ञप्तियाँ मिलकर मानवाधिकारों के अन्तर्राष्ट्रीय विधेयक का रूप ले लेती हैं। ये ऐसे आधारभूत दस्तावेज़ हैं जिन पर दुनिया भर में मानवाधिकारों की सुरक्षा और प्रोन्नति निर्भर हैं।

आर्थिक, सामाजिक तथा सांस्कृतिक अधिकारों से सम्बन्धित अन्तर्राष्ट्रीय प्रसंविदा में कहा गया है कि सभी जन समाजों को आत्मनिर्णय का अधिकार है। (भाग 1, अनुच्छेद 1) तथा परिवार समाज की प्राकृतिक और समूहगत मूल इकाई है, उसको व्यापकतम सुरक्षा और सहायता दी जानी चाहिए।

ख़ासकर उसे बसाने के लिए और उस पर आश्रित बच्चों के लालन–पालन और शिक्षा–दीक्षा का दायित्व उस दौर में हो, रक्षा की बात करती है। इसमें यह भी कहा गया है कि विवाह भावी दम्पति की सहमति से ही होना चाहिए। (भाग 3, अनुच्छेद 10) नागरिक तथा राजनीतिक अधिकार सम्बन्धी अन्तर्राष्ट्रीय प्रसंविदा में यह प्रस्तावित है कि प्रत्येक मानव प्राणी को जीवन जीने का सहज अधिकार है। इस अधिकार की क़ानून के द्वारा रक्षा की जायेगी। (भाग तीन, अनुच्छेद 6) यह प्रसंविदा संकल्प करती है कि प्रत्येक व्यक्ति को अपने शरीर की स्वतन्त्रता का अधिकार तथा उसकी रक्षा का अधिकार है। (भाग 3, अनुच्छेद 9) साथ ही दूसरों के अधिकारों या प्रतिष्ठा के प्रति सम्मान का भी संकल्प किया गया है (भाग 3, अनुच्छेद 19)

इस सन्दर्भ में सभी प्रकार के नस्ली विभेदों के उन्मूलन से सम्बन्धित अन्तर्राष्ट्रीय अभिसमय के मूल संकल्पों को भी समझना अनिवार्य है। इस अभिसमय को संयुक्त राष्ट्र संघ की महासभा ने 21 दिसम्बर 1965 को अंगीकार किया और वही 4 जनवरी 1969 को प्रभावी हुआ। इस अभिसमय के अनुच्छेद 1 में कहा गया है कि नस्ली विभेद का अर्थ नस्ल, रंग, वंश परम्परा या राष्ट्रीय अथवा नृजातीय मूल पर आधारित ऐसा कोई भी विभेद, वर्जन, प्रतिबन्ध या ऐसी कोई प्राथमिकता होगी, जिसका प्रयोजन या प्रभाव, समानता के स्तर पर राजनीतिक, आर्थिक, सामाजिक, सांस्कृतिक या सार्वजनिक जीवन के किसी भी अन्य क्षेत्र में मानवाधिकारों और मूल स्वतन्त्रताओं की स्वीकृति, उपभोग या प्रयोग को नकारना या क्षति पहुँचाना होगा। साथ ही अनुच्छेद 4 में स्पष्ट शब्दों में कहा गया है कि नस्ली श्रेष्ठता या घृणा पर आधारित विचारों के तमाम प्रसार को, नस्ली विभेद को उत्तेजना देनेवाली सभी कार्रवाइयों को दण्डनीय अपराध माना आयेगा। एक और अभिसमय का उल्लेख करना उचित प्रतीत होता है। उसका शीर्षक है–'यातना और अन्य क्रूर अमानवीय या अपमानजनक व्यवहार तथा दण्ड के विरुद्ध अभिसमय।' संयुक्त राष्ट्र संघ की महासभा द्वारा यह 10 दिसम्बर 1984 को स्वीकृत तथा 26 जून 1987 से प्रभावित है। इस अभिसमय के भाग एक अनुच्छेद 1 में कहा गया है कि इस अभिसमय के सन्दर्भ में 'यातना' शब्द का मतलब ऐसा कोई भी कृत्य है जिसके द्वारा किसी भी व्यक्ति को– उससे या अन्य किसी व्यक्ति से जानकारी या

कोई इकबालिया बयान प्राप्त करने, या उस व्यक्ति अथवा किसी अन्य व्यक्ति ने जो कार्य किया हो या उस व्यक्ति या अन्य व्यक्ति पर जो कार्य करने का सन्देह हो, उसके लिए उस व्यक्ति को अथवा अन्य व्यक्ति को आतंकित करने या उस व्यक्ति पर नाजायब दबाव डालने–जैसे प्रयोजनों से या किसी भी प्रकार के विभेद पर आधारित कारणों से जानबूझकर गहरी शारीरिक या मानसिक पीड़ा अथवा कष्ट पहुँचाया गया हो, और ऐसी पीड़ा या कष्ट किसी सरकारी अधिकारी या सरकारी हैसियत से काम करनेवाले किसी अन्य व्यक्ति द्वारा या उसके उकसाने पर या सहमति से अथवा मूक समर्थन से पहुँचाया गया हो।

संयुक्त राष्ट्र संघ की महासभा ने 18 दिसम्बर 1979 को महिलाओं के विरुद्ध सभी प्रकार के विभेदों की समाप्ति सम्बन्धी अभिसमय को स्वीकृति दी और वह 3 सितम्बर 1981 से प्रभावी माना गया है। इसमें कहा गया है कि महिलाओं के विरुद्ध किये जानेवाला विभेद अधिकारों की समानता और मानवीय गरिमा के प्रति सम्मान का हनन करता है। अपने देशों के राजनीतिक, सामाजिक, राजनीतिक, आर्थिक तथा सांस्कृतिक जीवन में पुरुषों के साथ समानता के स्तर पर महिलाओं के समान रूप से भाग लेने के मार्ग में अनेक बाधक तत्त्व कार्यरत हैं, वे समाज की समृद्धि के विकास को अवरुद्ध करते हैं और अपने–अपने देशों तथा मानवता की सेवा के लिए महिलाओं में स्थित सम्भावनाओं के पूर्ण विकास को अधिक कठिन बना देते हैं। इसके लिए रंगभेद, सभी प्रकार के नस्लवाद, अतिक्रमण, विदेशी क़ब्ज़े और प्रभुत्व तथा दूसरे राज्यों के मामलों में हस्तक्षेप को ख़त्म करना पुरुषों और महिलाओं द्वारा अपने अधिकारों के पूर्ण उपभोग के लिए आवश्यक है। अनुच्छेद एक में कहा गया है कि महिलाओं के विरुद्ध विभेद का अर्थ लिंग के आधार पर किया गया ऐसा कोई भेद, वर्जन या प्रतिबन्ध होगा जिसका परिणाम या प्रयोजन पुरुषों के साथ समानता के स्तर पर महिलाओं के, चाहे उनकी भौतिक स्थिति कुछ भी हो, मानवाधिकारों तथा राजनीतिक, आर्थिक, सांस्कृतिक, नागरिक या अन्य किसी क्षेत्र में उनकी मूल स्वतन्त्रताओं के अभिमान्यीकरण या उनके द्वारा उक्त मानवाधिकारों या स्वतन्त्रताओं के उपभोग या प्रयोग को क्षति पहुँचाना या रद्द कर देना है।

अन्तर्राष्ट्रीय घोषणाओं तथा प्रसंविदाओं में स्वीकृत मानवाधिकार सम्बन्धी संकल्पनाओं का सीधा सरोकार व्यक्तियों के अधिकारों से रहा है।

अधिकारों की अद्यतन कड़ी के रूप में विकास के अधिकार से सम्बन्धित घोषणा (4 दिसम्बर 1986) की गिनती की जाती है। घोषणा यह संकल्प करती है कि व्यक्ति विकास की प्रक्रिया का केन्द्र है और विकास की नीति को व्यक्ति के विकास का मुख्य भागीदार तथा लाभानुयोगी बनाना चाहिए। जनसमाजों और व्यक्तियों के विकास के लिए अनुकूल परिस्थितियों का सृजन उनके राज्यों का प्राथमिक दायित्व है। मानव के अधिकार और विकास को सुनिश्चित करने के लिए यह घोषणा एक अन्तर्राष्ट्रीय अर्थव्यवस्था स्थापित करने की अनिवार्यता को स्वीकार करती है। अनुच्छेद एक में कहा गया है कि विकास का अधिकार मानव का अनपहार्य अधिकार है, जिसकी बदौलत व्यक्ति के रूप में प्रत्येक मनुष्य और सभी जनसमाज आर्थिक, सामाजिक, सांस्कृतिक, राजनीतिक विकास में, जिसमें सभी मानवाधिकार और मूल स्वतन्त्रताएँ मूल रूप से फलीभूत की जा सकती हैं। सबको विकास प्रक्रिया में भाग लेने और योग देने तथा उनका उपभोग करने का हक़दार है। विकास के मानवाधिकार का अर्थ जन समाजों के आत्मनिर्णय के अधिकारों का भी पूर्ण रूप से चरितार्थ किया जाना है, जिसमें मानवाधिकार सम्बन्धी दोनों अन्तर्राष्ट्रीय प्रसंविदाओं की प्रासंगिक व्यवस्थाओं का ख़्याल रखते हुए अपनी प्राकृतिक सम्पदा और संसाधनों पर सम्पूर्ण प्रभुसत्ता उनके अनपहार्य अधिकार का प्रयोग भी शामिल है। अनुच्छेद दो इस परिकल्पना को और साफ़ करता है। उसमें कहा गया है कि मनुष्य की स्वतन्त्र और पूर्ण अर्थ सिद्धि का एकमात्र साधन विकास है। अपने मानवाधिकारों तथा मूल स्वतन्त्रताओं और साथ ही समाज के सम्बन्ध में अपने कर्तव्यों के प्रति पूर्ण सम्मान की आवश्यकता को ध्यान में रखते हुए, सभी मनुष्यों का व्यक्तिगत रूप से और सामूहिक रूप से विकास के प्रति एक दायित्व है और इसलिए मानव के विकास के लिए उपयुक्त राजनीतिक, सामाजिक तथा आर्थिक व्यवस्था को बढ़ावा और संरक्षण देना चाहिए।

बच्चों के अधिकारों से सम्बन्धित अधिसमय (20 नवम्बर 1989 से संयुक्त राष्ट्र संघ की महासभा द्वारा स्वीकृत और 2 दिसम्बर 1990 से प्रभावित) का तथा 18 दिसम्बर 1992 को स्वीकृत राष्ट्रीय या नृजातीय, धार्मिक और भाषाई अल्पसंख्यकों से सम्बन्धित अधिकारों की घोषणा का भी मानवाधिकार के इतिहास में विशेष रूप से महत्त्व है। 14–25 जून 1993 तक आस्ट्रिया के विएना में विश्व मानवाधिकार सम्मेलन का आयोजन

हुआ जिसमें 171 राष्ट्रों के प्रतिनिधियों के साथ ग़ैर–सरकारी संगठनों और स्वतन्त्र संस्थाओं के लगभग 7000 प्रतिनिधियों ने भी भाग लिया। इसमें विश्व स्तर पर मानवाधिकारों की प्रगति की विवेचना की गयी। इस सम्मेलन ने विएना घोषणा तथा कार्य योजना को अंगीकार किया जिसे संयुक्त राष्ट्र संघ ने अनुमोदित किया। इस घोषणा में संयुक्त राष्ट्र महासभा से सभी मानवाधिकारों के अभिवर्धन और संरक्षण के लिए एक उच्च आयुक्त की नियुक्ति की सिफ़ारिश की गयी जिसे महासभा ने दिसम्बर 1993 में स्वीकार कर लिया। इस समय अन्तर्राष्ट्रीय स्तर पर महिलाओं के अधिकारों के रक्षा की बात की जाती है। महिलाओं के अधिकारों के प्रचारार्थ 1975 में अन्तर्राष्ट्रीय महिला वर्ष की घोषणा संयुक्त राष्ट्र संघ की ओर से हुई। इसके बाद 1980, 1985, 1994 वर्ष में क्रमशः कोपनहेगन, नॉरोबी और काहिरा में विश्व महिला सम्मेलन हुए। 2011 में संयुक्त राष्ट्र संघ की ओर से महिला आयोग की स्थापना हुई। आजकल मानवाधिकार संरक्षण के क्षेत्र में कार्य करनेवाले अनेक संगठन विश्व स्तर पर कार्यरत हैं। उनमें 'मानवाधिकार अन्तर्राष्ट्रीय संगठन' (एमनेस्टी इंटरनाशनल–एआई), 'प्यूपिल यूनियन फॉर सिविल लिबरटीज' (पीयूसीएल), 'प्यूपिल यूनियन फॉर डेमोक्रेटिक राइट्स' (पीयूडीआर), 'सिटीजेन फॉर डेमोक्रेसी' (सीएफडी) प्रमुख हैं। मानवाधिकार सम्बन्धी चेतना के प्रसार में इस प्रकार के संगठनों, संस्थाओं, ग़ैर–सरकारी संगठनों की भूमिका भी अतुलनीय है।

यह सही है कि भारतीय स्वाधीनता आन्दोलन के समय उपनिवेशी सत्ता के विरुद्ध जो लड़ाई लड़ी गयी, उस लड़ाई के दौरान स्वतन्त्र भारत को लेकर एक सपने का रूपायन भारतीय मन अपने अन्दर ही अन्दर कर रहा था। इसकी झाँकी राष्ट्रीय कांग्रेस के सम्मेलनों में, कार्यक्रमों में प्रस्तुत प्रस्तावों, घोषणाओं आदि में हम देख सकते हैं। इनमें वयस्क मताधिकार, पन्थ निरपेक्षता, सामाजिक न्याय, स्वतन्त्रता और समानता का दर्शन आदि शामिल हैं। साथ ही इनमें हमारी अर्थव्यवस्था तथा भारतीय समाज को पुनर्निमित करने की योजना भी शामिल थी। नागरिक अधिकारों की प्राप्ति की लड़ाई भारतीय मुक्ति संघर्ष का अभिन्न हिस्सा रहा है। यह भी स्मर्तव्य है कि इसी काल में विश्वव्योपी स्तर पर समान अनेक मुक्ति आन्दोलन सक्रिय थे, उनका प्रभाव भारतीय नागरिक बोध में अवश्य पड़ा है। भारतीय संविधान की उद्देशिका में इसकी झलक हम पा सकते हैं। उसमें कहा गया है कि

हम भारत के लोग, भारत को एक सम्पूर्ण प्रभुसत्ता सम्पन्न समाजवादी पन्थ निरपेक्ष लोकतन्त्रात्मक गणराज्य बनाने के लिए तथा उसके समस्त नागरिकों को सामाजिक, राजनीतिक, आर्थिक न्याय, विचार, अभिव्यक्ति, विश्वास, धर्म और उपासना की स्वतन्त्रता, प्रतिष्ठा और अवसर की समता प्राप्त करने के लिए तथा उन सबमें व्यक्ति की गरिमा और राष्ट्र की एकता और अखण्डता सुनिश्चित करनेवाली बन्धुता बढ़ाने के लिए अंगीकृत, अधिनियमित और आत्मसमर्पित हैं। इस सिलसिले में भारतीय राष्ट्रीय कांग्रेस ने 1929 के लाहौर अधिवेशन में पूर्ण स्वराज को अपने लक्ष्य के रूप में घोषित किया और आग्रह किया कि 26 जनवरी को हर साल स्वतन्त्रता दिवस के रूप में सम्पूर्ण भारत में मनाया जाये। 26 जनवरी 1930 में भारत भर में आयोजित हज़ारों जन सभाओं में स्वतन्त्रता की प्रतिज्ञा कराई गयी, जो भारत की स्वतन्त्रता संग्राम की महत्वपूर्ण घटना है। प्रतिज्ञा में साफ़ शब्दों में कहा गया है कि "हमारा विश्वास है कि अन्य किसी भी जन समाज की तरह भारतीय जन समाज को भी यह अनपहार्य अधिकार है कि वह अपनी स्वतन्त्रता प्राप्त करे और अपनी मेहनत के फल का उपयोग करे, और उसके पास जीवन के लिए आवश्यक वस्तुएँ हों ताकि उसे पूर्ण विकास का अवसर मिले। हमारा यह विश्वास है कि यदि कोई सरकार जनता को इन अधिकारों से वंचित करती है और उस पर अत्याचार करती है तो जनता को उसे बदल देने का या हटा देने का अधिकार है।" इस प्रतिज्ञा में फ्रांस की 'मनुष्य और नागरिक के अधिकारों की घोषणा' का स्पष्ट प्रभाव परिलक्षित है। भारत के इतिहास में 29–31 मार्च 1931 तक कराची में भारतीय राष्ट्रीय कांग्रेस का जो अधिवेशन सम्पन्न हुआ था उसका ख़ास महत्त्व है, जिसमें मानव के मूल आर्थिक कार्यक्रम पर एक प्रस्ताव पारित किया गया और घोषित किया गया कि जन साधारण के शोषण को समाप्त करने के लिए राजनीतिक स्वतन्त्रता में अनिवार्यतः करोड़ों भूखी जनता की स्वतन्त्रता का अधिकार हो और भारत के लिए बनाये जानेवाले संविधान में संगठन और संयोजन की स्वतन्त्रता, वाणी और प्रेस की स्वतन्त्रता, अन्तःकरण की स्वतन्त्रता और सार्वजनिक शान्ति सुव्यवस्था को ध्यान में रखते हुए कोई भी धर्म मानने और उसको आचरण करने की स्वतन्त्रता, अल्पसंख्यकों की भाषा एवं लिपि की सुरक्षा, लिंग पर आधारित किसी भी प्रकार की बाधा के बिना सभी नागरिकों के सम्मान का अधिकार, निःशुल्क प्राथमिक शिक्षा का अधिकार आदि हों। इसके साथ भारत की स्वतन्त्रता के 'अधिकार पत्र' को भी देखना चाहिए। 22 जनवरी 1947

को भारतीय संविधान सभा ने सर्वसम्मति से एक प्रस्ताव पारित किया। इस प्रस्ताव में कहा गया है कि भारत के सभी लोगों को सामाजिक, राजनीतिक, आर्थिक न्याय, दर्जे की समानता, अवसर की समानता और विधि के समक्ष समानता तथा विधि और सार्वजनिक नैतिकता की मर्यादा के अधीन विचार, अभिव्यक्ति, विश्वास, आस्था, उपासना, प्रेस, संगठन और कर्म की स्वतन्त्रता की प्रत्याभूति (गैरन्टी) और सुनिश्चितता होगी और जिसमें अल्पसंख्यकों, पिछड़ों, जनजातीय क्षेत्रों और दलित तथा अन्य पिछड़े वर्गों के लिए पर्याप्त संरक्षणात्मक उपाय किये जायेंगे और जिनके द्वारा गणतन्त्र के राज्य क्षेत्रों की अखण्डता तथा न्याय एवं सभ्य राष्ट्रों के क़ानून के अनुसार थल, जल और वायु में उसके सम्पूर्ण प्रभुसत्तात्मक अधिकारों की रक्षा की जायेगी। उपर्युक्त अन्तर्राष्ट्रीय एवं राष्ट्रीय मानवाधिकार सम्बन्धी परिकल्पना का सख्त प्रभाव भारतीय संविधान के विभिन्न अनुच्छेदों और नियमों, अधिनियमों में हम दर्शन कर सकते हैं। उदाहरण के लिए संविधान के अनुच्छेद 14 में समता का अधिकार, अनुच्छेद 15 के अधीन धर्म, मूल वंश, जाति, लिंग या जन्म स्थान के आधार पर विभेद के प्रतिरोध, अनुच्छेद 16 में लोक नियोजन के क्षेत्र में अवसर की समानता, अनुच्छेद 17 में अस्पृश्यता का अन्त, अनुच्छेद 19 में वाक् स्वातन्त्र्य, अनुच्छेद 25 में अन्तःकरण और धर्म की अबाध गति मानने, आचरण और प्रचार करने की स्वतन्त्रता, अनुच्छेद 29 में अल्पसंख्यकों के हितों का संरक्षण आदि अधिकारों की वैधानिक एवं संवैधानिक सुरक्षा दी गयी है। इस क्रम में मानवाधिकारों की सुरक्षा को ध्यान में रखकर मानवाधिकार संरक्षण अधिनियम (1993), राष्ट्रीय पिछड़ा वर्ग आयोग अधिनियम (1993), मानवाधिकार आयोग (1993), राष्ट्रीय अनुसूचित जाति और जनजाति आयोग, राष्ट्र अल्पसंख्यक आयोग अधिनियम (1992), राष्ट्रीय महिला आयोग अधिनियम (1990), अनुसूचित जाति और जनजाति (अत्याचार निवारण) अधिनियम (1989), सती (निवारण) अधिनियम (1987), बालश्रम (प्रतिषेध और विनियमन) अधिनियम (1986), किशोर न्याय अधिनियम (1986), पर्यावरण संरक्षण अधिनियम (1966), दहेज प्रतिषेध अधिनियम (1961), बालक (श्रम गिरवीकरण) अधिनियम (1960), सिविल अधिकार संरक्षण अधिनियम (1955), आदि अनेक कानूनी प्रबन्धन किये गये, इनसे समाज में मानवाधिकार सम्बन्धी अवबोध का प्रसारण हुआ और मानवाधिकारों की संवैधानिक तथा सामाजिक सुरक्षा प्राप्त हुई।

फ्रेंच क्रान्ति के मूल आदर्श के रूप में स्वतन्त्रता, समानता, बन्धुता को स्वीकार किया जाता है जो मानव समाज की मुक्ति के आधार हैं। ये आदर्श समाज तथा मानवाधिकार सम्बन्धी संकल्पना के भी आधार रहे हैं। मानवाधिकार सम्बन्धी विविध परिकल्पनाएँ देश, काल, वर्ण, वर्ग आदि सामाजिक विभेदकों से ऊपर उठकर मानव जीवन की आदर्श स्थिति की घोषणा करती हैं। वे विश्व की किसी भी संस्कृति एवं सभ्यता के लिए विकास के लिए लागू हो सकती हैं जो एक उच्चकोटि की मानवता को विश्व समाज के सामने पेश करती हैं। जीवन की नैतिकता, मूल्यान्वेषण, न्याय की अवधारणाओं के मानक के रूप में मानवाधिकारों की गिनती की जाती है। मानवाधिकारों की सार्वलौकिक घोषणा का इस दृष्टि से खास महत्त्व है और उसकी महत्ता पर विचार करते हुए वेक्लाव हवेल का कहना है–'यह विश्व मानव के जीवन की सहकारिता और गुणवत्ता को सुनिश्चित करने के स्थायी वैधानिक आदर्श के रूप में मानवाधिकारों की सार्वलौकिक घोषणा हमारे पास है।' मानवाधिकार के इस आदर्श के अनुसरण में नागरिक, राजनीतिक, आर्थिक, सांस्कृतिक मानवाधिकारों की परिकल्पना का विस्तार हुआ।

1215 के 'मैग्नाकार्टा' से प्रारम्भित मानवाधिकार का इतिहास 1948 के 'मानवाधिकार की सार्वभौम उद्घोषणा' से एक परिपक्व अवस्था प्राप्त करता है। इतिहास यह बताता है कि नागरिक या राजनीतिक अधिकार के रूप में मानवाधिकार की बात पहले–पहल उठाई गयी है। नागरिक अधिकार के अन्तर्गत एक राष्ट्र विशेष के नागरिक की विचार, अन्तश्चेतना और धर्म की स्वतन्त्रता निश्चित की जाती है, वर्ण, वर्ग, नस्ल, भाषा, रंग, जाति, सामाजिक हैसियत आदि के आधार पर किये जानेवाले भेद–भाव का तिरस्कार किया जाता है। राष्ट्र तन्त्र के रूपायन में नागरिक की भूमिका को वैधता प्रदान की जाती है। राजनीतिक एवं नागरिक अधिकार मानव की वैयक्तिकता की पवित्रता की रक्षा करता है। इससे प्रत्येक नागरिक को आर्थिक, सामाजिक, राजनीतिक जीवन में सक्रिय भागीदारी निभाने का अवसर प्राप्त होता है। नागरिक अधिकार के अन्तर्गत जीने का अधिकार, वैयक्तिक सुरक्षा का अधिकार, धार्मिक स्वतन्त्रता आदि शामिल हैं।

मानवाधिकार का अगला चरण सामाजिक अधिकारों का है। इसके अन्तर्गत मानव की बुनियादी सामाजिक ज़रूरतों–कपड़ा, मकान, खाना,

शुद्ध पानी आदि को क़ानूनी मान्यता दी जाती है। शिक्षा का अधिकार, स्वास्थ्य, सामाजिक सुरक्षा के अधिकार आदि इनमें शामिल हैं। सामाजिक अधिकारों का मूल लक्ष्य मानव के परितोष एवं सुरक्षा की रक्षा है। यह अधिकार मानव के विशिष्ट समाज के नागरिक होने के नाते प्राप्त होता है। मानवाधिकार के मूल में व्यक्ति के श्रेयस का भाव है और उसे आत्मनिर्भर बनाने का राजनीतिक प्रयास है। यह उल्लेखनीय है कि इस प्रकार के अधिकार मानव को नागरिकता की पदवी प्राप्त होने से मात्र अनुभव हो सकता है। यह नागरिकता व्यक्ति, समाज और राज्य के बीच के औपचारिक सम्बन्धों के बीच में से विकसित होती है। 'नागरिकता मानव को राजनीतिक समुदाय की सदस्यता प्रदान करती है। नागरिकता प्राप्त सामाजिक सदस्यों के अपने विशिष्ट अधिकार और कर्तव्य होते हैं।' 'मानव के अधिकारों की सुरक्षा में तथा मानव की मानव के अधिकारहीनता की समस्याओं के समाधान में नागरिक समाज की भूमिका को अनदेखा नहीं किया जा सकता।'

नागरिकता की परिकल्पना के अन्तर्गत ख़ास व्यवस्था के भीतर समता, स्वतन्त्रता, राजनीतिक निष्ठा, नागरिक कर्तव्य, राष्ट्र विशेष के साथ सांस्कृतिक एवं भावात्मक सम्बन्ध एवं राष्ट्रीय अस्मिता वग़ैरह शामिल हैं। इस राष्ट्रीय अस्मिता का निर्माण सम्प्रभुता राष्ट्र की भौगोलिक सीमाओं के भीतर समान संस्कृति, समान भाषा, समान जातीयता और समान ऐतिहासिक निरन्तरता से होता है। यह निरन्तरता सामुदायिक अस्मिता की रचना करती है, तभी पूर्ण अर्थों में राष्ट्र बनता है। इस राष्ट्र में नागरिक के अधिकारों की रक्षा संविधान तथा सामाजिक नैतिकता के आधार पर होती है। मानवाधिकार संरक्षण सभ्य समाज की आधारशिला है। भारतीय संविधान इसका उदात्त नमूना है। संविधान असल में अनुच्छेदों का पुलिंदा नहीं है, वह किसी राष्ट्र विशेष की जनता की जीवन पद्धति का नक़्शा है जिसे किसी राज्य द्वारा अपनाया गया है।

आजकल सांस्कृतिक अधिकारों की भी चर्चा की जाने लगी है। मानव को अपनी परम्परा, संस्कृति के संरक्षण और विकास करने का अधिकार है। मानव जीवन के सर्वतोन्मुखी विकास, जीवन के सामंजस्यपूर्ण सन्तुलन बनाये रखने में निजी संस्कृति विशिष्ट भूमिका निभाती है। मानव के आन्तरिक नैपुण्य का विकास, चेतना का विकास आदि मानव की अपनी

ख़ास सांस्कृतिक परिस्थिति में ही सम्भव है। सामाजिक व्यवहार में मातृभाषा के प्रयोग करने का तथा उसी के माध्यम से शिक्षा अर्जित करने का अधिकार सांस्कृतिक अधिकार सुनिश्चित करता है। मातृभाषा मानव की आत्मा की सहज भाषा है जिसके माध्यम से मानव अपनी सामाजिक, सांस्कृतिक विरासत को आत्मसात करता है और अपने परिवेश, परम्परा, आचार–विचार के साथ रागात्मक सम्बन्ध स्थापित करता है। इसके अलावा मातृभाषा विचारों के आभ्यन्तरीकरण का एकमात्र सफल माध्यम है। यह मानव की सामूहिक अस्मिता का अंश होता है। मानव की आन्तरिक समृद्धि को सम्बल प्रदान करने के कारण सांस्कृतिक अधिकार मानवाधिकार का महत्त्वपूर्ण हिस्सा है।

मानवाधिकारों के अध्ययन से विदित होता है कि मानवाधिकार हर प्राणी के जन्मजात अधिकार हैं जो मानव के जीवन को अर्थवत्ता देते हैं और उनकी प्राप्ति व संरक्षण–परिरक्षण के लिए विश्व की जनता हरदम संघर्ष कर रही है। मानवाधिकारों की परिकल्पना के बुनियादी आधारों में, अर्थात् स्वतन्त्रता, समानता, बन्धुता में जीवन के अनुभवों के विस्तार के साथ परिवर्तन होता है। इतना तो ज़रूर कहा जा सकता है कि जिस समाज में स्वतन्त्रता है, वहाँ समानता रहती है, जिस समाज में समानता रहती है वहाँ बन्धुता रहती है।

2

समकालीन दलित कविता की मुक्ति-कामना

कविता से निर्झरित विभिन्न विचार दीपस्तम्भ की तरह मानव की पुरोगामी यात्रा के पन्थ को रोशन करते हैं और मानव–मानव के बीच की एकतानता को शक्ति प्रदान करते हैं। शायद समाज को कविता की इस सूक्ष्म भूमिका का सीधा अहसास नहीं होता है। अतः मलयालम के कवि सच्चिदानन्दन ने एक बार कहा था कि 'समाज में वैचारिक क्रान्ति के विन्यसित होने के बाद कविता को कालापानी की सज़ा दी जाती है।' 'आदर्श गणराज्य' (रिपब्लिक) से बरख़ास्त किये जाने पर भी मानव मन के भीतर का 'कवित्व' मानव के दर्द को वाणी देते हुए दुर्दम परिस्थितियों में, और सख्त रूप में अपनी उपस्थिति दर्ज़ करता रहता है। कलात्मक अभिव्यक्ति के प्रति अपनी आस्था को प्रमाणित करते हुए पिकासो ने एक बार कहा था कि 'मेरे हाथ–पैर बाँधकर कैद खाने में डाल दिये जाने पर भी अपनी जीभ से मैं चित्र खींच लूँगा'। यह मानव की सीमातीत सर्जनाशक्ति की अपराजेय घोषणा है। इस घोषणा से हमारे समाज के ओझल या अदृश्य हुए यथार्थ सिर दिखाने लगते हैं। इस अर्थ में कविता कवि पी.वी. विजयन के लिए निर्गुण (अदृश्य) को सगुण (दृश्य) बनाने की साधना है यह साधना नीलकण्ठ की साधना है। कवि विजयन की ही भाषा में–'कवि नीलकण्ठ है/जीवन की व्यथा का विष/उसके कण्ठ में घनीभूत है।' भारतीय काव्यशास्त्रीय मान्यताओं के अनुसार कवि अपार काव्य संसार का छत्रपति है जो मानव के मनोजगत की धड़कन को कविता की पंखुड़ियों से स्पर्श करता है। कविता की अमोघ विलक्षणता पर अशोक वाजपेयी लिखते हैं कि कविता किस परिधान का धारण कर किस रूप में हमारे नयनों के समक्ष प्रस्तुत

होती है, पता नहीं चलता है। कविता का पन्थ सामान्य नहीं, विलक्षण होता है। कविता की गति सामान्य नहीं होती है, असामान्य होती है। कविता का करिश्मा अशोक वाजपेयी की भाषा में यह है–

वे खिड़की से हाथ बढ़ाकर कर देंगे सुबह को
नक्षत्रों को बटोर लेंगे टोंकनी में
वे शून्य के हृदय पर दियना बारेंगे
वे बादलों को खींचकर खुंटी पर टाँग देंगे
वे धूप को एक लालटेन में भरकर लटका देंगे
वे सागर में डूबी एक नदी को
उबारकर घाटी की ओर बहा देंगे/वे अर्श के उधर बना लेंगे
अपना मकान वे शब्दों में भर देंगे/रोशनी और ख़ामोशी
समय के रास्तों पर/अनंत की क़तार में प्रतीक्षारत...

समकालीन कविता की विलक्षणता जीवन की विलक्षणता है। समाज के चारों तरफ़ परिव्याप्त विसंगतियों के कलात्मक आलेखन समकालीन कविता की सजगता का प्रत्यक्षीकरण है। आधुनिकता से परिपूर्ण इस जटिल मानसिकता के प्रत्यक्षीकरण में नवीन जीवन मूल्यों का संक्रमण, वर्तमान सामाजिक बोध की विवेकशीलता, समस्याओं के प्रति प्रश्नाकुल जिज्ञासा का योगदान अवश्य रहा है। इसलिए इस काल की कविता में विद्रोह और अस्वीकृति के तत्त्व पर्याप्त मात्रा में देखने को मिलते हैं। कवि क्योंकि वेणुगोपाल की भाषा में 'रहती है रोशनी, लेकिन दिखता है अँधेरा।' कविता की क्रान्ति नाटक का रिहर्सल नहीं है। क्योंकि आम आदमी की ज़िन्दगी के साथ समकालीन कविता खिलवाड़ नहीं कर सकती है। कवि रघुवीर सहाय इसलिए महसूस करते हैं कि "एक राष्ट्र के पतन का लक्षण यह है कि/वे जो जीवन भर परजीवी रहे सत्ता के तन्त्र में/आज उससे बाहर होकर यह भ्रम फैला सकते हैं कि/वे किसी दिन समाज बदल देंगे/और अभी सिर्फ मौका देखते हुए बैठे हैं।" जरूर समकालीन कविता के केन्द्र में अपने अनुभव पर आधारित आम आदमी की प्रतिष्ठा है और समयानुकूल जीवन से उपजी ज़िन्दगी की वैचारिकता की गर्मी है। इसीलिए कविता प्रखर चिन्तन के कण–कण को उज्ज्वल कर्म के एक कण–कण में परिवर्तित करने के मार्ग की तलाश कर रही है। यह समकालीन कविता की ज़िन्दगी के साथ हुए साक्षात्कार का प्रमाण है। इसलिए समकालीन

कविता के नेपथ्य में ज़रूर ज़िन्दगी का जीवन्त पारदर्शी टुकड़ा है और रंगमंच में विचार की ज्वलन्त लपट है, उसके सौन्दर्य की दमक है। वर्तमान दलित–जीवन की अभिव्यक्ति में यह चमक–दमक पाठक देख सकता है।

समकालीन कविता में दलित–जीवन की अभिव्यक्ति एकबारगी प्रस्फुटित नहीं हुई है। भारत के नवजागरण के काल से लेकर भारतीय सामाजिक व्यवस्था को स्वस्थ रूप से पुनर्गठित करने का प्रयास ज़ोरों पर हुआ था। धीरे–धीरे स्वतन्त्रता आन्दोलन के समय समाज सुधार का यह अभियान सांस्कृतिक अभियान का रूप धारण कर उभर आया। इसका प्रभाव दूरगामी रहा है। महादेव गोविन्द रानाडे के प्रार्थना समाज का कार्य, ईश्वरचन्द्र विद्यासागर का विधवा विवाह को मान्यता दिलाने का प्रयास, 1829 बालविवाह प्रतिबन्ध अधिनियम, 1850 का विधवा पुनर्विवाह अधिनियम, 1914 में सम्पन्न अखिल भारतीय मुस्लिम महिला सम्मेलन, महिला मताधिकार (1914), हिन्दू महिला सम्पत्ति अधिकार अधिनियम, दहेज निषेध अधिनियम (1961) आदि में समाज के विभिन्न तबके के लोगों के उद्धार व अधिकार की रक्षा को ही लक्षित किया गया है। इस काल में समाज के दलित लोगों की अधिकार चेतना भी विकसित हो रही थी, वे संगठित हो रहे थे। 1942 में अखिल भारतीय अनुसूचित जाति फेडरेशन, 1930 अखिल भारतीय दलित वर्ग संघ की स्थापना, 1930 में जनता पत्रिका का प्रकाशन (यही 1956 में प्रबुद्ध भारत के नाम से प्रकाशन में आया), 1927 में बहिष्कृत भारत पत्रिका का प्रकाशन, 1926 में महासमाज सेवा संघ की स्थापना, 1926 में आत्मसम्मान लीग व 1920 में अखिल भारतीय सभा की स्थापना, 1920 में मूक नायक पत्रिका तथा 1920 में मूकनायक अख़बार का प्रकाशन आदि के माध्यम से भारतीय दलितों की चेतना का विकास हुआ और वे अपने अस्तित्त्व और सामाजिक न्याय और अधिकारों के प्रति सचेत हुए। इसकी ज्वलंत अभिव्यक्ति स्वातन्त्र्योत्तर हिन्दी कविता में पायी जाती है तथा यही 1990 के पश्चात एक मज़बूत काव्यधारा के रूप में विकसित हुई।

ऐतिहासिक दृष्टि से देखने पर अवगत होता है कि दलित–जीवन की काव्यात्मक अभिव्यक्ति का अंकन शायद भारतेन्दु युग में नहीं मिल रहा है। 1914 में द्विवेदी युग में हीरा डोम की कविता 'अछूत की शिकायत' सरस्वती पत्रिका में प्रकाशित हुई। इसके बाद रामचन्द्र शुक्ल की कविता

'अछूत की आह' 1916 में आयी और 1917 में 'अछूत की पुकार' नाम से मोतीलाल की कविता भी आयी। छायावादी कविता में भी चतुरी चमार, विधवा, भिखारी आदि दलित जन की पीड़ा परलक्षित है। (निराला) फिर धीरे–धीरे नागार्जुन, मुक्तिबोध से होकर ओमप्रकाश वाल्मीकि तक आते–आते दलित–जीवन की पीड़ा की अभिव्यक्ति सशक्त होती हुई और आजकल एक स्वतन्त्र साहित्यिक धारा के रूप में छायी हुई है।

यहाँ मैं ओमप्रकाश वाल्मीकि की कविता 'अपने हिस्से की रोटी' का उल्लेख करना चाहूँगा जो दलित अधिकारों की माँग करती हुई हमारे सामने प्रकट होती है। शीर्षक से स्पष्ट है कि 'रोटी' का सम्बन्ध जीवन की बुनियादी ज़रूरतों से है। हज़ारों सालों से दलितों को जीवन के बुनियादी अधिकारों की पूर्ति नहीं हुई है। इस अधिकार की वंचना से स्वाभाविक रूप से जीवन के अन्य अनेक अधिकारों पर दलित का हाथ नहीं लगता है, मानव का सम्मान प्राप्त नहीं होता है। जीवन भर पसीना बहाने पर भी दलित को सम्मान की 'रोटी' नहीं मिल रही है। पल–पल संघर्ष करता दलित वास्तव में 'सिपाही' है। कवि कहता है–'सिर्फ दलित ही नहीं, मैं एक सिपाही हूँ और/युद्धरत हूँ मैं/ज़िन्दगी के मोर्चे पर।'(राज वाल्मीकि) कविता माँगने की क्रिया से शुरू होती है। यहाँ 'माँगना' मानव के प्रखर सोच–विचार या अधिकारों के प्रति आज के दलित की सतर्कता का परिणाम है। 'माँगना' एक राजनीतिक कार्य है, संगठित दलित का सामाजिक कार्य है, दूसरी भाषा में माँगना तो सदियों के मौन के भंजन को ध्वनित करता है। दलित का सचेतन कर्तृत्व बोध सामाजिक अभिकरण के रूप में यहाँ प्रत्यक्ष होता है। अपने अधिकारों के प्रति सचेत होकर दलित को लगता है कि समाज की सम्पत्ति पर समान रूप से उनका भी प्राकृतिक अधिकार है। यह समानता का दर्शन दलित संग्राम का केन्द्रीय भाव है। यदि समाज में समानता के अधिकार का निषेध किया जाता है तो इसका तात्पर्य यह है कि असमानता को प्रश्रय देनेवाली शक्तियाँ समाज में सक्रिय हैं। इसलिए दलित की लड़ाई उन शक्तियों के विरोध की लड़ाई का रूप धारण करती है। स्वाभाविक है कि यदि सम्पत्ति पर समान अधिकार नहीं दिया जाता है तो उसे माँगना पड़ता है। सम्पत्ति पर अधिकारहीनता दलितों के सामाजिक वैषम्य का मूल कारण है। इस वैषम्य की भीषणता से सत्ता के अन्य रूप उनके लिए आसमान के तारे मात्र रह जाते हैं।

इसलिए कवि कहता है–'मैंने माँगी/अपने हिस्से की रोटी।' यहाँ 'हिस्सा' शब्द का भी विशेष महत्व है। यदि समाज को एक परिवार की इकाई के रूप में मानने पर उस परिवार के हर सदस्य को उसकी सम्पत्ति पर स्वाभाविक रूप से समान अधिकार प्राप्त होता है। लेकिन हमारे समाज में दलितों को न समाज के हिस्से का पद मिला है, न मानव के सम्मान का हिस्सा। इतना ही नहीं, माँगने की ज़रूरत उसी वक़्त पड़ती है जहाँ सम्पत्ति कुछ लोगों के पास ढेर लगी हुई होती है। एक और सवाल भी यहाँ महत्वपूर्ण रह जाता है कि इस प्रकार सम्पत्ति का असन्तुलित वितरण कैसे इतिहास में सम्पन्न हुआ? इसका कारण स्पष्ट है कि सत्ता का केन्द्रीकरण सम्पत्ति के केन्द्रीकरण के साथ–साथ चलता है। ओमप्रकाश वाल्मीकि की कविता 'ठाकुर' की सम्पत्ति के केन्द्रीकरण की बात करती है।

चूल्हा मिट्टी का/मिट्टी तालाब की
तालाब ठाकुर का/रोटी बाजरे की
बाजरा खेत का/खेत ठाकुर का।
हल ठाकुर का/हल के मूठ पर हथेली अपनी
फ़सल ठाकुर की/खेत खलियान ठाकुर का
गली मोहल्ले ठाकुर के/फिर अपना क्या, गाँव, शहर, देश।

सम्पत्ति के असन्तुलित विभाजन व सत्ता के असमान वितरण की सामाजिक सच्चाई की बुनियाद पर कविता अधिकारों की माँग बुलन्द करती है। जब आवाज़ बुलन्द होती है, तब हाथों में अंगारे लेकर जोश के साथ उच्च जाति के लोग खड़े हो जाते हैं क्योंकि उच्चवर्ग की अधिकार सम्पन्नता पर दलित जन की माँग चोट करती है। मिथकीय संसार यह बताता है कि हाथी (अजामिल) की प्रार्थना पर उसकी रक्षा के लिए ईश्वर इस संसार में अवतरित हुआ था, लेकिन जब दलितों पर अत्याचार होता है, गरदन फाड़कर जब वह चिल्लाता है, तब कोई भी ईश्वर अवतार नहीं लेता है। नंगे–अधनंगे भूख से तड़पते दलितों की तरफ़ भगवान की कृपा दृष्टि नहीं बरसती है। जीवन के भार से आहत होकर अपने हिस्से और समानता की माँग जब होती है, सम्पत्ति के एकाधिकार पर जब प्रश्नवाचक चिह्न लगाया जाता है, लगानेवाले के ऊपर गालियाँ बरसाई जाती हैं, अफ़वाहें फैलाई जाती हैं, उनका अपमान किया जाता है, शारीरिक रूप से प्रताड़ित किया जाता है। उस वक़्त न जाने संसार का रक्षक कहाँ छुप जाता है?

इसलिए प्रस्तुत कविता में वाल्मीकि ईश्वर के काल्पनिक अस्तित्त्व की फूहड़ता पर व्यंग्य बाण कसते हैं। एक प्रकार से ईश्वर के अस्तित्त्व की परिकल्पना दलितों के सामाजिक अस्तित्त्व को नकारती है तथा उसके शारीरिक श्रम को ख़ारिज कर देती है। पेट भर खाना खाकर डकार मारते हुए आस्थावान व्यक्ति यही कहता है कि भगवान की कृपा से अन्न–पानी मिल रहा है। यहाँ खेत में दिन–रात काम करनेवाले आदमी की भूमिका को ईश्वर का भावात्मक अस्तित्त्व नष्ट कर देता है। इस नकार और व्यंग्य में संवेदनशीलता, वैचारिकता और सामाजिकता का परिपाक है जो कारगर सिद्ध होता है। यह आधुनिक व्यंग्य समाजीकरण अथवा लोकतान्त्रीकरण की प्रक्रिया का अंश है और मानव की प्रतिरोधी अभिव्यक्ति का अंश है। मानव प्रतिरोध उसी वक़्त करता है जब उसकी जैविक अस्मिता संकट में होती है। इस विवशता से जब अपने जन्मजात अधिकार की प्राप्ति हेतु दलित बोलने लगता है तो परम्परागत वर्चस्व की दीवारें ताश के क़िले की भाँति ढह जाती हैं। राकेश प्रियदर्शी की कविता की क्रिया की गति इस तरफ़ है–

वे बोलते रहे/मैं चुप रहा/वे बहुत बोलते रहे/
मैं बहुत चुप रहा/वे बहुत बहुत बोलते रहे
मैं बहुत बहुत चुप रहा/वे लगातार बोलते गये
मैं लगातार चुप रहा।/लेकिन जब मैं ने बोलना शुरू किया
तो वे सारे लोग मौन हो गये।

जब अन्याय के आगे हम क्रान्ति का मन्त्र जपते हैं तब शोषण व्यवस्था अवाक् रह जाती है। मुकेश मानस की 'राजवन्ती' शोषण के खिलाफ़ लड़ते–लड़ते रणचण्डी बन जाती है, लेकिन उच्च वर्गवाले उसे 'वेश्या' और 'रण्डी' नाम से पुकारने लगते हैं। ऐसी स्थिति में भी दलित कविता अपना क्रान्तिबोध नष्ट होने नहीं देती। जोतिबा फूले कहती हैं–"उठाओ जनता का अस्त्र/उखाड़ फेंको मालिकों के अत्याचार की ख़ूनी जादू/उठो मज़दूरो! उठो किसानो! हिन्दूस्तान हमारा है/बनेगी मानवता मेहनत की बुनियाद पर/यह जन्मसिद्ध अधिकार हमारा है।"

दलित साहित्य की अपनी ख़ास राजनीति है। दलित राजनीति का मतलब समता विरोधी भ्रातृत्व विरोधी, स्वतन्त्रता विरोधी शक्ति का प्रतिरोध है।

दलित स्त्री के सन्दर्भ में एक ओर उसको पितृसत्ता के शोषण का शिकार होना पड़ता है, तो दूसरी ओर दलित स्त्री के रूप में जाति की चक्की में पिसकर उसका वजूद, उसका आत्मसम्मान मिट्टी में मिल जाता है। एक ओर स्त्री को महिमामण्डित विशेषणों से लदकर आकर्षक रूप में प्रस्तुत किया जाता है, तो उसी स्त्री को दूसरी तरफ़ मारा जाता है, उसके तन–मन को तितर–बितर किया जाता है। रजनी तिलक कहती हैं–'हज़ारों–हज़ारों नाम से भरी/असंख्य उपमाओं से सजी स्त्री/ढूँढ़ रही है वजूद कि/खुद को पहचान सके।' इसलिए स्वयं को पहचानना आज की स्त्री की सबसे बड़ी चुनौती है। इसलिए ही टाकभौरे को कहना पड़ रहा है–'स्वयं को पहचानो/चक्की में पिसते अन्न की तरह नहीं/उगते अंकुर की तरह जिओ।' निर्मला पुतुल की कविता 'अपने घर की तलाश' में उपर्युक्त भाव को व्यंजित करती है। एक मुट्ठी भर के सवाल लेकर आज की स्त्री घूमती फिरती है, वह भी सदियों से। स्त्री–जीवन की पीड़ा की ऐतिहासिक निरन्तरता और उसकी विवशता को कविता पहचानती है। कविता स्त्री की ज़मीन की तलाश करती है। इस 'ज़मीन' का तात्पर्य अपनी स्व–इच्छा की अभिव्यक्ति के थल से है, कविता में प्रयुक्त 'घर' स्त्री की आकांक्षाओं, समस्याओं को अंगीकार करनेवाली, भावात्मक सघनता को प्रदर्शित करनेवाली स्थिति है। इन दोनों शर्तों के पूर्ण किये जाने पर तभी स्त्री को अपने 'होने' का अहसास होगा, जीवन की सार्थकता का बोध होगा, अपनी जैविक अस्मिता की प्राप्ति होगी। 'धरती के इस छोर से उस छोर तक/मुट्ठी भर सवाल लिए मैं/दौड़ती, हाँफती भागती/तलाश रही हूँ सदियों से निरन्तर/अपनी ज़मीन/अपना घर/अपने होने का अर्थ।' पितृसत्ता और जातिसत्ता के आतंक ने स्त्री को पूरी तरह परास्त कर दिया है। उसके जीवन में समता–स्वतन्त्रता का कोई महत्त्व नहीं है। रूसो ने एक बार कहा था कि 'मानव स्वतन्त्र रूप में जन्म लेता है, पर सब कहीं वह बन्धन में है।' यह कथन स्त्री के लिए सौ प्रतिशत लागू होता है। स्वतन्त्रता का सच्चा मतलब अपने अन्तस् की उदात्तता की अभिव्यक्ति की सांस्कृतिक स्थिति से है। बॉनसाई की तरह उसकी ज़िन्दगी सिकुड़ी हुई है, वह अलंकृत वस्तु मात्र रह जाती है। यह सही है कि औरत के रूप में पत्नी के रूप में, आज की स्त्री पूरा घर सँभालती है। सास–ससुर, देवर–देवरानी, बाल–बच्चे, पति आदि की देखभाल वह करती है, खेती–बाड़ी संभालती है, पर मिट्टी पर, घर पर, उसका नाम तक नहीं।

निर्लिप्त होकर, गर्भ से लेकर बिस्तर तक के बीच कई रूपों में, स्त्री जीवित रहती है। उपर्युक्त विवेचन से व्यक्त होता है कि समकालीन कविता दलित–जीवन का विविध प्रसंगों की काव्यात्मक–विचारात्मक व्याख्या करती है जिससे दलित–जीवन की ऐतिहासिक सच, उनके जीवन की दर्दनाक स्थितियाँ और आकांक्षाएँ, उसके कारक तत्त्व आदि संवेदनशील कविता के अध्येता के सामने अनावृत हो जाते हैं।

दलित कविता दलन से मुक्ति का रास्ता खोजती है। पुरुषोत्तम सत्यप्रेमी की राय में 'सामाजिक, धार्मिक, आर्थिक, राजनीतिक शोषण का अन्तर्भाव दलित शब्द में है।' इन विभीषिकाओं से मुक्ति की छटपटाहट दलित कविता के रेशे–रेशे में है। जीवन के प्रति अमिट जिजीविषा है, सामन्ती संस्कृति के प्रति विरोध की कौंध है, क्रान्ति का साक्षात्कार है, समता–समानता का भाव है, जातिवाद का विरोध आदि इसलिए दलित कविता की मूल काव्यगत प्रवृत्तियों के रूप में व्यवहृत है।

किसी भी सामाजिक विसंगतियों के उत्सादन के लिए व्यापक जन आन्दोलन का विकास होना अपेक्षित है। जातिगत बन्धन से मुक्ति के लिए समाज के प्रत्येक व्यक्ति के मूल्य में परिवर्तन करना होगा। यह परिवर्तन विरोध की अभिव्यंजना से नहीं, वैचारिक परिवर्तन से मात्र सम्भव है। दलित की समस्या हिन्दू समाज तक सीमित नहीं है। दलित एक व्यापक समुदाय है, जो हिन्दुओं में भी है, सिक्खों, मुसलमानों और ईसाइयों में भी है। वह हर जगह असमानता, अलगाव और शोषण का शिकार है। समाज में यदि समता, बन्धुता की किल्लत रहेगी तो समाज के समग्र विकास की कल्पना नहीं की जा सकती। भारतीय समाज में व्याप्त जातिव्यवस्था में समता और बन्धुता का नितान्त अभाव देखने को मिलता है। जिस व्यवस्था में मनुष्यता के मूल्यों की क़द्र नहीं होती है, उसका अन्त अवश्यंभावी है। इसलिए मूल्यों की प्राप्ति हेतु समकालीन दलित कविता संघर्ष कर रही है। यह संघर्ष असल में दलित–जीवन की विवशता का परिणाम कहा जा सकता है। जब सत्ता का पहिया ग़रीबों पेट के ऊपर चलने लगता है तो समाजवाद के नारे कविता को मोहित करते हैं। खुद अम्बेड़कर दलित मुक्ति के प्रसंग में मार्क्स के समाजवाद की प्रधानता को स्वीकार करते हैं। उनकी भाषा में–"मैंने निश्चित रूप से यहाँ मौजूद तमाम नेताओं के मुकाबले में बड़ी मेहनत से साम्यवादी

दर्शन पर अधिक किताबें पढ़ी हैं। इन पुस्तकों में साम्यवादी दर्शन की चाहे कितनी सुन्दर तस्वीर से हमारा साक्षात्कार होता हो, इसकी परख व्यवहार में होनी चाहिए। यदि इस परिप्रेक्ष्य में इस पर काम किया जाये तो मैं समझता हूँ कि जितना श्रम और समय रूस में इसकी सफलता में ख़र्च हुआ है, भारत में उतने की ज़रूरत नहीं पड़ेगी।... मेहनतकश वर्ग के सम्बन्ध में साम्यवादी दर्शन हमसे क़रीब है।"

प्रजातन्त्र की सार्थकता देश के नागरिक की खुशहाली तथा समाज और अर्थ संरचना में सबकी सहभागिता में है। यदि वर्ण या वर्ग या जाति के आधार पर समाज की व्यवस्था का ढाँचा तैयार किया जाता है तो जीवन में सर्वांगीणता की बदौलत एकांगिता उसमें छा जाती है। इसलिए प्रकाश जाधव की भाषा में 'जनतन्त्र और कविता/उनके लिए नहीं है/जिनके लिए/एक रोटी भी महँगी है।' स्वतन्त्र भारत का नागरिक सभी रूपों से स्वतन्त्र और आत्मनिर्भर रहना चाहता है। अतएव दलित समुदाय की वाणी में राजनीतिक एवं सामाजिक चेतना दोनों अन्तर्गुंफित हैं। जयप्रकाश लीलावान की पंक्तियाँ इस कथन का साक्षी हैं–

समाज में/बराबरी और पेट की भूख/के सिवाय
हमारी कोई समस्याएँ नहीं हैं/बराबरी जिसके सामने
दुनिया की किसी भी भाषा के/सारे शब्दों और
सन्धियों को/ठुकराया जा सकता है/उनकी
अर्थहीनता की कसौटी पर।

कविता के ये शब्द मानवाधिकार की आधारशिला की ओर उँगली उठाते हैं। कविता में उल्लिखित असमानता समाज में परिव्याप्त जातिगत असमानता तक सीमित नहीं है, उसमें दलित–जीवन में दिखायी पड़नेवाली आर्थिक, सामाजिक, सांस्कृतिक असमानताएँ भी शामिल हैं। यह तथ्य इतिहास में दर्ज है कि समाज का शक्तिशाली वर्ग कमज़ोर जाति एवं समुदाय के मौलिक अधिकारों को छल–बल से हनन कर उसका खुला शोषण करता है। इतिहास की इस विडम्बना से दलित कवि परिचित है, अतः दलित कविता के मूल में अधिकारों की सजगता प्रतिबिम्बित होती है। भारत के इतिहास की परिक्रमा करते हुए कवि कहता है कि कैसे दलित अधिकारों से हट गये और उसके लिए उच्च जातिवाले की रणनीति क्या रही–

जब मैं देखता हूँ/तुम्हारे महलों के ऊंचे कंगूरे
ताड़नुमा तुम्हारी बढ़ी हुई ऊंचाई/तुम्हारे फैलते आकार
तुम्हारी बुलन्द आवाज़/तुम्हारा बाहुबल
लीलते भूसम्पदा उदरस्थ करते धन तुम्हें
मुझे लगता है मेरे ही लहू के कारे ही
मेरे ही हिस्से की यह खुराक/मेरी ही हो यह भूसम्पदा
मेरी ही हो आवाज़/मेरा ही बाहुबल
जकड़ लिया हो जिसे तुमने/अपने शिकंजे में छल–बल से।

(सी. बी. भारती)

कौशल पवार की कविता 'भंगी महिला' जीवन की विवशता को प्रस्तुत करती है और बताती है कि दलित किस प्रकार के बन्धन में साँस लेता है। इसके साथ क्रूर एवं अमानवीय जातिव्यवस्था की पशुता को भी बेनकाब करती है। कविता का शीर्षक ख़ुद किसी एक व्यक्ति को सम्बोधित नहीं कर रहा है, वह अपने आप में भंगी जाति के समूह का प्रतीक बनकर अनुवाचक के सामने आता है। मल उठाना जाति व्यवस्था में भंगी जाति विशेष का जन्मजात पेशा है। समाज के सभ्य कहे जानेवाले लोग ऐसा काम नहीं करते हैं, उससे परहेज़ भी करते हैं। ऐसे कार्य को दूसरों से करवाना या करने के लिए प्रेरित करना या जन्मजात पेशे के रूप में उसे सिद्ध करना तथा ऐसे कार्य को असम्मान भरी दृष्टि से देखना हृदय की कालिख को ही दिखाते हैं। भंगी समुदाय के लोग यह पेशा करे या न करे, उसके साथ जुड़ा जातिगत असम्मान छूट जाता नहीं, वह पीढ़ी–दर–पीढ़ी आगे जुड़ता जाता है। यह पेशा और उससे जुड़ा कलंक उस समुदाय विशेष की अस्मिता का अंश बन जाता है। भंगी महिला अपनी मर्ज़ी से यह काम नहीं कर रही है। जीवन का दबाव या दंश या ग़रीबी की आग उसे ऐसा कार्य करने के लिए प्रेरित करती है। कविता में 'टप' शब्द की आवृत्ति चार बार हुई है जो व्यवस्था के मुँह पर लगनेवाले थप्पड़ की आवाज़ हो सकती है। प्रस्तुत कविता का रुख़ धीरे–धीरे आगे बढ़ते बदल जाता है और कविता दिखाती कि आज भंगी के जीवन में 'नीले सूरज' का आगमन हो गया है। आज की भंगी महिला हाथ में झाड़ू के स्थान पर 'क़लम' लेकर आ रही है। 'क़लम' यहाँ मानव की स्वतन्त्रता, जागरण, आत्मनिर्भरता व जीवन्त नागरिक

की अभिव्यक्ति की स्वतन्त्रता का प्रतीकत्व धारण कर हमारे सामने उपस्थित होती है। झाड़ू का क़लम में परिवर्तित होना दलित–जीवन में होने वाले स्वस्थ सामाजिक परिवर्तन की लहर को रेखांकित करता है। वह परिवर्तन बन्धन से मुक्ति की ओर होने वाला परिवर्तन है। कविता की प्रारम्भिक पंक्तियाँ हमारे मन को दर्द से विगलित करती हैं, पर अन्त तक आते–आते एक 'कमल फूल' का दर्शन होता है जो कविता के श्रोता या अध्येता के मन में हवा का झोंका ले आता है। कविता का शब्द विन्यास देखिए–

मल ढोनेवाली भंगी महिला का नज़ारा यह है–
भंगी महिला सहती है मैला ढोने का दंश
उठाती है मैल से भरी टोकरी
घुटने से होती हुई/छाती के बल से/सिर तक पहुँच जाती है
भंगी महिला भंगी महिला के ऊपर/गिरता है
टप–टप–टप–टप मल मूत्र/कभी पल्लू से पोंछती
कभी पल्लू को खलखाती/कहीं ढल न जाये
कहीं अँट न जाये इज़्ज़त सरे बाज़ार...
देखो, देखो!/आ रही हैं भंगी महिलाएँ/हाथ में झाड़ू की तरह
क़लम उठाये/वे भंगी महिलाएँ। (कौशल पवार)

मानवाधिकार मानव की समस्त आन्तरिक–बाह्य सम्पन्नता की सुरक्षा के उपाय हैं। अधिकारों का अभाव मानव के मन में हीनता का भाव संचरित करता है। जाति मानव की रचनात्मकता को, उत्पादन की प्रक्रिया को नियन्त्रित करती है। "जाति व्यवस्था भारत का एक व्यापक संगठन है जो इसके संरचनात्मक और अधिसंरचनात्मक पक्ष को अपने में शामिल कर लेता है। साथ ही जातिव्यवस्था उत्पादन संगठनों का विवादहीन हिस्सा है। उत्पादन और प्रति उत्पादन के सारे तरीक़ों को जातियाँ तय करती हैं।" (तेलमुंडे) यहाँ निर्माणकारी मानव की शक्ति सम्पत्ति पर अधिकार न रहने के कारण मशीन सी निर्जीव हो जाती है। इसलिए अधिकारों से वंचित मन स्वतन्त्रता, समानता चाहता है जिसकी प्राप्ति से उसके जीवन के दुःख का हिमालय पिघल जाये और आत्मपरितोष प्राप्त हो जाये। ऋतुराज की पंक्तियां देखिए–

कौन निर्बल तुच्छ होना चाहता है?/कौन स्त्री चाहती है दासी बनना?
कौन युवा जीविका के लिए/निर्जीव मशीन जैसा होना चाहता है?
धूर्त विलासिताओं और सुखवाद ने/छीन लिया है असंख्य बच्चों से
उनका बचपन फिर भी एक स्वप्न है उनके मन में/
कि चढ़ जाये तनिक ऊपर
कुछ समय के लिए भूल जाये/दुःख अभाव और यातनाएँ
जीवन में कुछ अच्छी ख़बरें हों/समता और न्याय की
अपनी तरह से जीवन जीने की/कुछ स्वतन्त्रता और फुरसत हो...

शिक्षा मानव का सामाजिक अधिकार है। इससे मानव की आन्तरिक शक्तियों का विकास होता है, समाज के प्रति स्वस्थ विकास होता है, सर्वोपरि वह जीवन की परिवर्तन की प्रक्रिया को त्वरित करती है। जाति के भीतर जो गतिहीनता है, उसको पार करने के लिए शिक्षा से बढ़कर कोई औज़ार नहीं है। अक्षर मानव की चेतना की अनश्वरता एक मात्र रास्ता है। दुखद स्थिति यह है कि लोकतन्त्रात्मक व्यवस्था की स्थापना के बाद भी भारत की आम आदमी की ज़िन्दगी जैसी की तैसी है। शिक्षा के माध्यम से मुक्त होने की स्थिति भी समाज में नहीं रह गयी है। स्वतन्त्र भारत में शिक्षा के प्रचारार्थ गाँव–गाँव में पाठशालाएँ खोली गयीं। शहनाज इमरानी की कविता 'पाठशाला' में भारत की पाठशाला की वर्तमान स्थिति का चित्रण है। नंगे–भूखे हाशिएकृत बच्चों के प्रतीक के रूप में कविता में अनेक पात्र आते हैं। स्कूल में पढ़नेवाले बच्चे भूख के आधिक्य से बर्तन चाटने के लिए विवश हो जाते हैं। व्यंग्य यह कि भूखे पेट में भजन कहाँ और कैसे सम्भव होता है? कविता में बर्तन के चाटने के साथ किसी के देखे जाने पर भाग जाने का चित्रण है। उस भागने में भय का भाव है। भूख और भय दोनों शिक्षा के आगे बाधाएँ खड़ी करते हैं। इससे व्यक्त होता है कि "कुछ भी बदला नहीं हो फलाने/सब वैसे का वैसा है/सबकुछ पूछो, यह मत पूछो/आम आदमी कैसा है।" इस अवसर पर ओमप्रकाश वाल्मीकि का काव्यात्मक सवाल मन में उभरकर आ रहा है। सवाल यह है–'यदि तुम्हें/पुस्तकों से दूर रखा जाये/जाने नहीं दिया जाये/विद्या मन्दिर की चौखट तक/ढिबरी की मन्द रोशनी में/कालिखपुती दीवारों पर ईसा की तरह ढाँक दिया जाये/तब तुम क्या करोगे।' इमरानी की कविता में एक पंक्ति आती है जो शिक्षा को मानव

के अधिकार के रूप में घोषित किये जाने के दौर में केवल एक झटके के साथ हम पढ़ सकते हैं। कविता की पंक्ति है–'कुछ इस तरह गाँव की पाठशाला चलती है।' यह पंक्ति चमकते भारत की पंक्ति नहीं है, डूबते भारत की पंक्ति है। जातिप्रथा उन्मूलन नामक रचना में अम्बेडकर ने ठीक ही कहा है–"चातुर्वर्ण्य की इस अधम व्यवस्था के कारण हिन्दुओं के निम्न वर्ग सीधी कार्रवाई करने में पूर्णतः अशक्त बन गये हैं। वे हथियार धारण नहीं कर सकते थे, और बिना हथियार के वे विद्रोह नहीं कर सकते थे। वे सभी हलवाहे थे या हलवाहे बना दिये गये थे। उन्हें हलों को तलवारों में बदलने की कभी अनुमति नहीं दी गयी। उनके पास संगीनें नहीं थीं इसलिए कोई भी व्यक्ति उन पर प्रभुत्व जमा लेता। चातुर्वर्ण्य व्यवस्था के कारण वे शिक्षा प्राप्त नहीं कर सके। वे अपनी मुक्ति का मार्ग नहीं सोच सके। उन्हें सदैव दबाकर रखा गया, उन्हें अपने छुटकारे का न तो रास्ता मालूम था और न ही उनके पास साधन थे। उन्होंने अनन्त दासता से समझौता कर लिया और ऐसी नियति पर सन्तोष कर लिया, जिससे उन्हें कभी छुटकारा नहीं मिल सकता था।"

शारीरिक उत्पीड़न का शिकार भी दलितों को होना पड़ता है। अपने बीते जन्म के कर्म का पाप समझकर सब कुछ सहन करने के लिए उसको बचपन से सिखाया जाता है। आज के लोकतन्त्र में भी कम–से–कम शरीर की सुरक्षा उसे प्राप्त नहीं होती है क्योंकि लोक सत्ता के समय में भी जाति सत्ता समाज में प्रबल है। सत्ता की गलियों में ब्राह्मणवाद अबाध गति से विचरण कर रहा है। ऋतुराज झूठमूठ के लोकतन्त्र की तीखी टिप्पणी करते हुए कहते हैं–'पुलिस की साज़िश पर अदालत भी/झूठी हो जाती है।' इस सामाजिक माहौल में स्वतन्त्रता सहित अन्य अधिकारों की उम्मीद दलित जनता कैसे कर सकती है, कहाँ तक कर सकती है? यह इक्कीसवीं शताब्दी का नज़ारा है। सूरज बडत्या ने अपनी रचना में कहा है कि आज तमाम दलित शोषित अस्मिताएँ, वर्ग, समूह इन सत्ताशाली, वर्चस्ववादी, उत्पीड़नकारी संस्थाओं के शोषण का शिकार हो रही हैं। शोषण की यह प्रकृति और भी मायावी होकर क्षण–क्षण बदल रही है। सत्ता–संस्थान और भी ज़्यादा दमनकारी हो रहा है। लेकिन इसमें सबसे बड़ी बात यह भी है कि, दमन के साथ–साथ इन वर्चस्ववादी सत्ता–संस्थाओं ने ऐसी लोक लुभावन और कल्याणकारी परियोजनाओं

की अवधारणा भी रखी है, जिससे सामाजिक विकास का भ्रम बना रहे। इसके प्रति दलित को सतर्क रहना है। कहने का तात्पर्य यह कि आज के बाज़ारवादी अर्थतन्त्र में किसान, मज़दूर जैसे समाज के लोगों के उद्धार की बातें ज़ोर–ज़ोर से हो रही हैं, वरन् वह वाणी तक सीमित है। आजकल किसानों और मज़दूरों की आत्महत्याएँ समाचार–पत्रों में भरी पड़ी मिलती हैं। व्यापक अन्दाज़ में दलित स्त्री आदिवासी अल्पसंख्यकों की भाँति किसान भी व्यवस्था के आघात से पीड़ित है, वे भी बहुविध दमन से आहत हैं। उमाशंकर चौधरी व्यवस्था की अमानवीयता के साथ समाज की बुनियाद के रूप में कार्यरत किसानों की वर्तमान स्थिति पर अपनी चिन्ता व्यक्त करते हुए कहते हैं कि–'अच्छा हुआ कि किसान अख़बार नहीं पढ़ रहा है।' इसलिए किसानों की आत्महत्या की ख़बरें किसानों तक नहीं पहुँचती हैं। इस समय जो काम करता है उसे कुछ नहीं मिलता है। जो खाना बनाता है, भूखा मरता है। जो कपड़ा बुनता है नंगा मरता है। आज की स्थिति यह है कि फ़सलों की क़ीमत बाज़ार तय करता है, आज बाज़ार आवारा है, मुक्त है, लेकिन किसान, मज़दूर आदि अस्वतन्त्र हैं। मुनाफ़ाखोरों के फन्दे में फँसकर किसान जैसे बुनियादी वर्ग का जीवन दिन–ब–दिन बिगड़ता चला जा रहा है। उनके जीने तक का अधिकार छीना जा रहा है। आज के विकास के आतंक के परिणामस्वरूप किसानों को आत्महत्या करनी पड़ती है। खेती का व्यवसाय बनना, क़र्ज़, शिक्षा, शादी का ख़र्चा बढ़ना, मिट्टी का बंजर हो जाना, पर्यावरणीय विध्वंस, बीज व्यापार, सामाजिक अवमानना, सरकारी नीति एवं आर्थिक समझौते, दलाली व्यापार, भूमण्डलीकरण, बाज़ार की अनुपलब्धता आदि किसान के जीवन को विकराल बना देते हैं। कवि का कहना है–'किसान नहीं जानता है/पौधे कितने ही लहलहाएँगे/मण्डी में कम होंगी/उतनी ही दरें/और बढ़ेगी उतनी ही आत्महत्याएँ।' हरे प्रकाश उपाध्याय ने वर्तमान भीषण सामाजिक स्थिति की ओर दृष्टिपात करते हुए ठीक ही कहा है कि "वैयक्तिक जीवन के संकट भी कम तो नहीं हो रहे। मुद्रा ने न सिर्फ़ मनुष्य के चैन को छीन लिया है बल्कि उसने उसकी संवेदनाओं, रिश्तों और परिवार पर भी हमला बोल दिया है। मनुष्य लगातार मायावी समृद्धि के बीच अजीब विडम्बनाओं के चक्रव्यूह में फँसता जा रहा है जहाँ वह अकेला निरुपाय और भयानक बदहवासी से जूझ रहा है। कमज़ोर वंचित, प्रताड़ित, दलित और अल्पसंख्यक के

प्रति उपेक्षा निष्ठुरता, क्रूरता व दमन का वातावरण सतत सघन होता जा रहा है।" अर्थात् प्रभुसत्तासम्पन्न लोकतन्त्रीय गणराज्य में दलित स्वतन्त्रता की साँस नहीं ले रहा है।

जाति व्यवस्था दलित लोगों की आर्थिक स्वतन्त्रता को नियन्त्रित करती है, इससे दलित हमेशा दूसरों के आश्रय में जीवन बिताने के लिए विवश है। इसलिए एक तरफ़ से दलित का मोर्चा दुतरफ़ा है। एक ओर जाति और दूसरी ओर अर्थाभाव दलित–जीवन के अभिशाप हैं। यह ब्राह्मणवादी सत्ता का षड्यन्त्र है। इसको विस्तारित करते हुए सूरज बडत्या कहते हैं– 'ब्राह्मण, क्षत्रिय, वैश्य तीन उच्चवर्ग (जातियाँ) मिलकर एक वर्गीय सत्तामूलक समाज की स्थापना करते हैं। इसमें भारत का इतिहास, संस्कृति, साहित्य, राजनीति, अर्थव्यवस्था सभी कुछ उच्चवर्गीय वैचारिकी से संचालित होते हैं।' वर्गाधृत शोषण में लोकतन्त्रात्मकता का अभाव सर्वत्र दिखायी देगा ही। इसलिए मुकेश मानस को कहना पड़ा–'दलित आन्दोलन अपनी समग्रता में व्यापक मानवतावादी मुक्तिगामी संघर्ष है और वह स्वप्न का साहित्यिक रूप है जिसका उद्देश्य जातिविहीन, वर्गविहीन, लैंगिक भेदभाव रहित, प्रबुद्ध समाज का निर्माण है, जिसके मूल में ब्राह्मणवादी, पूँजीवादी, साम्राज्यवादी, साहित्यिक, सांस्कृतिक सरोकारों और रुझानों के प्रति प्रखर प्रतिरोध है।' दलित साहित्य का रिश्ता सौन्दर्यशास्त्र से भी है। बुद्ध शरण हंस कहते हैं– 'भारतीय काव्यशास्त्र या साहित्यशास्त्र भी कुलीन मानसिकता की देन है और वह दलितों के विरुद्ध प्रतिष्ठित और स्थापित संविधान है।' साहित्य सृजन के आधार को, ज्ञान के आधार को जन्माधृत मानना मानवविरोधी है। प्रतिभा को ईश्वरीय वरदान सिद्ध कर उसे ब्राह्मणवर्ग तक सीमित रखना मूर्खता है और इसी ब्राह्मण को ईश्वर का प्रतिपुरुष मानना मानव का अपमान है। काव्य को रीति तथा वक्रोक्ति तक सीमित कर सामाजिक सम्बन्धों में अलग करने की साज़िश भारत में ज़रूर रही है। साहित्य का नायक भी राजा–महाराजा और उच्चकुलजात हो सकता है; लेकिन दलित नहीं। साधना एवं प्रतिभा का अंगीकार दलितों को कहाँ मिला है? शम्बूक, एकलव्य की कहानी इस कथन का दृष्टान्त है। दलित–जीवन और साहित्य के विवेचन से स्पष्ट होता है कि भारत में दो देश हैं–'एक स्वच्छ सुन्दर भारत', दूसरा 'बहिष्कृत भारत'। पहले में सुविधा सम्पन्न अमीर लोग बसते हैं तो दूसरे में समस्त अधिकारों से वंचित दलित–जीवन काटते हैं। यह दलित अपने श्रम के माध्यम से

स्वच्छ भारत को तैयार करते हैं और स्वच्छ भारत वाले परजीवी के रूप में जीवन–यापन करते हैं। इसलिए 'दलित–जीवन की अभिव्यक्ति में नये अनुभव, नयी अनुभूति नये शब्द, नये नायक, नयी दृष्टि और वेदना–विद्रोह के रूप द्रष्यव्य हैं। (अंजनी कुमार)

दलितपन एक सामाजिक–सांस्कृतिक निर्मिति है। दलित का कर्तृत्व अपने आप विकसित नहीं होता है। कर्तृत्व के रूपायन में परम्परा, संस्कृति, प्राकृतिक–भौगोलिक विशेषताएँ, सत्ता, इतिहास, शारीरिक–मानसिक शक्तियाँ, मूल्य व्यवस्था, वर्ग, सामाजिक श्रेणी, लिंग, नस्ल, सामाजिक अनुभव आदि की भूमिका को नकारा नहीं जा सकता। जाति व्यवस्था या आज के विमर्श की शब्दावली में मनुवादी वैचारिकता दलित के कर्तृत्व को नये सिरे से गढ़ती है। श्रीधर पाठक की एक कविता है–'मनुजी' नाम से। उस कविता में दलित–जीवन की दुस्थिति पर अपना रोष प्रकट करते हुए परम्परागत धर्मसत्ता की विकरालता को वे सामने लाते हैं। उनका कहना है कि यह जाति व्यवस्था मानव के स्वत्व को टुकड़ा–टुकड़ा करती है। उनके ही शब्दों में–"मनुजी तुमने क्या किया?/किसी को पौन, किसी को पूरा, किसी को आधा दिया।/सरस प्रीति के थल में बोया/विष अनीति का बिया/लब्ध पाप का, क्षुब्ध शाप का/साया सिर पर लिया/मनुजी तुमने क्या किया?" अनीति का विष फैलाकर जाति जीवन के कर्म के आधार को तहस–नहस करता है। इसलिए मध्यकालीन सन्त कवि रैदास मानव कर्म की श्रेष्ठता की घोषणा करते हैं– "रैदास कर्म के कारणै/होई कोई न नीच/नर को नीच कोटि डारि है/ओछे करम की कीच।" इसलिए दया पवार को लगता है कि वह जातिव्यवस्था के दलदल में फँस गया है। सदियों की दासता की बेड़ियों में जकड़कर उसकी सारी आकांक्षाएँ कुचल दी गयी हैं। समकालीन कविता कहती है कि दलितों की स्थिति 'उस पंछी की है जो कँटीली झाड़ियों में फँसकर उन्मुक्त गगन में पंख पसारने के लिए तड़प रहा है।' जन्म–कर्म के इस संघर्ष में चुप्पी साधना परम मूर्खता है। चुप्पी का मतलब दलितों के लिए यह निकलता है कि दकियानूसी जाति व्यवस्था के मापदण्डों के अनुसार जीना और समस्त अधिकारों से वंचित रहकर कष्टमय जीवन बिताना। ऋतुराज मौन की नीति का विरोध करते हुए मुक़ाबला करने का उपदेश देते हैं–

उसके चुपचाप मर जाने के दूरगामी परिणाम होंगे
अन्याय और ग़ैरबराबरी पर बात करने से
कतराएँगे लोग पड़ोसी के घर के सामने कचरा फेंकेंगे
और अपनी धूप के लिए पेड़ काटकर ले जायेगे।...
दूरगामी प्रभाव होंगे एक ही समय में
दलितों और वामपन्थियों की पराजय के
युवाशक्ति के नाम पर वंशजों के महिमागान होंगे
जर्जर और रोगग्रस्त होंगे वाक् योद्धा/सामाजिक मूल्यों के धनुर्धर
चुपचाप शैया पर पड़े/विचारों के उत्तरायण की प्रतीक्षा करेंगे
छद्म कला के तेजस्वी/जो कुछ कभी घटित हो रहा है
वह भी तो मर रहा है/जो मर रहा है अपने संग
बहुत कुछ जीवित को लिए जा रहा है
उसके चुपचाप मरने के दूरगामी प्रभाव होंगे
मनुष्य के अपने सभी नष्ट होंगे/और मृत्यु अपनी मूर्खता पर हँसेगी।

जातीयता के गन्दलेपन की दलदल में फँसकर घृणा के साथ जीवन जीनेवाले दलित को लगता है कि जाति व्यवस्था संकीर्णताओं का आगार है। इस व्यवस्था में समाज के सभी जनों को सम्यक् स्थान नहीं मिल रहा है। वहाँ समानता, स्वतन्त्रता, बन्धुता जैसे जीवन दर्शन की अवमानना है। इस जाति व्यवस्था में संवाद की गुंजाइश नहीं है, वहाँ सबकी गरिमा, महिमा, समृद्धि का कोई उपाय नहीं। ऐसी स्थिति में मानव के जीवन के सारे वातायन बन्द होने लगते हैं। जीवन की गत्यवरोधता के कारण जाति व्यवस्था में जीवन के सड़ने की गन्ध है। निम्न जाति में जन्म लेकर दलित ख़ुद अपने जन्म पर कोसता है। स्पृहा के साथ जीवन जीना क्या सच्चे अर्थों में जीवन कहा जा सकता है? सी. बी. भारती का कहना है–"संकीर्ण मानसिकता की सड़न से/सरोबोर वह/घृणा ही मैं जीता हूँ।" उच्चजातिवाले अपने लिए जन्म से स्वायत्त सामाजिक व सांस्कृतिक अधिकारों के बल पर दलित के शरीर पर, उसकी सम्पत्ति पर, यहाँ तक कि उसके परिवार के सदस्यों पर अधिकार स्थापित करता है। दलितों के शारीरिक–मानसिक शोषण करने पर इस अधिकार बोध की वजह से उच्च कहे जानेवाले जाति के लोगों के मन में अपराध बोध उदित नहीं होता है।

लेकिन कोई अपराध या ग़लत काम न करने पर भी दलित के साथ गुनाह जुड़ता है, इसका कारण यह है कि निम्न जाति में उसका जंन्म हुआ है, बस। इसलिए उसको दबाया जाता है, नंगा दौड़ाया जाता है, गुनाहों का देवता बनाया जाता है या बनाया जा सकता है। 'दलित किसी लूट–मार में शामिल नहीं होता था, न वह किसी की रोटी छीनता था, फिर आज भी उसे हमेशा अश्रेष्ठ, अशुद्ध माना जाता है। जो सारे के सारे जुर्म करता है, उसको सम्मान और प्रतिष्ठा मिल रहे हैं। सी.बी. भारती की कविता की यह पंक्ति 'तुम ही तो है वरेण्य/तुम्हीं तो है देशहित' का व्यंग्य मन को कहीं–न–कहीं चुभता है।

जाति की व्यवस्था में स्त्री का भी कोई अधिकार सुरक्षित नहीं है। रजनी तिलक की कविता की पंक्तियाँ इस यथार्थ को सामने लाती हैं। "सीताओं को/आज भी स्टोव से जलाया जाता है/मासूम कलियों को खिलने से पहले/बचपन में ही लूटा जाता है/कोमल मधुर मुस्कानों को/वासना की आग में सींचा जाता है/रामायण हो, महाभारत हो/या आधुनिक भारत/हर समय स्त्री के जज़्बात से खेला जाता है।" इस अवसर पर सी.बी भारती की कविता की पंक्तियाँ जो 'माँ' को सम्बोधित हैं, याद आती हैं। निम्नलिखित कविता की पंक्तियों में एक मासूम माँ की कातर चीत्कार मुखरित होती है। जाति व्यवस्था की क्रूरता के साथ स्त्री की विवशता को भी कविता खोलती है। यह माँ स्वतन्त्र भारत की 'अधिकार सम्पन्न' माँ है, औरत है, बहन है, स्त्री है, सर्वोपरि स्वतन्त्र नागरिक है!!! कविता पढ़िए–

मेरी माँ/जो करती थी मशक्कत तुम्हारे खेतों में
मेरी माँ/जिसे चाहा तुमने शिकार बनाया अपनी हवस का
मेरी माँ/जो लुटती रही तुम्हारी दरिन्दगी से
मेरी माँ/जिसकी बेबस चीत्कारें सुनता रहा था मैं
मेरी माँ/जिसने ख़ुद भूखे रहकर मेरा पेट भरा
मेरी माँ जो नहीं कर पायी विद्रोह तुम्हारी वासनाओं का।

'औरत, गुलाम और कुरीतियों का पोषण कैसे हुआ इसका इतिहास देखा जाये तो मालूम होगा कि पुरुष समाज ने धर्म धर्मशास्त्रों को इसका (शोषण) सबसे बड़ा औज़ार बनाया। दूसरा औज़ार था प्रशासन व्यवस्था,

समाज व्यवस्था एवं उत्पादन में औरतों की भागीदारी ख़तम कर उसे केवल परिवार तक सीमित कर देना और परिवार में भी, पति, पिता, भाई, बेटे के अधीन बना लेना, मर्यादा के नाम पर उसे अधिकारों से वंचित किया जाना, उसके श्रम को परिवार के प्रति औरत का कर्तव्य मानकर उसका आकलन न करना। सब प्रकार उसे सामाजिक के साथ–साथ आर्थिक तौर पर भी गुलाम बना दिया गया, आत्मनिर्भर नहीं रहने दिया गया। स्त्री जातिगत पितृसत्ता के आगे हमेशा चुप्पी साधती रहती है। शारीरिक–मानसिक प्रताड़ना का भय तथा धमकी आदि 'मौन' की अँधेरी कोठरी में उसे प्रवेश करने के लिए बाध्य करते हैं। 'नीली रोशनी' नामक दिलीप कठेरिया की कविता कहती है कि इतिहास में जो हो चुका, जो आनेवाले समय में सम्भव होनेवाला नहीं। कविता आशा करती है कि नवीन सामाजिक सजगता एवं अधिकार चेतना के साथ दलित उसका प्रतिरोध करेगा ही। शोषक और शोषितों के सारे मिथकीय प्रतीकों–बिम्बों की आवली प्रस्तुत करनेवाली यह कविता दलित–जीवन के भावात्मक प्रतिरोध के आत्मस्वरूप को आधुनिक जात्याधारित समाज के सम्मुख पेश करती है और साथ–साथ नया इतिहास रचने की ऊर्जा बिखेरती है। कविता में प्रयुक्त निषेधात्मक प्रयोग अतीत की अस्वीकृति को ध्वनित करता है तथा स्वर्णिम भविष्य के आलिंगन की उम्मीद को भी व्यक्त करता है, आज का दलित जाति व्यवस्था के बन्धन से मुक्त होकर जीवन के नये इतिहास लिखने के लिए कटिबद्ध है। कवि के शब्द आगे प्रस्तुत हैं–

मेरे वक़्त के एकलव्य/किसी द्रोणाचार्य के षड़यन्त्र में फंसकर
अपना अंगूठा नहीं देंगे/क्यों कि उन्हें अर्जुन के गाण्डीव से निकले
तीरों को तोड़ फेंकना है/मेरे वक़्त का शम्भूक
किसी राम द्वारा/वध नहीं किये जा सकेंगे
क्योंकि उन्हें तिरस्कृत होकर/धर्म में बने रहना
अब मंजूर नहीं है/मेरे वक़्त के वाल्मीकि
अब रामायण नहीं लिखेंगे/क्योंकि उन्हें
दलितों और शोषण के विद्रोह का/पथरीला इतिहास लिखना है।

'दलित' शब्द का व्युत्पत्तिगत अर्थ 'पैरों तले रौंदना', 'दबाना', 'सताना' आदि होता है। आजकल के जीवन सन्दर्भ में प्रस्तुत शब्द शोषक वर्ग का रूप

धारण कर रहा है तथा वह एक ऐसे जन समाज को सूचित करने के लिए इस्तेमाल किया जाता है जो परम्परा से किसी सामाजिक या सांस्कृतिक या आर्थिक कारणवश समाज में पिछड़ गये हैं और सारे अधिकारों से वंचित हो गये हैं। जिस समाज में सामाजिक, राजनीतिक, आर्थिक, सांस्कृतिक सत्ताओं का शोषण एकोन्मुखी होता है तो ऐसे समाज में 'दलित वर्ग' उभरेगा ही। शाब्दिक दृष्टि से आज के समय में मानव के शारीरिक, मानसिक शोषण, उपेक्षा, अपमान, उत्पीड़न, बिखराव, पराश्रयत्व आदि भाव प्रस्तुत शब्द की अर्थ–सम्पदा में जुड़ गये हैं। इस शब्द की अर्थ विस्तारता में ब्राह्मणवादी या मनुवादी व्यवस्था का सामाजिक–सांस्कृतिक विस्तार तथा अन्य अनेक प्रकार के शोषण चक्र की ऐतिहासिकता भी शामिल है। जीवन की करवट बदलती परिवेश और व्यवहार के विविध सन्दर्भों के अनुरूप दलित शब्द के भीतर समानधर्मा अन्य अनेक भाव जुड़ सकते हैं। यह जुड़ाव दलित–जीवन के दमन के विस्तृत फलक को सामने उतारता है। काल के गलियारों से होकर शब्द की यात्रा वास्तव में मानव जीवन के विभिन्न पीड़ाओं को ही रेखांकित करती है। इसलिए समकालीन कविता में दलित–जीवन की अभिव्यक्ति में इतिहास में रूपायित 'दलित–जीवन' के दर्द की झाँकी प्रभूत मात्रा में हम देख सकते हैं। भाषा की परम्परा से निर्धारित छवियों के बन्धनों को तोड़कर 'दलितोद्धार' की भाषा नवीन भाषिक संरचना प्रस्तुत करती है जिसमें खुरदरापन का समावेश है जो उसकी ऐतिहासिक पीड़ा का ही परिणाम कहा जा सकता है। दलितों को अपने जीवन में जिन कठिन परिस्थितियों में जीना पड़ रहा है, उनमें उसका दम घुटता है। ऐसी जीर्ण जीवन परिस्थितियों में मनुष्य की चेतना का विकास नहीं हो सकता है। आठों पहर अपने जीवन के बुनियादी साधनों को जुटाने की मशक्कत में आत्मविकास की गुंजाइश कहाँ रहती है? ऐसी स्थिति में मानव अपने जीवन में स्वतन्त्रता का अनुभव भी नहीं कर पाता है। मानव की यह जीवन स्थिति स्वस्थ सामाजिक स्थिति का लक्षण नहीं है, वह समाज की रोगातुरता को ही दर्शाता है। वाल्मीकि की कविता 'मेरे पुरखे' की पंक्तियों में दलित–जीवन की विपन्नता खुलकर सामने आती है। कवि का कथन है कि दलित के पास पहनने के लिए कपड़े नहीं, खाने के लिए अन्न नहीं। इस विषम स्थिति में भी 'अछूत' समाज विरोध के काम में जुट जाता नहीं है, दूसरों के अधिकारों पर हस्तक्षेप नहीं करता। दलित जिस परिस्थिति में गुज़ारा कर रहा हैं, उसमें मानव का सम्मान मिट्टी में मिल जाता है।

अस्पृश्यता भारत में प्रचलित जाति व्यवस्था का अभिशाप है। इस व्यवस्था में ऊँची जाति में जन्मे व्यक्ति के लिए निम्न कही जानेवाली जाति में जन्मे व्यक्ति का शरीर अपवित्र होता है। 'अछूत' व्यवस्था खुद एक सामाजिक व्यवहार की अवस्थिति को सूचित करता है तथा मानव के शरीर को विशिष्ट ढंग से समाज में प्रतिविधान करता है। उससे ही समाज में व्यक्ति का जातिबोध या जातिगत व्यवस्था में उसकी स्थिति या चेतना प्रकट हो जाती है। अस्पृश्यता में मानव–मानव के शरीर की सन्निकटता का भाव नहीं है, उल्टे में वह अलगाव के भाव को रूढ़ बनाता है। यह अलगाव समाज के निम्न जाति वाले के मन में उपेक्षा के भाव का संचार करता है जो मानव–मानव के बीच की सहकारिता एवं सहभागिता की संभावनाओं को बन्द करता है। मानव–मानव के बीच का मेल–मिलाप ही मानव जीवन की सामाजिकता को पुष्ट करता है जो मानव के जीवन के सामाजिक आधार को सम्पन्न बनाता है। यह सम्पन्नता मानव की गरिमा का भी आधार है। 1955 में 'अस्पृश्यता अधिनियम' पारित किये जाने पर भी वर्ग–जाति पर आधारित हमारे समाज में अस्पृश्यता मायावी रूप धारण कर समाज में बरकरार है। आज भी समाज में जाति की शुद्धि–अशुद्धि का भाव है। इसलिए इक्कीसवीं शताब्दी में भी अन्तर्जातीय विवाह भारत में कम मात्रा में प्रचलन में है, मिश्र विवाह किये जाने पर सम्मान हत्या की जाती है। शारीरिक आतंक फैलाकर जाति के चौखटे को मज़बूत किया जाता है। अस्पृश्यता में दलित जाति शरीर के स्पर्श मात्र से ब्राह्मण आदि अपवित्र होता नहीं है, आँखें उठाकर दलितों के देखने पर भी उच्च कुल का आदमी अपवित्र होता है। मन्दिरों से, सार्वजनिक सभाओं, यहाँ तक कि पाठशालाओं में भी दलित जन के बहिष्कार के सांस्कृतिक कारणों में से एक यही रहा है। कला, साहित्य के विविध क्षेत्रों में दलित–जीवन की अभिव्यक्ति का अभाव इस अस्पृश्यता का दूसरा रूप है। आज धार्मिक संस्थाओं में जाति पूर्ण शक्ति के साथ धर्म की चादर ओढ़कर भारतीय सामाजिक जीवन को नियन्त्रित कर रही है। यह धर्म जाति के सांस्कृतिक उपनिवेशीकरण का सशक्त औज़ार है। इसमें कोई सन्देह नहीं कि जाति व्यवस्था एकसाथ अवैज्ञानिक है और क्या बताऊँ, समाज तथा मानवविरोधी है। सदियों की अस्पृश्यता ने दलितों के मन में स्वावलम्बन व आत्मविश्वास की भावना विकसित होने नहीं दी है। अस्पृश्यता के मूल में अन्य समझे जाने वाले लोगों के प्रति घृणा का भाव रहता है जो अपने विरोधी को आहत पहुँचाने की प्रेरणा प्रदान करता है।

इस कारण से जाति व्यवस्था में दलितों के मन में शारीरिक दमन से उत्पन्न भय का सान्निध्य अवश्य रहता है। कविता के शब्दों में दलितों को हमेशा नफ़रत की दाल–रोटी ही खानी पड़ती है और दुख, भय, ग़रीबी अकाल आदि दलितों के अभ्यन्तर जगत के शरणार्थी बन जाते हैं। घृणा से पूरित जाति व्यवस्था में मुक्ति के रास्ते दलित को ढूँढना पड़ता है। दलितों धर्मान्तरण जाति–मुक्ति को लक्षित कर किये जाने वाला राजनीतिक कार्य है। वह सदियों की भूख और अपमान से निजात पाने का सामूहिक प्रयास है। दलित को अपना 'शरीर' जीवन भर के असम्मान का कारण बनता है। 'कर्म' के स्थान पर 'जन्म' मानव के सामाजिक सम्मान का कारण बनता है। मलखान सिंह की कविता 'मुझे गुस्सा आता है' का यहाँ उल्लेख करना संगत लगता है। यहाँ 'गुस्सा' सजग दलित कर्तृत्व का बहिस्र्फुरण है। यह एक सामाजिक तथ्य है कि दलित समाज के अधिकांश लोग मज़दूर हैं अर्थात वे समाज की उत्पादन प्रक्रिया में उनकी महत्वपूर्ण भूमिका है। लेकिन उनको इस श्रम के अनुरूप मजूरी नहीं दी जा रही है। तन तोड़ मेहनत करने पर भी जीविका चलाने के साधन वे जुटा नहीं पा रहे हैं। उनके शारीरिक श्रम का शोषण कर अभिजन लोग आराम की ज़िन्दगी बिताते हैं। जो काम करता है वह भूखा रहता है, जो काम नहीं करता उसको आराम का खाना मिलता है। कठिन शारीरिक श्रम करने पर उसे जूठन खिलाया जाता है तथा उसके बच्चों को भी जूठन खाकर जीना पड़ता है। पल–पल एक विचित्र प्रकार की वितृष्णा दलित जन के मन में रेंगने लगती है। जीवन भर असम्मान और अवमति का शिकार होकर उसका तन–मन जर्जर हो गया है। प्रस्तुत कविता दलित–जीवन के अर्थाभाव की स्थिति को भी सामने लाती है। जब तक सम्पत्ति का समान वितरण नहीं होगा तब तक दलितों को सम्मान का खाना नहीं मिलेगा। अपने सम्मान की लड़ाई के वैचारिक आधार को वे बुद्ध, कबीर, ज्योतिबा फुले, अम्बेडकर आदि में ढूँढ़ते हैं। पुरोहितवाद, असमानता, असहिष्णुता आदि के विरुद्ध राजनीतिक लड़ाई आधुनिक काल में अम्बेडकर से शुरू होता है। उन्होंने जाति के मानव विरोधी पक्ष को उसके ऐतिहासिक सन्दर्भ में प्रस्तुत किया तथा दलितों की मानवीय गरिमा एवं अधिकार के संघर्ष को नवीन दिशा प्रदान की।

भारतीय दलितों को मैले–कुचैले परिसर में जीना पड़ रहा है। वह भी दलितों के असम्मानपूर्ण ज़िन्दगी का कारण बनता है। दलितों के जीवन

में सकारात्मक परिवर्तन के लिए इन परिवेशों में बदलाव अवश्य होना चाहिए। उसे हमेशा जीवन जीने की सुविधा प्राप्त हो और उन्हें मानव के सारे अधिकार प्राप्त हों। ये अधिकार किसी की उदारता के बल पर या कृपा के बल पर प्राप्त होने वाले नहीं हैं, ये दलित के जन्म सिद्ध अधिकार हैं। वह हक़ उसे मानव के रूप में जन्म लेने से प्राप्त होना चाहिए। तभी रत्तू की भाषा में दलित की अन्तर्वस्तु का विकास होगा, समाज में सम्मन प्राप्त होगा। यह रत्तू का मात्र नहीं, सभी दलितों के जीवन भर का स्वप्न है। उनके ही शब्दों में–"मेरा एक सपना है कि मेरे चारों बच्चे एक दिन ऐसे राष्ट्र में जिएँ जहाँ उन्हें उनकी चमड़ी के रंग से नहीं उनके चरित्रों की अन्तर्वस्तु के आधार पर आँका जाये।"

जातिव्यवस्था में स्त्रियों की गरिमा की भी रक्षा नहीं होती है। जाति एवं पितृसत्ता का बन्धन दलित स्त्री के दिल–दिमाग़ को कचोटता है। नारी ड्राइंग रूप की बॉसाई नहीं बनना चाहती, अर्थात वह पितृसत्ता के विशेषणों से अलंकृत होकर आदर्श महिला के रूप में घर की दीवारों के अन्दर बन्द नहीं रहना चाहती। वह समाज के तमाम विरोधों के बावजूद अपनी मानवीय अस्मिता को सिद्ध करना चाहती है। परिवार, समाज, अन्धी परम्परा के बन्धन में स्त्री आज़ादी की साँस नहीं ले सकती है। रजनी तिलक स्त्री के मानसिक दबाव को इस प्रकार काव्यबद्ध करती हैं।

औरत होने की वजह से/बहुत कुछ झेलना पड़ता है
रात को दिन, दिन को रात
सूरज को चाँद कहना पड़ता है।
औरत को जो ख़ुद को इन्सान समझे/
तो दुनिया ख़िलाफ हो जाती है,
समाज तूफ़ान ले आता है/परिवार सहम जाता है।

स्त्री सच में इस संसार में बरगद के पेड़ की तरह छा जाना चाहती है। यहाँ बरगद स्त्री के आत्मविस्तार को उसके जीवन की सर्जनशीलता ही दर्शाता है। ग्रेज कुजूर की स्त्री जीवन की विपरीत स्थितियों में थकती नहीं, वह सबको चुनौती देती हुई अपनी गरिमा को स्थापित करने की कोशिश करती रहती है। अनामिका की स्त्री विपरीत स्थितियों में और फैल जाती है। यह फैलना स्त्री के भीतर की अदम्य जीवनाकांक्षा को

व्यंजित करता है। अनामिका कहती हैं–*मैं एक दरवाज़ा थी/मुझे जितना पीटा गया/मैं उतनी खुलती गयी।* इसलिए जयप्रकाश कर्दम ज़ोर देकर कहते हैं– "दलित साहित्य (दलित–जीवन की अभिव्यक्ति का साहित्य) वर्ण व्यवस्था, जातिवाद, शोषण, असमानता, परम्परागत रूढ़ियों, आडम्बरों तथा उन सभी मान्यताओं के ख़िलाफ़ एक मुहिम है।" इसलिए दलित परिवर्तनकारी चेतना को अपने साथ लेकर चलता है। काव्यमयी भाषा में आज का दलित अपनी सिराओं में आग लेकर चलता है। ज़रूर, आगामी समय में 'दलित के बच्चे अग्निपुत्र बन जायेंगे, उज्ज्वल विप्लव में सहभागी होंगे।' (नागार्जुन) वे अपने 'अँधेरे के ताले खोल देंगे।' (निराला)

'साम्प्रदायिकता' की भावना जाति व्यवस्था का एक और घिनौना पक्ष होता है और वह अलगाववादी विचारधारा को बढ़ाता है। विचारधारा होने के नाते उसका प्रभाव मानव के सामाजिक जीवन के विविध पक्षों पर प्रत्यक्ष एवं अप्रत्यक्ष रूप से पड़ता है और वह मानव के बहुआयात्मक जागतिक दृष्टि को निर्धारित करता है। यह जागतिक दृष्टि ही मानव या समूह के क्रियाकलापों को नियन्त्रित करने वाली शक्ति के रूप में बदल जाती है। साम्प्रदायिकता विशिष्ट प्रकार की आचार संहिता के पालन का समर्थन करती है या मानव के सामाजिक व्यवहार को ख़ास ढंग से नियन्त्रित करती है जिससे उसको समाज में एक अलग पहचान प्रदान करती है। यह पहचान स्वाभाविक रूप से समाज में एक 'इतर' (अदर) का निर्माण करती है। 'हरि' और 'जन' के माध्यम से मलखान सिंह जाति व्यवस्था के भीतर सक्रिय साम्प्रदायिकता के विष बीज को दिखाते हैं। जाति के भीतर सन्निहित साम्प्रदायिकता दलितों के सामाजिक अपवर्जन का कारण बनती है। कविता हरिजन शब्द का विच्छेद 'हरि' और 'जन' के रूप में करती है और जातिगत श्रेणीबद्धता के साथ जाति के सामाजिक बहिष्कार के रूप को दर्शाती है।

हमारे गाँव में भी/कुछ हरि होते हैं/कुछ जन होते हैं
जो हरि होते हैं/जो जन के साथ/न उठते हैं
न बैठते हैं/न खाते हैं/न पीते हैं/यहाँ तक कि जन की
परछाई तक से परहेज करते हैं
यदि कोई प्यासा जन/भूल या मज़बूरी बस

हरि कुए की जगत पर
पाँव भी रख दे / तो कुए का पानी
मूत में बदल जाता है।

साम्प्रदायिकता खण्डित अस्मिता का निर्माण करती है। वह किसी भी हालत में 'हम' की भावना विकसित नहीं होने देती है। इससे सामाजिक जीवन में अनेकता, स्वार्थ, भय, नफ़रत की दीवारें उठने लगती हैं। वह आत्मीयता का सत्यनाश करती है। इसलिए दलित जनों के प्रति आहत होते देखकर, उनके चीत्कार सुनकर 'दूसरे लोग' मजे से सोते हैं, सो सकते हैं। ऐसी हालत में 'सोना' मानव के मन का कठुआ हो जाना ही है, यह स्थिति मानव की गरिमा पर कलंक लगाती है। साथ ही यह मानव के भीतर की संवेदनशीलता की मृत्यु को दर्शाती है।

कितनी बरहमी होती है जातीयता
यह मनुष्य की मनुष्य के प्रति
मिटा देती है आत्मीयता / इसका प्रभाव है इतना गहरा
बना देती है पूर्णतः बहरा / जो काँटे की चुभन से रोते हैं
चीत्कारों में मजे से सोते हैं।

धार्मिक आधार ग्रहण कर पनपने वाली साम्प्रदायिकता की भावना के समक्ष तर्क काम नहीं करता है, क्योंकि धर्म के आश्रय में ही साम्प्रदायिकता पनपती है। वास्तव में साम्प्रदायिकता भारत की पक्वहीन राजनीति की दुर्बलता का प्रमाण है। हर जाति आधारित साम्प्रदायिक संगठन 'लघु अस्मिता' का समर्थन करता है, इसलिए 'अलगाव बोध' विस्तार पा लेता है। यही समाज में 'भय' के संचरण का कारण बन जाता है। भय ही जाति के आधार पर संगठित होने का कारक तत्त्व बन जाता है तथा वह जाति के सामाजिक आधार को मज़बूती प्रदान करता है। इस भय के भीतर से धार्मिक प्रतिबद्धता, तर्कहीनता, धार्मिक आत्मसमर्पण, गुलामी मानसिकता आदि समाज विरोधी तत्त्व उभरते हैं। इस माहौल में मानव की सामाजिक गरिमा पर प्रश्न चिह्न लगता है और मानव को बार–बार अपनी इनसानियत को समाज में स्थापित करने की विवशता उद्भूत होती है।

3

स्त्री-स्वतन्त्रता को उजागर करती समकालीन कविता

समकालीन कविता की सबसे बड़ी विशेषता यह है कि वह समाज की सत्तात्मक विध्वंसकता, सत्ता के असन्तुलन तथा उससे उपजी अधिकारहीनता की विरूपता का पर्दाफ़ाश खुले आम करती है। स्त्री की ज़िन्दगी की सम्भावनों को, उसकी शारीरिक, मानसिक, सांस्कृतिक अपवर्जन और पृथकता को सम्पोषित करने वाली पितृसत्ता के हिंसात्मक और दमनात्मक रूप के प्रति कविता का प्रतिक्रियान्वित होना समकालीन कविता के जाग्रत विवेक का दस्तावेज़ है। हाँ, कविता जीवन को नये तरीके से रूपायित करने वाला साँचा होती है, इसके लिए वह जीवन की स्थितियों को प्रश्नांकित करती रहती है। समकालीन कविता तर्क की प्रखरता के बल पर समय के सिर–फिरे पुराने मानदण्डों पर लगातार प्रश्नों की आवली उतारती है। प्रश्न हमेशा समय के प्रति मानव की सजगता का प्रमाण है। यह सजगता व्यापक परिप्रेक्ष्य में सत्ता के दमन के स्वरूप को अस्वीकार करने की सजगता है। कविता स्वयं मानव के स्वतन्त्र कल्पनात्मक वैभव की वैखरी है, स्वाभाविक रूप से कविता स्वतन्त्रता की पुण्यभूमि बन जाती है। अतः कविता मानव के सामाजिक, राजनीतिक, आर्थिक, सांस्कृतिक जीवन में दिखायी पड़ने वाली अस्वतन्त्रता के कारणों को, उससे उत्पन्न अमानवीयता को परखती–पहचानती है। आज की स्त्री अपनी मानवीय अस्मिता को बनाये रखने के अनवरत संघर्ष में जुड़ी हुई है। यह संघर्ष दर्शन की भाषा में 'मृत्यु का विरोध' है या गरिमा के साथ रीढ़ के बल चलने का उपक्रम है या मानव की अनन्त प्रोज्वल जिजीविषा का साकार है। कविता में अन्तर्भूत जीवन की अग्रगामी चेतना अधिकारों की लड़ाई

में पूर्ण विराम चिह्न कभी नहीं डालती है। अविराम संघर्ष की तेजस्विता कविता में इस प्रकार निखर उठती है–

'हारा हूँ सौ बार/गुनाहों से लड़–लड़कर/लेकिन बारम्बार खड़ा हूँ/मैं उठ–उठकर।' (केदारनाथ अग्रवाल)

हम किसी भी देश को तभी विकसित कहेंगे; जहाँ स्वतन्त्रता, समता, बन्धुता का उदय हो। विज्ञान और प्रौद्योगिकी से राष्ट्र विकसित नहीं होता है, भौतिक दृष्टि से वह सम्पन्न हो सकता है। जब तक हमारे सामने बुनियादी अधिकारों से वंचित भूखा–प्यासा नर–कंगाल ज़िन्दा है, समाज में विभिन्न सामाजिक प्रभेदक तत्त्वों (लिंग, जाति, नस्ल, देश, भाषा आदि) के आधार पर मानवीय गरिमा से वंचित लोग जीवन–यापन करते हैं तो उस वंचना का समाधान जब तक नहीं हो जाता, तब तक संवेदनशील मन खुशी की सांस नहीं। सकता। इस कारण से हज़ारों सालों से भीषण अस्वतन्त्रता से पीड़ित स्त्री–जीवन की वेदना का स्वर और उसके जागरण की ध्वनि समकालीन कविता में अनुगूंजित हो उठी हैं। कात्यायनी की कविता 'इस स्त्री से डरो' स्त्री के सचेतन स्वत्व बोध को मुखरित करती है। प्रस्तुत कविता में प्रयुक्त 'पिंजरा''जाल', 'यन्त्रणा' आदि शब्द बन्धन को, पारिवारिक, सामाजिक, सांस्कृतिक परतन्त्रता को व्यंजित करते हैं। आकाश की 'अनन्त विस्तारता' अपने आप में स्त्री के भीतर की रचनात्मक अनंतता को दर्शाती है। स्त्री–जीवन की दुस्थिति और अधिकारहीनता की प्रवंचना के पीछे कार्यरत ऐतिहासिक शक्तियों को आज की स्त्री जानती है। यह 'जानना' स्त्री की सामाजिक सक्रियता का पहला क़दम है। जानने से इतिहास की परतें स्त्री के समक्ष एक–एक करके खुलने लगती हैं। इस खुलने की प्रक्रिया से स्त्री–जीवन के आधे हिस्से के स्वरूप को हम जानने लगते हैं, उसकी ज़िन्दगी की समस्याओं के भावात्मक थल पर डुबकी लगाने लगते हैं।

कविता हमेशा कालखण्ड के जीवन सन्दर्भों का कलात्मक इतिहास होती है और वह अपने कलेजे में जीवन के शाश्वत मूल्यों का संवहन करती है। अपनी जन पक्षधरता के सम्बल पर युग के अनुरूप नवीन मूल्य निर्माण की भूमिका का भी निर्वाह कविता करती रहती है। समकालीन कविता इस मापदण्ड पर खरी उतरती है। ज़िन्दगी की पथरीली अवधारणाओं को उलट फेर करने वाली कविता एक प्रकार से वैचारिक जड़ता को तहस–नहस

करने वाले हथौड़े का रूप धारण करती है। मेरा इशारा जर्मन ग्रीयर की काव्य पंक्तियों की तरफ़ है जिनमें वे बताती हैं कि स्त्री और पुरुष में कोई अन्तर नहीं है। यह युग–युगों तक चली आ रही ग़लत फ़हमी है। लिंगाधारित स्त्री शोषण के आधार की निरर्थकता पर प्रहार करने वाली कविता सबल तर्क के माध्यम से यह बताना चाहती है कि लिंग की अवधारणा पितृसत्ता की साज़िश है, वह सिर्फ़ एक सामाजिक–सांस्कृतिक निर्मिति है उस निर्मिति के बल पर स्त्री के अधिकारों का क़ब्ज़ाकरण हुआ और वही स्त्री–जीवन में परिव्याप्त असमानता का बीजाँकुर का कारण बना। पितृसत्ता प्राकृतिक प्रकार्यात्मकता को भी स्त्री के अधिकारों को छीन लेने के उपकरण के रूप में अपनाती है। समकालीन कविता के कलेवर में इस कोटि की विसंगत धारणाओं युक्तिहीनता पर टिप्पणी है, जो मन को हरदम छीलती है, त्रासद स्थिति की ओर ले जाती है। युगीन स्थितियों में आमूल चूल परिवर्तन की उम्मीद करने वाली कविता आसपास भेड़ियों के गुर्राने की आवाज़ सुनकर मशाल जलाने का आह्वान करती है। कविता यह भी पहचानती है इतिहास में लुटेरों का सम्मान होता है, उन्हीं का शासन होता है। जो मुक्ति पथ पर अग्रसर होता है उसको मिथक बनाकर काल्पनिक इतिहास के पन्नों में प्रविष्ट कराया जाता है। इससे सच का मुखौटा हमेशा रंगीन छवियों में आबद्ध रहता है। यथार्थता के धरातल से मुक्त होने से फिर वह मानव के जीवन्त बोध को नहीं कुतरता है। लेकिन इतिहास अतीत घटनाओं का संग्रहालय मात्र नहीं होता है, उसमें मानव जीवन की अपरिमेय दग्ध स्मृतियाँ भी भरी रहती हैं। उन स्मृतियों की चाबी की सहायता से इतिहास के पृष्ठों को खोला जा सकता है। अतः कविता आज के निर्मम होते जा रहे मानव के मन की तहों में डुबकी लगाकर स्त्री के प्रति समाज की उपेक्षा के ऐतिहासिक तथ्य को प्रत्यक्ष कराती है। इतिहास की इस घड़ी में स्त्री को भोग की वस्तु के रूप में पितृसत्तात्मक व्यवस्था स्वीकार करती है। प्रदीप जिलवाने की कविता 'कैलेंडर में मुस्कराती लड़की' अपने शरीर के माध्यम से माल के व्यापार को बढ़ावा देती है। यहाँ कैलेंडर शब्द 'समय' संकल्पना को लेकर आता है। इसलिए वर्तमान पूँजीवादी 'समय' में स्त्री का वस्तु रूप में तब्दीली एक यथार्थ है। जब व्यक्ति वस्तु बन जाता है तब मानव के गुण की पहचान का आधार वस्तु बन जाता है। वस्तुओं का स्वामित्व उसके सामाजिक सम्मान का आधार बनता है। इस मनोवृत्ति के विकास से आज का घर

बाज़ार बन जाता है, वस्तुओं का साम्राज्य विस्तृत होता है। जिस अनुपात में वस्तु का विस्तार होगा, तद्नुपात में मानव की अन्तर्वस्तु का संकोच होगा। 'रंजन' का साधन बनती जाने वाली स्त्री 'यूज़ एंड थ्रो' के संस्कार में उसकी जैविक, सामाजिक, सांस्कृतिक अस्मिता पर्दे में छिप जाती है। इस स्थिति में स्त्री की शारीरिक सुरक्षा पर कोई आश्वासन नहीं दिया जा सकता। आजकल समाज की स्त्रियों को, ख़ासकर दलित स्त्रियों को नंगा किया जाता है, प्रताड़ित किया जाता है, बलात्कार किया जाता है। सब कहीं महिलाओं पर आतंक छाया हुआ है। 12 दिसम्बर, 2014 में घटित निर्भया प्रसंग पर कविता बोल उठती है भी जीवन में बढ़ती अमानवीयता के क्षण में, मानव के रूप में जीने के स्वाभाविक अधिकार के अप्राप्य हो जाने के क्षण में मौन की पट्टी बाँधकर जीना तो मानव के हृदय का मुर्दा बन जाना है, जंगलीपन को दर्शाना है। इस पर कविता अपना अफ़सोस व्यक्त करती है और यह बताना चाहती है कि अन्याय का प्रतिरोध मानव की सामाजिक सजगता का प्रमाण प्रस्तुत करता है और मानव की गरिमा को असुरक्षित और आहत होते देखकर चुप रहना समाज की अपसंस्कृति के स्वर को बुलन्द करता है। 'चौराहों पर धिक्कारना', 'तटस्थता पर थूकना' की आवाज़ से क्रूरता की संस्कृति को कविता की पंक्ति दिगन्तों में प्रतिध्वनित करती है।

यदि इस घोर विपत्ति काल में मेरे मुँह पर छाले पड़ जाये
और मैं कुछ कह न सकूँ तो तू मुझे दण्ड देना।
मेरे गूँगेपन को इतिहास के चौराहों पर धिक्कारना,
ओ, मेरी मिट्टी में, मेरे फेफड़ों में भरी हवाओं/और मेरे सींचने वाले जल
इस कठिन समय में मेरे कण्ठ की तटस्थता पर थूकना।

"समकालीनता कविता की प्रमुख विशेषता मानवीय चेतना के रूपान्तरण की है। सही अर्थों में समकालीनता अपने ऐतिहासिक संक्रमण एवं युगबोध से रू–ब–रू होना है। देशकाल, परिवर्तित जनचेतना, मूल्य बोध एवं परिवेश की सही पहचान और अन्तर्विरोधी चेतना के विभिन्न फलक भी इसमें उजागर हुए हैं। पर यह भी स्वीकृत तथ्य है कि समकालीन कविता अपनी समग्रता के व्यापक परिप्रेक्ष्य में सौन्दर्यबोधी रूपान्तरण की पक्षधर कविता है।" (रोहिताश्व) यहाँ रूपान्तरण का तात्पर्य लोक जीवन की

विभिन्न स्थितियों को उसकी पूरी इतिहास–प्रक्रिया के साथ समझना है। लोक जीवन की नब्ज़ पकड़ने वाली कविता सांस्कृतिक आलोचना का रूप धारण कर हमारे सामने अवतरित होती है। कविता इस लोकबद्धता के कर्म पथ का अवलम्बन करती है। इस लोकबद्धता की वजह से समकालीन काव्य लेखन में सामाजिक चेतना की समग्रता है। इसमें स्त्री के जीवन संकीर्ण होती जा रही जीर्ण–शीर्ण परिस्थितियों की पहचान है, चुनौतियों के साथ सीधी टकराहट है, उसकी वैचारिक समझ सन्निहित है। 'भेड़' और 'भेड़िया' के प्रतीकों के माध्यम से जसिन्ता केरकेट्टा कहती हैं कि आज के समय में भेड़ियों से सतर्क रहना ज़रूरी है, इतिहास हमारे लिए पथ प्रदर्शन करने वाला होता है। इतिहास की ग़लतियों को दोहराने पर आगामी पीढ़ी माफ़ी नहीं देगी, वह दुहराव निरी मूर्खता होगा। **इसलिए** ही स्त्री के जीवन को अपदस्थ करने वाली कुटिल शक्तियों के मारीच तन्त्र से परिचित होना, उनकी आँखों में छिपी वक्रताओं को समझना स्त्री के लिए अपेक्षित है। यहाँ 'भेड़िया' क्रूरता या मानव के मन में निवसित खूँखार जानवर के **भीषण** रूप का प्रतिविधान करता है तो भेड़ उसके शिकार का। वह शोषक और शोषित का भी प्रतीक हो सकता है या सबल–निर्बल का भी। हमें पता ही नहीं चलता कि आज के समय में मानव की मानवीयता को हड़पने वाली शक्तियाँ किस रूप में हमारे ईर्द–गिर्द चक्कर काटती हैं और हमारे ज़िन्दगी की बत्तियों को एक–एक करके फूँक–फूँककर बुझाकर वह चल निकलता है। समय की विभीषिका में कविता ख़तरे को सूचित करने वाली साइन बोर्ड बन जाती है–

भेड़ों के बीच में भेड़िया आया/मुँह में घास डाली
आँखों में मासूमियाम लिये उसने/भेड़ों के हक की बात बोली
उनकी भाषा में/और आ गयी भेड़ें झाँसा में
भेड़ो की मासूम आँखों ने/नहीं देखा उसकी दो आँखें।

(जसिदा केरकट्टा)

स्त्री जब लिखती है, तब अपने निजी जीवन की निजता को दाँव पर लगाती है। अपने घर और समाज का भय उसकी आत्मा की गहनतम संवेदना को संचालित करता है। इस सीमा को पारकर असीम स्थैर्य एवं धैर्य के साथ अपने दिल की बातों को खुलेआम शब्दबद्ध करने में आज़ की स्त्री लेखनी सफल होती जा रही है। नारी लेखन में अनकहे, अनदेखे

जगत के विराट जगत का उद्घाटन हो रहा है। पुरुष के लिए नारी एक अनुमान है, अनुमान हो सकती है, पर नारी लेखन में जो स्त्री खड़ी होती है, वह अनुभव का तेजोपुंज है। वह अन्तरात्मा का ज्वलन्त, जीवन्त टुकड़ा है। स्त्री के ज़हान को स्त्री ही बेहत्तर रूप में पेश कर सकती है। औरत की देह के बारे में बोलना आसान है, ख़ासकर मर्द होकर बोलना आसान है, किन्तु उसकी देह के बारे में उसकी तरह बोलना आसान नहीं है।'' (रमणिका गुप्ता) क्योंकि स्त्री के बारे में बोलते समय पितृसत्ता के भार से पुरुष की बुद्धि मन्द पड़ सकती है। इसलिए पुरुष की स्त्री दृष्टि असन्तुलित हो सकती है, उसके स्त्री–जीवन की अभिव्यक्ति में 'मर्दाना' अंश रह सकता है। अनुभव की प्रामाणिकता को स्त्री–जीवन की भावात्मक अभिव्यक्ति का मापक मानना युक्तिसंगत नहीं प्रतीत होता है, विराट सामाजिक चेतना के विस्तार के लिए और महासंग्राम की वैचारिक पृष्ठभूमि के लिए अनुभवों का सामाजिक होना अत्यन्त अपेक्षित है। जब कला और साहित्य में व्यक्ति अनुभव का व्यापक सामाजिक रूपान्तरण नहीं होता है तो उस साहित्य का कोई मूल्य नहीं रह जाता है। कवि के अनुभव का अनुभूति में परिवर्तित होना समग्र जीवन बोध के विस्तार के लिए आवश्यक है। कविता की सफलता अनुभव की भावात्मक विस्तारता में है। भावना का विस्तार मानव की सामाजिकता को पल्लवित करता है जो मानव की आन्तरिक समृद्धि व जीवन समृद्धि को आगे बढ़ाता है। यही कविता की सांस्कृतिक भूमिका है।

आज की स्त्री अपना संघर्ष घर से शुरू करती है, क्योंकि स्त्री का सबसे पहला संघर्ष पारिवारिक पितृसत्ता से है। वह ख़ुद पहचानती है कि मानवोचित अधिकार से वंचित रहकर स्त्री को परिवार के भीतर एक यन्त्र की सी भूमिका अदा करनी पड़ती है। घर–परिवार के माहौल में स्त्री के आत्मचैतन्य को अंगीकार नहीं मिलता है। उपेक्षा के आतंक से आहत होकर स्त्री प्रतिभा का मकबरा बन जाती है। लड़की पल–पल महसूस करती है कि 'वह लड़के की चाह में पैदा हुई अनचाही उम्मीद है।' (रेखा व्यास) वह *(स्त्री की) देह जिसमें बन्द हैं अनेक कमरे/और हर कमरे/की चाबी/टूटती बिखरती/जर्जर मनुष्यता–सी/कहीं खो गयी!!"(अंजना बख़्शी)* जीवन की यह स्थिति अधिकारहीनता का उत्पाद है। आज घर घुसने से पहले स्त्री को अपनी बुद्धि को पायदान पर उतारकर रखना पड़ता है।

अपने घर में पराश्रय की भावना से जीने के लिए स्त्री मजबूर होती है जो मन ही मन गुलामी मानसिकता को पानी देती है। ऐसी स्थिति में परिवार के सदस्यों के बीच लोकतन्त्रात्मक संवाद ख़त्म हो जाता है। घर के मालिक (पुरुष) के एकाधिकार को स्वीकार कर स्त्री को दिन काटना पड़ता है। वह बचपन से लेकर अपने अन्दर ही अन्दर महसूस करती है कि वह लड़के की चाह में पैदा हुई अनचाही उम्मीद है, धरती के नीचे तक अपमान से दबने पर भी वह छा जाती है, पर पुरुष उसे बोंसाई बनाकर उसके बौनेपन पर ख़ुश होता है। पल–पल में जीवन के विषैले वातावरण में स्त्री साबुन की तरह वह घिस–घिसकर अपने जैविक, सामाजिक, सांस्कृतिक अस्तित्त्व के नष्ट हो जाने के डर का अनुभव करने वाली स्त्री सताने पर, दबाने पर, उठने और उगने की उम्मीद रखती है। इस प्रकार के दग्ध अनुभवों की पंचाग्नि के मध्य स्त्री जीती है, लेकिन 'हारिल की लकरी' की तरह उम्मीद सँजोती हुई कविता असीम अनन्त दिगन्त का सपना देखती है। यहाँ दिगन्त स्त्री की विस्तृत जीवनाकांक्षाओं की काव्यात्मक परिभाषा है। इस दिगन्त की प्राप्ति की खातिर इन्दु जैन की लड़की बिजली की भाँति टूट–टूटकर, चूर–चूरकर रोशनी से दूसरों की आँखों को अँधा करने के लिए कमर कसकर खड़ी होती है। आज की स्त्री पितृसत्ता की मोहक शक्ति से परिचित है। इसलिए ही मीना गुलाटी पुरुष रूपी बैल को कोल्हू में बाँधने में सफल निकलती हैं। समकालीन कविता स्त्री–जीवन की उपेक्षा को, उसकी अवमानना को, उसकी जीवन की खिड़कियों को बन्द करने वाली पितृसत्तात्मक व्यवस्था की करतूतों को भली भाँति समझती है और कल्पना सिंह की पंक्तियाँ याद दिलाती हैं– *"अभिशाप होती हैं ये लड़कियां/वरदान होती हैं ये लड़कियां/लेकिन कोई भी तो नहीं कहता/मनुष्य होती हैं ये लड़कियां।"*

विरजीना वूल्फ की प्रसिद्ध रचना 'लेखिका का कमरा' (ए रूम ऑफ़ वन्स आन) में वे एक सवाल उठाती हैं कि शेक्सपियर को यदि शेक्सपियर सी प्रतिभा सम्पन्न एक बहन होती तो क्या वह बहन शेक्सपियर की भाँति मशहूर होती? लेखिका इस सवाल को आगे बढ़ाती हुई कहती हैं कि शेक्यपियर को रात में बाहर जाकर नाटक देखने की अनुमति दी जाती थी, धीर–धीरे नाटक में अभिनय करने तथा नाटक में पात्र की भूमिका अदा करने का अवसर मिलता था। इससे हौले–हौले शेक्सपियर के भीतर

का नाटककार का विकास हुआ। उनके कहने का तात्पर्य यह कि उस काल में स्त्री को इस प्रकार घर की दहलीज़ को पार कर नाटक देखने तथा उसमें शरीक होने के अवसर नहीं दिये जाते थे। इसलिए लाख कोशिश करने पर भी शेक्यपियर की बहन नाटककार नहीं बन सकती। वूल्फ इसके माध्यम से यह बताना चाहती हैं कि मानव के व्यक्तित्त्व और उसकी आन्तरिक शक्ति के विकास में, अनुभव संसार के विकास में स्वतन्त्रता किस प्रकार की भूमिका निभाती है। वे यह भी जोड़ना चाहती हैं कि समाज की बन्दिशें किस प्रकार स्त्री को बैसाखियों पर चलने के लिए मज़बूर करती हैं। वूल्फ के लिए स्वतन्त्रता मानवीय रचनात्मकता का दूसरा नाम है। अस्वतन्त्रता से यहाँ तात्पर्य ऐसे तत्त्वों के साकल्य से है जिनसे मानव का चहुँमुखी विकास अवरुद्ध होता है। दीक्षा दुबे की कविता स्त्री के भीतर की असीम स्वतन्त्रता की भावना को मूर्त रूप में प्रस्तुत करती है। कवयित्री का कहना है कि स्वतन्त्रता की कामना मानव के मन की नैसर्गिक प्रवृत्ति है। एक प्रकार से हर इन्सान के अन्तरतम में नदी की भाँति स्वतन्त्रता की इच्छा प्रवाहित है। इच्छाओं को नदी का रूप देना कविता के भाव स्तर को उम्दा बनाता है क्योंकि नदी की सार्थकता उसके ठहराव में नहीं, उसके बहाव में है। इसलिए मानवीय इच्छाओं या कामनाओं का भी एक ऐतिहासिक, जैविक, सांस्कृतिक नैरन्तर्य होता है अर्थात् मानवीय अनुभूतियों का भी अपना इतिहास होता है। नदी की प्रवाहमयता के समतुल्य में इच्छाओं की प्रवाहमयता को कविता प्रोद्घोषित करती है। नदी का सूखना नदी का न रहना है, इस समानान्तरता में इच्छाओं का सूखना जीवन रूपी नदी का न रहना है, उसकी मृत्यु है। इन इच्छाओं का बहिस्फुरण वास्तव में संस्कृति–सभ्यता का रूप धारण करता है। इसलिए इच्छाओं की समृद्धि संस्कृति की समृद्धि बन जाती है। कविता के शब्द जैसे प्यास, अतृप्ति आदि इच्छा के जैविक रूप को तथा इच्छाओं का आवारा होना स्वतन्त्रता की पूर्णता की खोज़ को ध्वनित करता है। मन की स्वतन्त्र कामना कभी भी समाज के लिए विनाशकारी नहीं हो सकती, क्योंकि स्वतन्त्रता का सामाजिक क्रियान्वयन समाज की सम्मति से मात्र सम्भव है या उसके द्वारा प्रदत्त विकल्पों से मात्र सम्भव है। मानव के मन में परिलसित यह इच्छा सर्ग (सर्जना या सृष्टि) का रहस्य है। कामायनीकार कहते हैं– *"सर्ग इच्छा का ही परिणाम।"* (जयशंकर प्रसाद) इसमें कोई सन्देह नहीं कि सर्जनशीलता की स्थिति में ही मानव

की आन्तरिक समृद्धि है, ऐसी स्थिति अधिकारों की समृद्धि की स्थिति है। दुबे की पंक्तियाँ हैं–

दरअसल इच्छाओं की छोटी–छोटी नदियाँ/बहती रहती हैं हमारे भीतर
फिर भी एक प्यास तारी रहती है/बनते हैं नये प्रतिमान
एक नयी लय/एक ऐसा संगीत/जिसके आलाप का कोई अन्त नहीं
वह बजता है, मन के किसी निर्झर कोने में
उसका नाद डूबने नहीं देता/ले जाता है हमें अतृप्त संसार में
कितना अच्छा होता है/यूँ इच्छाओं का आवारा होना।

इसके साथ मृदुल जोशी की एक कविता का प्रसंग उल्लेख्य है। कविता का शीर्षक है–'चाह।' चाह भी मानव की स्वतन्त्र एषणा का अँकुर कहा जा सकता है। प्रकृति में सब कहीं स्वतन्त्रता का आभास पाकर कवयित्री का कहना है कि हवा की स्वतन्त्रता उसका नैसर्गिक स्वभाव है। सदियों से बन्धन की बेड़ियाँ तोड़कर स्त्री के थिरकने की चाह स्वतन्त्रता का ही ऐलान है। इस अवसर पर वन्दना मिश्र की 'वह एक ऐसी लड़की थी' शीर्षक कविता मन में उतर आती है। कविता की लड़की की खिलखिलाहट से वर्तमान स्त्री की परिकल्पना की दीवारों कम्पित हो रही हैं। पितृसत्ता के संविधान से मुक्त होकर बाहर आने पर स्त्री के लिए नये प्रतिमान गढ़ने के लिए पितृसत्ता कोशिश करती है। वह प्रतिमान कुलटा का हो सकता है, पागल का हो सकता है, वेश्या का हो सकता है या और किसी का। लेकिन यहाँ पितृसत्ता की मनमानी करके अपने अभ्यन्तर की खुली अभिव्यक्ति कविता की लड़की करती है। लड़की की खिलखिलाकर हँसी में उसके आत्मप्रहर्ष का और लहराकर जीने में अपनी स्व–इच्छा के खुले अभिव्यंजन का दर्शन हम कर सकते हैं। असम्भावनाओं को सम्भव बनाने वाली लड़की समकालीन स्त्री–जीवन की मनोकामनाओं को तृप्त करती है–

वह एक ऐसी लड़की थी/जिसने लड़की होने के सारे प्रतिमान तोड़ दिए
कहीं नहीं नवाज़ा गया उसे अच्छी लड़की/के विशेषण या ऐसे विशेषणों से उसने कहीं नहीं लगाया पैबन्द की तरह/अपनी ख़ुशियों के चादर पर
वह लहराकार जीती रही.../कैसी लड़की थी, वह जो रही जीती रही भरपूर

जीवन अपनी तरह, लड़के लड़की के विशेषण से मुक्त हो
उसने परवाह नहीं कि लोगों की
हाँ, लोग ही उसे नये साँचे में फिट करने में
परेशान रहे और हर मज़बूत साँचा/टूटता रहा उसकी खिलखिलाहट से।

आज की स्त्री क्या घर के भीतर सुरक्षित है? पितृसत्ता की मार से आतंकित स्त्री घर के भीतर चूर–चूर हो जाने का अनुभव करती है, वह समझ नहीं पा रही है कि न जाने कैसे और किस प्रकार उसकी ज़िन्दगी बिखर जाती है। घर में स्त्री की चेतना मुरझा जाती है या उसका आत्म विकास सम्भव नहीं होता है। पितृसत्ता के क़ानून–क़ायदों में अपने होने का अर्थ स्त्री भूल जाती है। अस्वतन्त्रता के कठघरे में आबद्ध स्त्री से स्वतन्त्रता के अनन्त विहायस में उड़ने के लिए आह्वान करती समकालीन कविता अन्धेरे के ख़िलाफ़, साज़िश के ख़िलाफ़ बवण्डर बन जाने की कामना करती है। निर्मला पुतुल की पंक्तियाँ इस प्रकार है–

उठो कि अपने अँधेरे के ख़िलाफ़ उठो
उठो अपने पीछे चल रही साज़िश के ख़िलाफ़
उठो कि तुम जहाँ हो वहीं से उठो/जैसे तूफ़ान से बवण्डर उठता है
उठती है जैसे राख में दबी चिनगारी।

स्त्री की ज़िन्दगी में बेहद विडम्बनाएँ कैसे उत्पन्न होती हैं, उसके ऐतिहासिक विकास पर विचार करते हुए एंगल्स ने कहा है कि 'जब तक पूँजी पर पुत्राधिकार बना रहेगा तब तक नारी मुक्ति, समानाधिकार, न्याय स्वतन्त्रता, सम्मान, पहचान या गरिमा का सपना साकार होने वाला नहीं है।' सम्पत्तिहीनता और सांस्कृतिक पराधीनता स्त्री के पैर के साँकल हैं। रंजना श्रीवास्तव इस को सरल भाषा में समझाती है। जैसे–*"मेरे हिस्से में/जैसे ठहरे हो तुम/तुम्हारे हिस्से में/नहीं हूँ मैं।"* गुलाम का–सा जीवन स्त्री की तक़दीर में है। इसलिए सब अनाचार और अत्याचार की आधार पीठिका स्त्री ही रह जाती है। घर–समाज के मान–सम्मान का आधार स्त्री का ही शरीर है। एक बार कवयित्री अनामिका से बातचीत के दौरान मैंने उनसे से एक सवाल उठाया था कि स्त्री मुक्ति किससे मुक्ति है? इस सवाल के जवाब में 'देह मुक्ति' के पूरे अर्थविन्याय को खोलते हुए उन्होंने कहा था है कि "देह मुक्ति' का अर्थ है–

देह से जुड़ी इस पूर्वगत धारणा से मुक्ति कि वह पैप्सी–कोला की एक बोतल है, प्यास जगाने, प्यास बुझाने और बेख़याली से एक तरफ़ सरका लिए जाने के लिए उसकी सृष्टि हुई है, स्त्री–देह एक खुला चारागाह और लदा हुआ गर्भ है बस, जिसका कोई दिल–दिमाग़ नहीं होता, हाड़–मांस की एक गुड़िया ही है औरत और कठपुतली बने रहने में ही उसकी 'सुरक्षा' है। इसी पूर्वग्रह के चलते स्त्री–देह आज तक दुनिया के सारे अपराधों की आधारभूमि, भावहीन, असुरक्षित सम्भोग, कन्या–भ्रूणहत्या, साफ–सुथरे सुरक्षित प्रसव की व्यवस्था का घोर अभाव, बलात्कार, ट्राफिकिंग, वस्तुकरण, डायन दहन, दहेज, मार–पीट, गाली–गलौज़ किसी भी अपराध का आधार स्तम्भ वही स्त्री शरीर बन गया है जिससे कि हम–आप जन्मे हैं, पोषित और सृजित हुए हैं।" इस बयान में स्त्री–जीवन की समस्त अधिकारहीनता का नक़्शा खुल जाता है। साथ ही यह सवाल यहाँ उठता है कि स्त्री–जीवन में इस प्रकार के अन्याय का विकास कैसे हुआ है? सत्ता का असमान वितरण ही स्त्री–जीवन की विभीषिकामय अधिकारहीनता, गरिमाहीनता के लिए ज़िम्मेदार ठहरता है। इसी अभावग्रस्तता की पृष्ठभूमि में पुरुषसत्ता अपनी कामनाओं के अनुरूप स्त्री के शरीर को गढ़ लेती है, तद्नुरूप विचारधारा का निर्माण करती है और अपनी स्वेच्छाचारिता को बढ़ाती है। अधिकार की छत्रछाया में कला, साहित्य और सत्ता की संस्थाएँ पितृसत्ता के वर्चस्व को संस्थानीकृत रूप देती हैं और इस प्रक्रिया से पितृसत्तात्मक विचारधारा को सामाजिक अनुमोदन प्राप्त होता है। सुन्दरता के मापदण्ड, स्वतन्त्रता की सीमा, नैतिकता के मानकों का निर्माण पुरुष ही नियत करता है। साहित्य में स्त्री की छवि की अभिव्यंजना इसका स्पष्ट प्रमाण है। स्त्री का चित्रण त्यागमयी ममतामयी माँ, पतिपरायणा, पतिव्रता, आज्ञाकारी सेविका आदि के रूप में पितृसत्ता करती है।

इस संसार में सम्पत्ति पर, अपने शरीर पर, अपनी भाषा पर, सत्ता पर स्त्री का कोई अधिकार नहीं है, सब में पितृसत्ता हावी है। आज के लोकतन्त्र में भी स्त्री के साथ न्याय नहीं होता है। वहाँ भी न्याय और सजा जाति, धर्म, पितृसत्तात्मकता के सदाचार और नैतिकता द्वारा तय किये जाते हैं। *"लड़कियाँ लटक रही पेड़ पर/पुलिस पूछ रही जात/पिटती रही माँ/और धर्म और शर्म/घुँघट लिए खड़े रहे चौराहे के सामने लगे/लोकतन्त्र*

के पेड़ के नीचे। (वर्तिका नन्दा) स्त्री के मान–सम्मान के प्रावधान संविधान में भरे पड़े हैं। लेकिन समाज की प्रभुत्वशाली पितृसत्तात्मक शक्तियों के आगे क़ानून दब जाता है। यह मानव की बर्बर मूर्खता का ही प्रमाण पेश करता है। इस बर्बरता से मुक्ति स्त्री मुक्ति की पहली शर्त है। स्त्री–जीवन में व्याप्त असुरक्षा का भाव देखिए–

शहर के एक भव्य समारोह में/अन्य लोगों की तरह हत्यारे भी
शामिल हुए थे/उनकी संख्या लोगों की तुलना में ज़्यादा थी
चेहरे से वे हत्यारे नहीं सभ्य/और सुसंस्कृत लग रहे थे....
एक लड़की सारे लोगों के सामने/ढेर हो गयी
उसकी देह से फूटने लगा/लहू का फव्वारा
कोई उसे बचाने नहीं आया/हत्यारे निडर होकर उसका
मरना देख रहे थे.../मुकदमा चला/गवाही के लिए कोई नहीं
आया सामने/जिसने गवाही दी वह दुर्घटना में
मारा गया/कुछ गवाह ऊँची क़ीमत पर बिक गये
उनका जीवन स्तर बदल गया।/बेरोज़गार नौकरी से नवाजे गये
जो तटस्थ थे उन्हें मुँह बन्द/करने की क़ीमत मिली
हत्यारे भारतीय दण्ड संहिता की/धाराओं के बीच छिप गये
भारतीय साक्ष्य अधिनियम ने उन्हें दी पनाह.../न्याय के लिए फ़रियाद करती
मृतक की माँ की आवाज़,/गुम हो गयी थी....
न्याय की देवी की आँखों पर बाँधी थी पट्टी/वे हत्यारे के चेहरे की
हँसी नहीं देख पा रही थी।

(स्वप्निल श्रीवास्तव)

पुरुष की यह सम्प्रभुता विश्वभर का प्रतिभास है। इसलिए ही स्त्री के आन्दोलन की एक अन्तरराष्ट्रीय प्रासंगिकता अवश्य है। जिस 'धर्म' की स्थापना पुरुषों ने की, उसमें स्त्री की अधीनस्थता की माँग की गयी है। उसमें धर्म के ठेकेदार, यहाँ तक की पुरोहित, विधायक, दार्शनिक, वैज्ञानिक सब स्त्री को अबला घोषित कर जीवन भर उसकी कमज़ोरियों को बताने ही तुले हुए बैठे हैं। स्त्री ऐतिहासिक दृष्टि से दमित वर्ग है, अतः दलित है। अतः अधिकार की असमानता के वर्गीय आधार का भंजन स्त्री मुक्ति

के लिए आवश्यक है। यह भी एक सचाई है कि आज की अर्थ संस्कृति में स्त्री शरीर का वाणिज्यीकरण हो रहा है। कवियों का कहना है कि आज का बाज़ार स्त्री के शरीर को कुतरता है। 'कुतरना' क्रिया मानव की ओर से की जाने वाली सामान्य क्रिया नहीं है, वह चूहा जैसा जानवर करता है। उस क्रिया के माध्यम से बाज़ारी व्यवस्था की पशुता को सूचित करना कवि का अभीष्ट रहा है। कविता में चित्रित आदमी इसलिए कुतरता है कि उसमें आदमियत नहीं है। जब धन का साम्राज्य या मुनाफ़ा का साम्राज्य खड़ा होता दिखायी देता है तो वहाँ सारे मूल्य व नैतिकता के बन्धन ढीले पड़ जाते हैं। इस क्रम में स्त्री के अन्दर भी राक्षस का मन्दिर बना जाता है। हमारे टीवी के चैनलों में एक ओर नारी को नंगा किया जाता है तो दूसरी और धर्मशास्त्र के प्रवचन कर्ता मानव के सदाचार का ढिंढोरा पीटता है। कथनी और करनी की एकतानता मिट गयी है। इस काल में मानव के भीतर की मानवीयता की नमी को बचाना गौरी शंकर की चोटी है। बाज़ार पुरुष और स्त्री दोनों के मन को रेगिस्तान बनाता है।

धीरे–धीरे कुतरता है/अपनी औरत को
जैसे वह उसके ही हाथ के नाख़ून हो...
आदमी आहिस्ता–आहिस्ता ख़त्म करता है
एक स्त्री के भीतर का स्त्रीत्व...
प्रायः हासिल हो जाती है औरत की देह
पर उसमें औरत नहीं
वैसे ही आदमी की देह मिल सकती है सहज/पर
उसमें आदमी नहीं/जब से/बाज़ारी की
भीड़ में/औरत और आदमी।

(पुष्पिता अवस्थी)

आज के पूँजीवाद के इस दौर में देहव्यापार मानव की गरिमा–महिमा पर भीषणाकार सवाल चिह्न लगाता है। 'आज स्त्री का देह व्यापार 97.06 सालाना व्यापार की दुनिया है, जो 6 बिलियन प्रतिवर्ष की दर से बढ़ रहा है। भारत में 10 मिलियन वेश्याएँ हैं और हर साल नेपाल से 7000 से ज़्यादा औरतें भारत की मण्डी में बेची जाती हैं।' (रंजीता नायक) यह एक सामाजिक यथार्थ है। पुरुष की शारीरिक भूख की तृप्ति करके स्त्री

मर मिटती है। ग़रीबी से आहत होकर मनुष्य जीवन में क्या–क्या अपराध नहीं कर बैठता है। इस रूप में स्त्री के शरीर का शोषण देहव्यापार के रूप में फैल रहा है। कवि त्रिभुवन का कहना है कि हमारी माँ और बहन भी स्त्रियाँ हैं, पर एक अन्तर यह है कि 'उनके पेट और पेट के नीचे थी, एक अलग आग की अलग सी लपट जिसमें झुलसता था उनका समूचा जीवन और जीवन के सब राग'–

देह व्यापारियों से लिप्त लड़कियाँ
बिलकुल आम लड़कियों की तरह ही थीं
न उनके चेहरे ख़ास थे/और न हावभाव
न उंनके शरीर के अंग खास थे
और न ख़ास था/उनकी वक्रता का ढंग...
बस इस एक फ़रक को छोड़कर
कि उनके पेट और पेट के नीचे थी
एक अलग आग की अलग सी लपट
जिसमें झुलसता था उनका
समूचा जीवन और जीवन के सब राग।

हरे प्रकाश उपाध्याय ने एक बार कहा था कि "रचनात्मकता ही वह चीज़ है जो मनुष्य को याद दिलाती है कि वह मनुष्य है। वह मनुष्य को मनुष्य से जोड़ती है। वह मनुष्य को झकझोरती है और उसे आईने के समक्ष खड़ा करती है। साहित्य में दुनिया का सबसे कमज़ोर, सबसे पीड़ित व्यक्ति महानायक बनकर उभरता है, वह पूरी दुनिया के छल–छद्म का भेद खोलकर रख देता है। निजी जीवन और सामाजिक यथार्थ के जिन सवालों–बहसों से हमारे समय की राजनीति, व्यवस्था, न्यायपालिका व मीडिया तक मुँह चुराते हैं, जिनसे बचने की कोशिश करते हैं या यथास्थितिवादी तरीक़े से उसे स्वीकार कर लेते हैं, साहित्य उनसे टकराता है, उनमें हस्तक्षेप करता है और उसमें ज़रूरी बदलाव के लिए आवाज़ उठाता है। साहित्य यथास्थिति के पर्दे को नोचकर हटा देता है, साहित्य समझौता करना नहीं सिखाता, वह जूझना सिखाता है। यह हारकर बैठ जाना नहीं सिखाता है, बल्कि बदलाव की प्रेरणाएँ पैदा करता है। यह नयेपन की कोशिशें पैदा करता है।" हरे प्रकाश उपाध्याय

ने ठीक ही कहा है कि समकालीन साहित्य वर्तमान जीवन परिस्थिति में सर्वांगीण बदलाव की माँग करता है और वंचितों के मान–सम्मान और अधिकारों के संघर्ष की हिमायत करता है। अलबत्ता, समकालीन कविता इस दुनिया के आधे हिस्से की ज़िन्दगी को हाशिए पर नहीं रख सकती जो दोहरे–तिहरे अभिशापों से वंचित है। जीवन में हिस्सेदारी व भागीदारी का अभाव आधी दुनिया यानी स्त्री–जीवन की पीड़ात्मक स्थिति के लिए शत प्रतिशत जिम्मेदार है।

पितृसत्ता स्त्री के जीवन को नियन्त्रित करने वाली एक सत्तात्मक वैचारिक व्यवस्था का रूप है जो स्त्री के अधिकारों का तिरस्कार करता है। पितृसत्ता स्त्री को महिमामण्डित रूप में प्रस्तुत करते हुए अपना चिकना रूप दर्शाती है तो दूसरी ओर दमन के उपकरणों (धर्म, जाति, भाषा, विचारधारा) का इस्तेमाल कर अपने भीषण रूप को दर्शाती है। इस पर सवाल उठाये जाने पर देखिए कि वहाँ किस प्रकार का बवाल खड़ा हो जाता है। कात्यायनी की कविता–'मत जाओ गार्गी प्रश्नों की सीमा के आगे' में पुरुषसत्ता/पितृसत्ता/परुषसत्ता की भीषणता की ओर संकेत करते हुए कहती हैं कि किसी भी प्रकार के सवाल को पितृसत्ता स्वीकार करती नहीं, कर सकती नहीं। वह जानती है कि सवालों के नैरन्तर्य से किसी सत्ता की आन्तरिक संरचना खुल जाती है, सत्ता के ठेकेदार सवालों के आगे निरुत्तर हो जाते हैं। पितृसत्ता के समर्थकों के मन में यह भी भय रहता है कि संरचना के मानव विरोधी तत्त्वों के बाहर आने से फिर सत्ता का स्थायी रूप गड़बड़ा जाता है, सत्ता की नींव हिलने लगती है। फिर सत्ता को बचाने की मशक्कत में उसके सामने एकमात्र रास्ता बचा रहता है, वह है भय के साम्राज्य का फैलाव। उक्त कविता ख़ुद इस सच को वाणीबद्ध करती है जो स्वतः पूर्ण है। धर्मसत्ता, पितृसत्ता, राजसत्ता की दहलीज़ों पर स्त्री का सवाल ममान्तिक प्रहार करता है। यह स्पष्ट है कि सवालों का यह सिलसिला स्त्री के फिर–फिर जाग्रत होने के भाव को भी ध्वनित करता है। कात्यायनी की कविता की पंक्तियाँ आगे प्रस्तुत हैं–

मत जाओ गार्गी प्रश्नों की सीमा के आगे
तुम्हारा सिर कट–कट लुढ़केगा ज़मीन पर
मत करो याज्ञवल्क्यों की अवमानना
मत उठाओ प्रश्न ब्रह्म सत्य पर

वह पुरुष है!/मत तोड़ो इन नियमों को।
पुत्री बन पिता का प्यार लो/अंकशायिनी बनो
फिर कोख में धारण करो/पुरुष का अंश
मत रचो नया लोकाचार/मत जाओ गार्गी प्रश्नों की सीमा के आगे!

समकालीन कविता का कहना है कि यदि कोई सत्ता धर्म का सम्बल लेकर पनपता है तो वह सवाल को किसी भी हालत में स्वीकार नहीं करती है क्योंकि जब कोई भी व्यवस्था धर्म का रूप धारण करती है तो उसके कर्णधार हमेशा अपने अनुयायियों से आत्मसमर्पण की माँग करते हैं। वहाँ केवल सत्ता के ठेकेदारों की हिदायतों का अनुसरण करना मात्र अन्य लोगों का काम रह जाता है। पितृसत्ता भी धर्म का आश्रय लेकर अपनी यन्त्रणा को आगे बढ़ाती है। एक प्रकार से धर्मसत्ता और पितृसत्ता के बीच चोली दामन का सम्बन्ध है। कात्यायनी की कविता–'आस्था का प्रश्न' इस तथ्य को साकार करती है। कविता के ही शब्दों में–तर्क नहीं होता/आस्था के प्रश्न पर/आस्था का न्याय से/कोई सम्बन्ध नहीं होता।/आँखें नहीं होतीं आस्था की। इसलिए सत्तात्मक नियन्त्रण को बरकरार रखने के लिए पितृसत्ता एक ख़ास चौखटे में स्त्री को फिट करने का काम करती है। हमारा साहित्य इसका प्रमाण है। 'हमारी कलाओं, मूर्ति शिल्प, फ़िल्म, नाटक आदि में अब तक जिस छवि को हम देखते आये हैं, वह एक ऐसी स्त्री है जो बिना उफ किये सब कुछ सहने वाली है। सिर ढके, काजल, बिन्दी लगाये, पायल की रुनझुन करती यह एक ऐसी स्त्री है जो घर की मालिकिन है, बिना किसी अधिकार के। उसके पास न कोई चल–अचल सम्पत्ति है, न कोई अधिकार।' इस प्रकार ख़ास ढाल में ढलने के बाद स्त्री खुद अपना स्वतन्त्र अस्तित्त्व भूल जाती है। उसकी स्थिति उस पक्षी की है, जिसे पिंजड़े से मुक्त किये जाने पर भी अनंत आसमान में उड़ान भरना भूल जाता है। सन्ध्या गुप्ता की कविता 'डोर से नकेल तक' कहती है कि स्त्री की स्वतन्त्रता उस पतंग की स्वन्त्रता है जो किसी की उँगली के इशारे पर आसमान पर विचरण करता है। वह पंछी की तरह अनन्त गगन में उड़ना–थिरना चाहती है। कवयित्री कहती है– *"पंछी अपनी हर उड़ान में आजाद है बिलकुल/लेकिन पतंग की डोर तो किसी और के हाथों है।"*

भय आज के समय का स्थायी भाव है। आज के समय में व्याप्त डर की भयावहता अणुबम की तरह, परमाणु बम की तरह, बाज़ार की तरह विस्तृत होता रहता है। भय के वातावरण में मानव के मन की भावनाएँ बर्फीली हो जाती हैं। भयाक्रान्ति मन में शून्यता का विस्तार हो जाता है। भय के वातावरण में मानव हिंसा का भी शिकार होता है। इससे व्यक्ति अन्दर और बाहर बुरी तरह टूट जाता है। प्रदीप जिलवाने की कविता की भाषा में भय का रूप यही होगा–

बीमार की तरह/प्रभुता की तरह/धर्म और आस्था की तरह
हर जगह हर काल में उपस्थित होता है डर
किसी न किसी रूप में/प्रतिरूप में/धरती पर/आकाश में
हवा में/पानी में/आग में/घर में/गली में/चौराहे पर/शहर में
गाँव में/निर्जन में/सुख में/दुःख में/मौजूद होता है डर
अणुबम की तरह/परमाणु बम की तरह/बाज़ार की तरह
बीमार की तरह/प्रभुता की तरह/धर्म और आस्था की तरह
बुष और ब्लेयर की तरह/भूमण्डलीकरण और ग्लोबल वार्मिंग की तरह।

स्वतन्त्रता और मानव की रचनाशीलता आपस में सुसम्बनधित है। भय एक मानसिक बन्ध है, अस्वतन्त्रता की स्थिति है। इसलिए भययुक्त वातावरण में मानव के मन में सपने के अँकुर नहीं फूटते हैं, अनिता वर्मा की एक कविता 'भय' शीर्षक से प्रकाशित हुई है। कवयित्री यह कहना चाहती है कि भय मानव को तन–मन से परास्त कराने का उपकरण है, वह हिंसात्मक श्रेणीबद्ध व्यवस्था का सशक्त हथियार है। भय उसी वक़्त भीषण रूप धारण करता है, जब वह किसी के अस्तित्त्व के ऊपर ख़तरे की तलवार की भाँति लटकने लगता है। इससे उसका जीवन नीरस बन जाता है। मानव के समस्त कार्य की सिद्धि आत्म परितोष के अर्जन में है, लेकिन भय इस सम्भावना को ख़ारिज़ करता है। यह सही है कि मानव की स्वतन्त्रता का खुला विचरण कल्पना के पंखों की मदद से मात्र सम्भव है। कल्पना निर्माणकारी होती है। भयचकित वातावरण में स्त्री–हृदय की कल्पना रूपी पंछी अपने पंख पसारता नहीं। कवयित्री कहती है–'चाँदनी रात स्त्री के लिए सुन्दर हो सकती थी, लेकिन उसमें एक काला पेड़ उगा रहता है और एक क्रूर हँसी स्त्री को दूर तक गूँजती सुनायी पड़ती है।'' कविता का भाव विन्यास देखिए–

वे शायद अपने आप से पूछती हैं/क्यों उनकी आत्मा साँस नहीं लेती
चिड़ियों की तरह पंख नहीं फैलाती/उनके समुद्र में क्यों सिर्फ़ नमक है।
चाँदनी रात उनके लिए भी सुन्दर हो सकती थी
लेकिन उसमें एक काला पेड़ उगा रहता है
और एक क्रूर हँसी उन्हें दूर तक गूंजती सुनायी पड़ती है।

(अनिता वर्मा)

स्त्रियों के शारीरिक, मानसिक, बौद्धिक श्रम को मूल्यहीन और अनुत्पादक बनाना और बताना पितृसत्ता जादू है। स्त्री गुलामी का शिकार होते हुए वह शिकारी की रणनीति को समझ नहीं पा रही है जिससे उसके जीवन में अँधेरा छा जाता है। किसी के द्वारा नियन्त्रित होने का मतलब यह है कि अपनी स्वायत्तता को, अपनी आत्मनिर्भरता को, अपनी सम्भावनाओं को गिरवी रखना है। इसमें कोई दो राय नहीं कि पितृसत्ता में एक विचारधारा का प्रसार जरूर रहता है और वह स्त्री के दिल दिमाग़ से परास्त करती है। स्त्री की लोकदृष्टि इसी विचारधारा के आधार पर बुनी जाती है। अपनी दृष्टि के अनुसार ही मानव अपने जीवन में व्यवहार करता है। मेरे कहने का आशय यह है कि स्त्री–जीवन की बागड़ोर पुरुष के हाथों में है। अपने जीवन को बनाने के अधिकार दूसरों के हाथ में सौंपकर वह अपने जीवन को कष्टसाध्य बनानी है। इसलिए आज की स्त्रियाँ अनामिका की भाषा में 'युद्धकातर हिंस विह्वल समय के नागरिक बन जाती हैं।' इन नागरिकों के जीवन में गुलामी, कुरीतियाँ, अधिकारों का अभाव, आत्मनिर्भर होने की आकांक्षा का अभाव है। इस अभाव में वह अन्दर ही अन्दर एक टूटन के साथ साक्षात्कार करती है। स्त्री के मन में न जाने कितनी प्रकार की ज्वालामुखियों का सिलसिला है, वहाँ कम्पनों की थर्राहटें हैं जो उसके भय की मुद्राओं को ही दर्शाती हैं। जीवन की कसावट में दिल की सारी भावनाएँ, आकांक्षाएँ राख हो जाती हैं। पेड़ों का गिरना, पहाड़ का धँस जाना आदि स्त्री–जीवन के वीरान हो जाने का काव्यात्मक अंकन है। अन्तस का टूटना, बिखरना वास्तव में स्त्रीत्व का, उसकी अस्मिता का ही बिखरना है। प्रीतम सिंह की कविता कहती है–

समुद्र की तरह/ऊपर से मैं शान्त दिखता हूँ
परन्त मेरे भीतर/अनेक ज्वालाओं का सिलसिला है

सैकड़ों कम्पनों की थरथराहटें हैं/भीतर जैसे कुछ मर रहा है
भीतर जैसे कुछ टूट रहा है/कभी वृक्षों के गिरने का
कभी पहाड़ों के धँसने का शोर है/सभी कुछ जैसे टूट रहा है
यह मेरी अभय मुद्रा नहीं/भय मुद्रा है।

समकालीन कविता स्त्री की पितृसत्ता के लौह पाश से मुक्त होने की अदम्य आकांक्षा को वाणी देती है। 'एक भूतपूर्व नगरबधू की दुर्गपति से प्रार्थना' कात्यायनी की ख्याति प्राप्त कविता है जिसमें पितृसत्ता के बन्धन में फँसी स्त्री–जीवन का काव्यात्मक अंकन हुआ है। यहाँ 'दुर्ग' स्त्री–जीवन में परिव्याप्त अस्वतन्त्रता को ही चिह्नित करती है। कविता में प्रतिपादित 'दुर्गपति' पितृसत्ता का प्रतिविधान है। 'दुर्गपति' शब्द भी पितृसत्ता की खुरदरी प्रवृत्ति को ध्वनित करता है और किला उसकी सत्तात्मकता के कठोरता और दमन के भाव को प्रसारित करता है। अपनी समस्त अस्मिता से वंचित स्त्री अन्ततोगत्वा अपनी जैविक अस्मिता को प्राप्त करने की कोशिश करती है, पर असफल हो जाती है, अपने जीवन को विध्वंसित करने वाली पितृसत्ता के विकराल रूप को स्त्री पहचानती है। 'सिर्फ एक बार दुर्ग के द्वार खोल दो, दुर्गपति' से शुरू होने वाली कविता बताती है कि स्त्री की ज़िन्दगी में बन्धन ही बन्धन है, मुक्ति का दरवाज़ा स्त्री–जीवन के समक्ष खुलता ही नहीं है। कविता में परिव्याप्त विनती का स्वर अलोकतन्त्रात्मक पितृसत्ता के स्वरूप को ही नंगा करता है। यह विनती का स्वर स्त्री की अशक्ति का ही स्वर है। नगरवधू की गिड़गिड़ाहट दुर्ग की चारों दीवारों पर टक्कर खाकर अनुगूँजित हो उठती है जो श्रेणीबद्ध व्यवस्था के दमनात्मक स्वरूप को व्यंजित करती है। वधू के द्वारा दुर्ग के द्वार की खोज स्त्री–जीवन की स्वतन्त्रता का काव्यात्मक अन्वेषण है। हज़ारों वर्षों से पीड़ित नारी दुख भरी आवाज़ में प्रार्थना करती है कि 'मैं परकोटों और बुर्जों वाले' इस महानगर से बाहर जाना चाहती हूँ क्योंकि अतिशय शोषण का शिकार बनकर उसका यौवन ढल चुका है, अब नाचीज़ बन गयी है। इस पतित अवस्था में वह अपनी इच्छानुसार अपने लिए पलभर की ज़िन्दगी जीकर मरना चाहती है, आत्मतृप्त हो जाना चाहती है, जीवन के 'अर्थ' को पाना चाहती है। कविता के शब्द हैं– '*मुझे जाने दो/मैं अपनी पहचान तक जाना चाहती हूँ/अपनी आत्मा तक/अपनी आत्मा तक/जाना चाहती हूँ मैं।*' यह आत्मा तक जाना अपने बुनियादी अस्तित्त्व तक जाना है।

वह कहती है कि अपने स्तनों को विकल शिशु के अधरों तक एक बार ले जाना चाहती हूँ। वह एक बार अपने दिल से गुनगुनाना चाहती हूँ, थिरकना चाहती हूँ। यहाँ 'थिरकना' शब्द अपार स्वतन्त्रता की भावपरक तीव्र अभिव्यक्ति को दर्शाता है। क्या बताऊँ, प्रस्तुत कविता की स्त्री वास्तव में दुख से आपूरित स्त्री के ऐतिहासिक जीवन का काव्यात्मक इतिहास प्रस्तुत करती है।

अनामिका की 'फर्नीचर' कविता में पितृसत्ता द्वारा उपेक्षित स्त्री के दर्द को साकार करती है। जीवन भर बेरहमी व्यवहार से ऊबकर रात बीतने पर आँसू बहाती हुई स्त्री बिस्तर पर सो जाती है। बर्फाते पाँवों पर आइडिन मलती हुई फर्नीचर को सम्बोधित करती हुई अनामिका का दुख कहता है–'किसी जन्म में मेरे प्रेमी रहे होंगे फर्नीचर/कठुआ गये होंगे किसी शाप से यह/मैं झाड़ने के बहाने जो छूती हूँ, इनको आँसुओं से या पसीने से लथपथ।' ये गरम आँसू ज़िन्दगी के दग्ध हृदय की विभूति हैं तो पसीना जीवन भर के दोहन, शारीरिक श्रम की ओर संकेत करता है। कविता में सन्निहित दोनों शब्द स्त्री–जीवन के परिचित दो चेहरों को सामने लाते हैं। लेकिन उस पसीने की क़ीमत क्या है, उसके आँसुओं का समाधान क्या है? यहाँ तक कि उसका सम्मान, उसकी सेवा का अंगीकार सभ्य समाज नहीं करता है। 'स्त्रियाँ' कविता में कवयित्री कहती है कि पितृसत्ता उपेक्षा की मानसिकता से प्रेरित होकर बच्चों की फटी हुई कॉपियों को जिस प्रकार बाहर फेंका जाता है या उसको बाहर करके जिस प्रकार घर साफ़ किया जाता है, स्त्री के साथ भी उसी प्रकार का बर्ताव किया जाता है। उसकी कोई क़ीमत नहीं होती है। कभी–कभी उसकी ज़िन्दगी की हालत सन्तरे के छिलके की हालत हो जाती है। 'बेजगह' में कवयित्री कहती है कि *'ओ पगली/लड़कियाँ हवा, धूप, मिट्टी होती है/उनका कोई घर नहीं होता।'* आज की स्त्री घर–परिवार, बाल–बच्चे, खेती–बाड़ी सब कुछ सम्भालती है, लेकिन टिकिया भर प्यार उसका हाथ नहीं लगता। उल्फत की कमी को अनामिका इस प्रकार बताती हैं कि *'बहुत दूर के रिश्तेदारों के दुख की तरह भोग गया हम को।'* इसलिए स्त्री को खुद घोषणा करनी पड़ती है कि हम भी इन्सान हैं। कविता हमें याद दिलाती हैं– *मैं/जो स्वयं मूर्त हूँ–मूरत नहीं/तुम्हारे मन के पैमाने में–/नशे का उफान बनने को/तैयार नहीं/तुम्हारे बदलते तेवरों के साथ/बदलने को तैयार नहीं!*

ये लड़कियाँ प्रभुता से नियन्त्रित व दासता से अभिशप्त बर्बर अमानवीय ताक़तों से अनुशासित दुनिया को तोड़ना चाहती हैं। सही है स्त्री जन्म के प्रति, स्त्री के प्रति घृणा या स्पृहा का जो भाव हमारी संस्कृति के कण–कण में है, यह स्पृहा मानव के भीतर सन्निहित दानवता की निशानी है, इस दानवीयता या जंगलीपन से मुक्ति मानवीयता का लक्षण है। बर्बरता अविवेक की सन्तान है, जो चारों तरफ़ कालिख बिखेरती है। बर्बर लोग अपनी ताक़त से स्त्री–जीवन के सितारों की रोशनी बुझाते हैं, उसके जीवनाकाश के चाँद को अपनी कुटिलता से दफ़नाते हैं। स्त्री के शरीर का नियन्त्रण, चलन की स्वतन्त्रता सब पुरुष तय करता है अर्थात् स्त्री को जन्मजात रूप से स्वायत्त अधिकारों की सीमा पुरुष तय करता है। ज्योति चावला की ये पंक्तियाँ हमें सोचने के लिए मज़बूर करती हैं कि रात की ज़िन्दगी से स्त्री वंचित क्यों है? ज्योति चावला की कविता 'भय का एक कोना' इस आशय को पाठकों के सम्मुख पेश करती है और कहती है कि घर की दीवारें स्त्री की अस्वतन्त्रता का ही पर्याय बन जाती हैं। कारण स्पष्ट है कि पुरुष रूपी आखेटक अपनी गिद्ध दृष्टि लेकर रात के पर्दे के पीछे कहीं खड़ा है। इसलिए घर की चारदीवारों के भीतर मात्र लड़की अपने को सुरक्षित पाती है। यदि कोई पितृसत्ता की लक्ष्मण रेखा को पार करने का साहस दिखायेगा तो न जाने क्या–क्या हथकण्डे अपनाये जायेंगे। भय, अफ़वाह, गाली, शारीरिक दमन आदि पितृसत्ता के तूणीर के अस्त्र–शस्त्र हैं।

आज की नारी आत्म सम्मान के साथ, अपने अधिकारों से युक्त जीना चाहती है, लेकिन शरीर के बोझ से, अपमान के भार से, धर्म के आतंक से, अशिक्षा के आघात से चमत्कार की तरह नारी जीवित नहीं रह पाती है। मंजरी श्रीवास्तव कहती हैं कि 'आज भी घास की भाँति उसको कोई भी तोड़–मरोड़ कुचल फेंक सकता है, पर वह पूरे सन्दर्भ के साथ छा जाती है।' विज्ञान प्रौद्योगिकी के वर्तमान समाज में भी स्त्री पुरुष का उपनिवेश है। नलिनी पुरोहित आज की विभीषिका को भूतकाल के साथ तुलना करते हुए इस प्रकार कहती हैं कि *'सीता आज भी है, द्रौपदी आज भी है/फर्क यह है/सीता आज वन में भेजी नहीं जाती/घर में जला दी जाती है/द्रौपदी पाण्डवों के बीच में नहीं है/दहेज की लपटों में बाँट दी जाती है।'* इसलिए आज की आकांक्षा यादव माँग करती है– *'हमें चाहिए अपने हिस्से*

का सुख/हमें चाहिए अपने हिस्से का जीवन।' इसलिए निर्मला पुतुल जीवन की प्रवंचना से आक्रोशित होकर कहती है कि 'गहराती चुप्पी के अँधेरे में सुलग रही है अँधेरे में आक्रोश की आग। उसकी रोशनी में पढ़ रही है स्त्री के विरुद्ध कार्यरत तत्त्वों के ख़िलाफ़ अकेले लड़ने के ख़तरे के लेख।' सर्वांगीण शोषण से मानव की अन्दरूनी रचनात्मक ऊर्जा लुप्त हो जाती है, ज्ञानात्मक प्रकाश बुझ जाता है। इससे स्त्री का इतिहास बोध धुँधला हो जाता है। इतिहास के इस तीक्ष्ण क्षण में 'इस पौरुषपूर्ण समय में' कात्यायनी कहती हैं–*"संकल्प चाहिए/अद्भुत अन्तहीन/इस सान्द्र क्रूरता भरे अँधेरे में/जीना ही क्या कम है एक स्त्री के लिए/जो वह/रचने लगी/कविता!"* कविता यहाँ अन्तहीन संकल्पना की बात करती है। इसका तात्पर्य स्त्री शक्ति का दिगन्तव्यापी प्रसार है, यह तभी सम्भव होगा जब स्त्री अपनी सम्पूर्ण स्वतन्त्रता को आत्मसात करेगी। यह तभी सम्भव होगा जब उसे समस्त अधिकार मिलें। पितृसत्ता के व्यापक विस्तार के काल में या पौरुषपूर्ण समय में स्त्री की स्वतन्त्र रचनाशीलता ही उसको मुक्ति की राह दिखायेगी। जब स्त्री की सर्जनशीलता का विस्तार होगा पितृसत्ता के सारे बन्ध तितर–बितर हो जायेंगे, आज का पौरुषपूर्ण जीवन परिवेश सौहार्दपूर्ण जीवन परिवेश के रूप में परिवर्तित हो आयेगा। पितृसत्ता के साथ संघर्षरत मुद्रा में खड़ी स्त्री क्या कहती है? वर्तिका नन्दा इसका उत्तर देती हैं। उनकी एक कविता संग्रह का शीर्षक है–'थी, हूँ, रहूँगी।' शीर्षक ख़ुद एक 'सार्वजनीन महिला घोषणा' का रूप धारण करता है और शीर्षक स्वयं बताता है कि स्त्री–जीवन को दुख के विराट मरुस्थल बनाने वाले पुरुष को स्त्री का सबसे बड़ा सर्वोत्तम जवाब इससे बढ़कर दूसरा नहीं हो सकता कि मारे या मिटाये जाने या अधिकारों से वंचित करने की तमाम कोशिशों के बावजूद स्त्री मुस्कराकर बार–बार यही कहेगी, यही रटेगी–'थी, हूँ, रहूँगी।' कवयित्री 'मैं' शीर्षक कविता में कहती है–

मैं अपनी कविता ख़ुद हूँ/यह कविता तो पीर से निकली है
कबीर तक जायेगी/कागज पर उतरे, न उतरे
यह मेरा मरहम है/मेरे रिसते घावों की गलियों से गुज़रते हुए
कम से कम/मेरे अन्दर तो जम हो जायेगी।

पितृसत्ता हमेशा स्त्री और पुरुष की लैंगिक विभिन्नता को बढ़ा–चढ़ाकर प्रस्तुत करती है। यह विभिन्नता एक विशेष प्रकार की सामाजिक–सांस्कृतिक

स्थिति के साथ सत्तात्मक सम्बन्ध भी पैदा करती है। लैंगिकता की अवधारणा नारियों के बीच में विभिन्न श्रेणियों का निर्धारण करती है, शुद्धता–अशुद्धता, उच्चता–नीचता, उत्कृष्टता–अपकृष्टता जैसी परिकल्पनाएँ विकसित करती है। उन नैतिक परिकल्पनाओं के बल पर वेश्या, कुटुम्बिनी, माता, नौकरानी, दासी, कुलटा आदि कोटियों में स्त्री का वर्गीकरण करता है। इस विभाजन से स्त्री का वर्गीय आधार शिथिल होता है। इतना ही नहीं जीवन और साहित्य के विभिन्न क्षेत्रों में स्त्री शरीर के प्रतिविधान, उसके शरीर की सामाजिक प्रकार्यात्मकता को भी पितृसत्ता की लैंगिक अवधारणा एक ख़ास चौखटे में फिट करके प्रस्तुत करती है। इस मिट्टी पर पितृसत्ता अपना साम्राज्य बनाता है। 'लिंग अध्ययन' यह बताता है कि स्त्री पुरुष दोनों के भेद की परिकल्पना के मूल में भाषा की दुधारी व्यवस्था ही काम कर रही है। इस व्यवस्था की सबसे बड़ी ख़ासियत यह है कि इसमें किसी एक संकल्पना का वर्चस्व रहता है। स्त्री पुरुष द्वन्द्व में पुरुष को प्रधानता इतिहास में मिली, इसी के आधार पर पुरुष में शक्ति, शूरता, साहस, शुद्धता आदि का आरोप किया जाता है जब कि स्त्री में अबलता, कायरता, अशुद्धता आदि गुणों का आरोप किया जाता है। सांस्कृतिक दृष्टि से आरोपित गुणवत्ता के आधार पर जीवन के विविध स्तरों पर पृथकता की भावना का विस्तार होता है। जब इस प्रकार की भावनाएँ आचरण से रूढ़मूल हो जाती हैं, तब लैंगिकता का बोध हमारे जीवन को नियन्त्रित करने लगता है।

नीलेश रघुवंशी की 'सत्रह साल की लड़की' नामक कविता पितृसत्ता द्वारा बनायी गयी लैंगिक अवधारणा में आबद्ध लड़की को पेश करती है। संविधान के अनुसार लड़कियों के लिए शादी की उम्र 18 साल के बाद निश्चित की गयी है। आज का पितृसत्तात्मक समाज इसलिए चाहता है कि 17 साल के बाद लड़की की शादी हो जाये और परिवार बसाये। कविता में चित्रित लड़की 18 साल की प्रतीक्षा करती है। उसने ज़िन्दगी के क्षितिज को देखा तक नहीं, असल वह देखना चाहती भी नहीं। वह अपने जीवन के एकमात्र लक्ष्य या मूल्य के रूप में परिवार को स्वीकार करती है। उसके सपनों में पति, बाल–बच्चे, सास–ससुर हैं। उसके जीवन में सम्भावनाओं के चन्द्र, तारे, सूरज नहीं हैं। जीवन की विस्तारता से, जीवन की अर्थवत्ता से तथा व्यक्ति की आन्तरिक समृद्धि से अपरिचित यह लड़की घर के भीतर की भूमिका को स्वीकार करती है। इससे उस लड़की

का सामाजिक विस्तार सम्भव नहीं होता है। इस प्रकार की लड़कियाँ पितृसत्ता की 'नन्ही–मुन्नी–प्यारी लड़कियाँ' या 'प्रोडक्ट' हैं। यदि आँखें उठाकर एक बार वह ऊपर देखती तो उसे आसमान का पता लग ही जाता, जीवन की अनन्त सम्भावनाओं का तथा उसकी व्यापकता का पता ज़रूर होता, पर उसकी नज़रें नीचे की ओर झुकी हुई हैं। कविता कहती है कि शादी के बाद उसके चाल–चलन में नृत्य की थिरकन नहीं रहेगी, वह कभी चिड़ियों की तरह उड़ना नहीं चाहेगी और न छूना चाहेगी अनन्त नभ। पितृसत्ता कैसे स्त्री मन पर मनगढ़न्त मिथकों के माध्यम से स्त्री के मन और शरीर पर पूर्ण रूप से हावी हो जाती है या कैसे वह लड़कियों की आत्मनिर्भरता को हड़प लेती है; कविता इस स्त्रीकरण की प्रविधि पर बहुत सी बातें बोलती है तथा बहुतो के बारे में विचार करने के लिए विवश भी करती है। इस समय प्रभा खेतान द्वारा अरविन्द जैन को लिखे गये एक पत्र का उल्लेख करना चाहूँगा, उसमें वे साफ़ बताती हैं कि 'स्त्री–संघर्ष में झूठ की संरचना को तोड़ना इतना आसान भी नहीं। विखण्डन प्रक्रिया के ज़रिये इस मिथक को हम इतनी जल्दी अनावृत्त नहीं कर पायेंगी। स्त्री विरोधी वाक्यों और विशेषणों से हमारे शास्त्र भरे पड़े हैं। इन जुल्मों को सुनना और झेलना औरत की नियति रही है। सामाजिक, आर्थिक, राजनीतिक संस्थाओं के माध्यम से पुरुष वर्ग की सुदृढ़ता–ठस्सेपन पर भला किसे शक होगा! कारण पितृसत्ता की इस वैचारिक व्यवस्था का इतिहास बड़ा प्राचीन है, जो अपने प्रामाणिकता और मूल्यों का आधिपत्य बनाये रखने की कोशिश में, सामूहिक जनमानस का नियन्त्रण करता रहा है।'

आज की बाज़ारी व्यवस्था में स्त्री के शरीर को विपणन की वस्तु के रूप में प्रस्तुत किया जाता है। सौन्दर्य के पैमाने के रूप में स्त्री के शरीर को प्रस्तुत कर सौन्दर्य की सामग्री की बिक्री सुनिश्चित की जाती है। लैंगिकता की अवधारणा अपने शरीर को लेकर स्त्री के भीतर एक अवबोध पल्लवित करती है। इससे स्त्री ख़ुद समझती है कि वह पुरुष के मनोरंजन का साधन है, इसलिए उसके शरीर को सजाया जाता है। लैंगिक आतंक, अश्लील साहित्य, मातृत्व की अवधारणा आदि स्त्री की इकतरफ़ा परिभाषा पेश कर उसे पितृसत्ता समाज मानस में सुदृढ़ करती है। ये परिभाषाएँ स्त्री की मानसिक–बौद्धिक–सामाजिक–सांस्कृतिक अस्तित्त्व को मिटाकर शारीरिक अस्तित्त्व को बार–बार स्थापित करती हैं।

इससे स्त्री की आत्मसत्ता कुण्ठित हो जाती है। इस अवसर पर हमें स्त्री की वर्तमान स्थिति को समझने के लिए 'स्त्रीकरण' की प्रक्रिया की राजनीति को समझना ज़रूरी है। मायना यह है कि उत्पाद से बढ़कर उत्पादन प्रणाली पर हमें ज़्यादा ज़ोर देना है। अर्थात् हमें स्त्री के सामाजिक–सांस्कृतिक अस्मिता के संरचनात्मक स्तर को समझना होगा। इसके लिए स्त्री को अपने लिए एक अलग भाषा का सृजन करना होगा, क्योंकि आजकल गाली, चुटकला, लोकोक्ति, मुहावरा, काव्यशास्त्र, क़ानून, क़ायदे आदि की भाषा पुरुष प्रधान है, आदेशात्मक है, पितृसत्ता की वैचारिकता से लदी हुई है जो स्त्रीकरण के उपकरण हैं। अनामिका की कविता स्त्रीकरण की प्रक्रिया को भली–भाँति पहचानती है और साथ ही पुरुष भाषा की उद्दण्डता को भी। पौराणिक मिथकों की सहायता से वर्तमान में कैसे स्त्री बनायी जाती है, उसका नमूना भी कविता पेश करती है। स्त्री–पुरुष या लड़का–लड़की की अवधारणा के स्थिरीकरण की भाषा की ऊबड़ता और सत्ता के वर्चस्व के रंग को कविता बाहर निकालती है। जीवन के प्रारम्भिक पाठ स्त्री और पुरुष के मन में पत्थर के अक्षर बन जाते हैं। खाना पकाना, सफ़ाई का काम जीवन के विविध कार्य हैं, लेकिन उसे लिंगाधार प्रदान करना जीवन के लोकतन्त्रात्मक आधार को शिथिल करता है। इस लैंगिक राजनीति का प्रभाव खतरनाक होता है, इसलिए आज भी समाज व्यवस्था के पिरामिड में स्त्री सबसे नीचले पायदान पर खड़ी होती है। अनामिका कहती हैं–

जगह? जगह क्या होती है/यह कैसे, जान लिया था हमने
अपनी पहली कक्षा में ही/याद था हमें एक–एक अक्षर
आरम्भिक पाठों का–
राम, पाठशाला जा!/राधा, खाना पका!
राम आ बताशा खा/राधा झाड़ू लगा
भैया अब सोयेगा/जाकर बिस्तर बिछा।

समकालीन कविता पितृसत्ता की भाषा के मिथकीय संसार को तोड़कर या विखण्डित कर नूतन भाषिक संरचना को हमारे सामने पेश करती है। तू पढ़ महाभारत/न बन कुन्ती, न द्रौपदी/पढ़ रामायण/न बन सीता, कैकेयी/पढ़ मनुस्मृति/उलट महाभारत, पलट रामायण। ये पंक्तियाँ एक नवीन जीवन अभिवृत्ति को हमारे सामने रखती हैं। कवयित्री इस बात पर

ज़ोर देती है कि स्त्रीकरण की प्रक्रिया की भीषणता को, हमारे सांस्कृतिक जीवन में व्याप्त बिम्बों, प्रतीकों तथा उनसे प्रसारित विचारधारा को समझने के लिए 'पढ़ना' अनिवार्य है और असल में यह पढ़ाई जीवन की पढ़ाई है, विवेक का जागरण है। इससे स्त्री–जीवन को संरचित करने वाली ताक़तों की पोल–पट्टी खुल जाती है। कविता यहाँ खोलने की साधना में लगी हुई है और दिखाती भी है कि सही समझ कैसे जीवन को नये सिरे से बनाती है। जाग्रत विवेक का धनी इतिहास की ग़लतियों को दुहराता नहीं, पितृसत्ता के शिकंजे से मुक्त होकर इन्दु भारती की 'कुन्ति' आज मंच पर आकर कह सकेगी, *"हाँ, कर्ण पुत्र है मेरा।/और, मैं हूँ उसकी माँ।"* यह नवीन जीवनावबोध से आप्लावित स्त्री की अधिकार चेतना की खुली अभिव्यक्ति है और यह जाग्रत स्त्रीत्व का दस्तावेज़ है। आज की स्त्री इस विवेक से अपने शरीर तक विश्लेषण करती है और समझ पाती है कि दहेज के रूप में प्राप्त गहने कैसे बेड़ियाँ बन जाते हैं, वह किसकी साज़िश है। दहेज अर्थसत्ता पर पुरुष के अधिकार स्थापित करने की रस्म है। हरदम स्त्री के दिल को अहसास होता है कि उसकी रीढ़ झुकती जा रही है, गर्दन झुकती जा रही है। यहाँ झुकना स्त्री का असम्मानित होना है, व्यक्तित्त्व का टूट जाना है। दुबे की भाषा में– *"किसी साजिश की तरह/बाँधी गयी गहनों की बेड़ियाँ भी/जिनसे झुकने लगी थी/मेरी गर्दन और रीढ़।"*

भाषा अपने आप में एक व्यवस्था है और अपनी व्यवस्था के समानान्तर एक वैचारिक व्यवस्था को भाषा समाज के सामने लाती है। इसलिए भाषा में परिवर्तन करने से नवीन व्यवस्था की स्थापना स्वाभाविक रूप से सम्भव होगी। यह स्थापना नूतन विचारधारा को सम्प्रेषित करेगी, नवीन जीवन्तता का प्रसार करेगी। इसके लिए वर्तमान पाठ के नायकत्व पर सवालिया नज़रिया अपनाना होगा। पितृसत्ता द्वारा स्थापित पैमानों की वाहवाही करने से या उसके नक़ल करने से स्त्री की ज़िन्दगी जैसी की तैसी रहेगी। इसलिए स्त्री को नया काव्यशास्त्र तैयार करना ही होगा। इसके लिए वर्तमान साहित्य के भीतर सन्निहित तर्कहीनता (इल–लॉजिक) को बाहर निकालना होगा जिससे नवीन जगत का निर्माण होगा, नये मिथकों का निर्माण होगा, समलैंगिकता, उभय लैंगिकता आदि का हवाई क़िला इस निर्माण से ढह आयेगा। कारण यह है कि वर्तमान उभय लिंग व्यवस्था में सिर्फ़ पुरुष का उदात्तीकरण होता है,

स्त्री यहाँ निर्विकार खड़ी होती है। हमारी संस्कृति में विन्यसित भाषा की द्वन्द्वात्मकता 'मैं' से 'इतर' (आई एंड अदर) के अस्तित्त्व को स्थापित करती है। इस व्यवस्था के भीतर सन्निहित एक इकाई की प्रभुता दूसरे के शोषण का कारण बन जाता है। स्त्री–पुरुष द्वन्द्व में भी पुरुष अपने से इतर (स्त्री) का शोषण करता है। व्यापक स्तर पर वर्तमान पर्यावरण दोहन का भी वैचारिक आधार भाषा का द्वन्द्व है। इस लिंगाधारित शोषण के अन्त के लिए भाषा के प्रतीकों, बिम्बावलियों का पुनः निर्माण करना होगा, जीवन में व्यापक संवाद का रंगमंच सजाना होगा जिससे जीवन का नया संविधान तैयार होगा, नया नीतिशास्त्र तैयार होगा। सौन्दर्यशास्त्र में कला सम्बन्धी दर्शनों का बौद्धिक विवेचना की जाती है। विश्व भर की सुन्दर वस्तुओं का वस्तुपरक विवेचना इसका लक्ष्य है। सौन्दर्य की अवधारणा, सहृदयी संवेदना, भावना, कल्पना का क्षेत्र है। इनका बौद्धिक विवेचन का काम सौन्दर्यशास्त्र का विषय है। इस विवेचना से मानव के सौन्दर्यात्मक अनुभवों की **गहराई** का पता चलता है। इससे व्यक्ति के मन में उदित होने वाले सौन्दर्यात्मक अवबोध का, वैयक्तिक अनुभवों की वस्तुनिष्ठता की सूक्ष्मता का नया पाठ उभरकर आता है। इस प्रक्रिया से गुज़रकर प्राप्त सिद्धान्तों के आलोक में लोकहृदय की अधिकाधिक जानकारी हमें हस्तगत होती है। परिष्कृत संवेदना की ओर अग्रसर होने के लिए आधुनिक सहृदय को सौन्दर्यशास्त्र उन्मुख करता है। पुरुषोत्तम सत्यप्रेमी की राय में–"दलित (स्त्री भी दलित है) साहित्य का सौन्दर्यबोध यही है कि वह जीवन के संवेदनात्मक सत्य का विचार से साक्षात्कार कराता है और यही सौन्दर्य चेतना सदियों से सन्तप्त, उपेक्षित एवं प्रताड़ित जनसमाज की अस्मिता, अस्तित्त्व और आत्मसम्मान के निमित्त सामाजिक शून्यता, ख़ामोशी को तोड़ती हैं।" इसके लिए स्त्री की 'लेखनी' उठानी पड़ेगी। हेलन सेक्सस अपनी रचना 'द लॉफ़ ऑफ़ मेडूसा' में बताती हैं कि स्त्री को सबसे पहले अपने शरीर की स्थापना अपनी भाषा में करनी होगी। उनकी राय में बिना शरीरवाला स्त्री मूक है, अँधी है, वह कभी योद्धा नहीं बन सकती। जब तक पुरुष केन्द्रित सदाचार संहिता के शिकंजे से बाहर आकर अपने अन्दर की तुष्टि के लिए काम नहीं करेगी, अन्दर से परिवर्तन नहीं होगा, परिवर्तन की आवश्यकता उसको महसूस तक नहीं होगी। स्त्री का वर्तमान सौन्दर्य बोध स्त्री के लिए कारागार है। इस कारागार में स्त्री की सर्जनात्मकता जाती है, वह सभी मायनों में शक्तिहीना बन जाती है। इस 'जगत' में स्त्री को 'गति' प्राप्त होगी। जूलियाना क्रिस्टोवा, हेलन सिक्सोस आदि ने स्त्रैण भाषा के स्वरूप को सैद्धान्तिक मान्यता प्रदान की।

आज की समकालीन कवि अपनी अलग 'भाषा' की प्रधानता को पहचानता है और स्वतन्त्र स्त्री भाषा के सृजन की कोशिश में लगी हुई है। यह कोशिश वर्तमान भाषा के दायरों की सीमा की पहचान से शुरू होती है। कवयित्री वाज़दा खान ब्रह्माण्ड तक शब्दों के लिए परिक्रमा करने के लिए सन्नद्ध हैं। इसका मतलब यह है कि आज की स्त्री लेखनी नयी स्त्री भाषा का अनुसन्धान कर रही है–

मैं इन्तजार कर सकती हूँ/सदियों तक अपने शब्दों का अर्थ पाने के लिए
मैं भूखी रह सकती हूँ/अपने सपनों के कथा सूत्र में पिरोने के लिए
मैं परिक्रमा कर सकती हूँ/ब्रह्माण्ड के दूसरे छोर तक
सच्चे निष्कलुष, असीम/आकर्षण से पगे रंगों का संसार पाने के लिए।

भाषा संस्कृति की वाहिका है, लेकिन जिस संस्कृति का वहन भाषा करती है, वह मर्दाना है। उस भाषा के माध्यम से स्त्री की 'संस्कृति' का विकास नहीं होगा। कविता कहती है कि इस जीवन में इसलिए स्त्री को अपने 'होने' का अनुभव नहीं हो रहा है। उसके ऊपर पितृसत्ता का भार भरा पड़ा है। इसलिए संस्कृति की बुनियाद को नये सिरे से बदलना होगा। पुरानी नींव पर भवन खड़े किये जाने पर उस भवन का रूप वही होगा जो पुराने का हो। इस पुराने ढाँचे में स्त्री को अपने अस्तित्त्व का अनुभव नहीं हो रहा है, वह अपनी आत्मा की गहराइयों को नहीं समझ पा रही है। कवयित्री सरोजा की पंक्तियाँ इस दुख–दर्द को वाणी देती हैं– *"अब मैं/हँसती नहीं खिलखिलाकर/उड़ती नहीं हूँ हवाओं के संग.../नहीं झाँकती हूँ किसी की ओर/नहीं करती हूँ बक–बक/चुप हो गयी हूँ/जब से यह अहसास पनपा कि/मैं औरत हूँ।"* यहाँ स्त्री बनायी जाती है। आज की कवयित्री इस 'होने' और 'बनने' के फ़र्क़ को भली–भाँति समझती है। सविता भार्गव का कथन है– *"मेरा होना/एक स्त्री होना है/लेकिन मेरा स्त्री होना क़ाफ़ी नहीं रहा है/पत्थर के नीचे दबी हुई घास की तरह/क़ाफ़ी नहीं रहा मेरा स्त्री होना/अपनी जड़ों तक सिमटकर/मिट्टी पानी और हवा से अलग भी/मैं मुस्कराती रहती हूँ/अपने आकाश में।"* प्रस्तुत कविता में स्त्री की मुस्कराहट जीवन की स्वीकृति है, साथ ही पत्थर के नीचे दबने में शोषण की विकृति का नकार भी है। इनके बीच अपने आकाश बनाने की कला कविता सिखाती है। कविता सपनों को कभी मरने नहीं देती। पाश कहते हैं कि 'ख़तरनाक होता है, सपनों का मर जाना।'

आज की स्त्री एक अलग दुनिया या घर बनाने की कोशिश में लगी हुई है। कविता का यह 'घर' पत्थरों का ढेर नहीं है। वह मानव–मानव के भावात्मक सम्बन्धों के सम्मेलित होने की जगह है, वहाँ तारे हैं, वहाँ मानव को सपने देखने, अपनी सर्जना के विकास करने के पर्याप्त थल मिलेंगे। वह एक ऐसा पेड़ है जिसमें हरे–भरे पत्ते और फूल लदे हुए हैं। यह 'घर' मानव की आन्तरिक–बाह्य समृद्धि या सम्पन्नता का काव्यात्मक वक़्तव्य है।

4

समकालीन हिन्दी कविता में पर्यावरण और मानवाधिकार के प्रश्न

कविता जीवन की सच्ची आलोचना करने वाली भावात्मक अभिव्यक्ति है। चक्की में पिसे या पिसे होते जाने वाले दर्द को देखकर मुँह फेरना संवेदनशील कवि मन का कर्म नहीं होता है। इसलिए 'अभिव्यक्ति के सारे ख़तरे उठाकर' (मुक्तिबोध) सत्ता के दहाड़ते आतंक के बीच में खड़े होकर सच बोलने के लिए कवि सन्नद्ध होता है। क्लासिकी काव्यशैली की भाँति समकालीन कविता कुछ छुपाती नहीं है, वह ज़िन्दगी को खोलने की कला प्रदर्शित करती है। यह कला वास्तविक जगत की सक्रिय भागीदारी से प्रस्फुटित हुई है। यह प्रस्फुटन कवि के विचार और अनुभव की द्वन्द्वात्मकता की उपज है। इसलिए कविता अपने आप में एक विचारधारा को अपने अन्तस में धारण करती है। इस वैचारिकता के भीतर से समाज की बहुआयामी वैचारिक दिशाएँ खुलती हैं। इस खुलने की प्रक्रिया में क्रान्ति या विद्रोह का जीवन्त बोध है। नरेन्द्र मोहन का कहना है 'विद्रोही कवि वह है, जो यथास्थितिवाद को रूढ़ियों को झकझोरता हुआ नये चिन्तन को उभारता है, नये विचारों का प्रवर्तन करता है और नये संवेदनों को नये ढंग से अभिव्यक्त करता है।' इस प्रकार की अभिव्यक्ति से कवि का वैयक्तिक अनुभव सामाजिक व्यापकता ग्रहण करता है। इससे नवीन अवबोध का विकास होता है और नवीन दुनिया के निर्माण का कार्य यहीं से प्रारम्भ होता है।

हिन्दी में पर्यावरणीय कविताओं का लेखन 1980 के बाद ज़ोरों पर रहा है। प्रकृति और मनुष्य के बीच नूतन एवं स्वस्थ सम्बन्ध की माँग

करनेवाली पर्यावरणीय कविता एक अलग काव्यधारा के रूप में विकसित हो रही है। हिन्दी में ज्ञानेन्द्रपति, शुम्भु बादल, एकान्त श्रीवास्तव, निर्मला पुतुल, अनुज लुगुन, आशीष त्रिपाठी, पूनम अग्रवाल, उदय प्रकाश, अलोक वर्मा, विमलेश त्रिपाठी आदि की कविताएँ वर्तमान पर्यावरणीय दर्शन का सच्चा ख़ाका प्रस्तुत करती हैं, साथ ही पर्यावरणीय विध्वंस से उत्पन्न मानव जीवन की अधिकारहीनता की स्थिति को भी बाहर ले आती हैं। कविता पहचानती है–

डगल के ऊपरी सूखते पत्ते तक
पहुँचती हुई नमी के बारे में लिखो/लिखो उस रक्त के बारे में
जो जीवन दायिनी बूँदों की तरह/हमारी धमनियों में पहुँचता है।
कोई अन्तर नहीं/इस रक्त या उस पानी में/जिसे नाहक बहाया
है हमने।
गवाह हैं/बड़े–बड़े महायुद्ध/रक्त उनका अपना नहीं था
इसलिए वे उसे बहा जाया कर सकते थे।/मामूली सी अपनी जीत के लिए
इसे परे रख तुम सोचोगे/और कुल्हाड़ी भी होगी तुम्हारे हाथों में
काँप जायेंगे तुम्हारे हाथ/एक ठण्डापन उतर आयेगा दिशाओं में
तुम्हें लगेगा/कोई फ़र्क़ नहीं है/आदमी और पेड़ में
सिवाय इसके पेड़ खड़ा रहता है एक जगह
आदमी सहरा की ख़ाक छानता है दरबार।

(माताचरण मिश्र)

काल के साथ सतत सम्पृक्ति व स्वस्थ इतिहासबोध समकालीनता की सही पहचान है। इसलिए जीवन के चारों तरफ़ अर्थसत्ता के विस्तार से बढ़ती असंगतियों का तथ्यपरक विश्लेषण के माध्यम से पर्यावरणीय असन्तुलन के लिए जिम्मेदार शक्तियों के भीषण व बारीक़ी हस्तक्षेप को समकालीन कविता पहचानती है। दूसरी भाषा में पूँजी के विकास से उत्पन्न जीवन की विकरालता को तथा तज्जन्य मानव जीवन की स्थितियों को कविता अपनी जनपक्षधरता के बल पर प्रसारित करती है तथा एक नवीन जीवन दर्शन को वर्तमान काल में विकीर्ण करती है। वह मानव के विवेक को जाग्रत करती है और प्रतिरोध के संस्कार को बढ़ावा देती है। विनोद तिवारी का कहना है–"प्रतिरोध की संस्कृति दरअसल पक्षधरता की संस्कृति

को जीना और विकसित करना है। पक्षधरता यदि 'डयलिक्टस' है, इसका एक बृहद सन्दर्भ और सम्बन्ध इतिहास, अर्थशास्त्र और राजनीति से हैं जो समाज की सैद्धान्तिक 'विनिर्मिति' होते हैं। समाज इन विनिर्मितियों का जहाँ लघुतम समापवर्तक होता है, संस्कृति उसका बृहत्तर प्रतिफलन। साहित्य और अन्य कलाएँ अपनी पक्षधरता में इनको व्यावहारिक और जनतान्त्रिक बनाने का एक माध्यम होती हैं, होनी चाहिए।"

वर्तमान पूँजीवादी विकास तन्त्र एक ओर अपनी उपभोग संस्कृति के जरिये व्यक्ति के अन्दर की संवेदना के साथ मानव की सामाजिकता की भावना को सुखा देता है। ये दोनों मानव की आन्तरिक समृद्धि की मिसाल हैं। इनके अभाव में मानव के मन में समाज के अन्य सदस्यों के प्रति मात्र नहीं, आसपास की प्रकृति के प्रति भी वस्तुपरक सम्बन्ध विकसित होने लगता है। वस्तुपरकता में भावनाओं के पथरीला होने का भाव है, सम्बन्धों में अचेतनता का भाव है तथा सामाजिक व्यवहार में निर्ममता का भाव है। मानव अपने सामाजिक अस्तित्त्व का रूपायन जीवन्त सामाजिक एवं सांस्कृतिक भागीदारी से अभिवृद्ध करता है। अन्य जीव–जन्तुओं की तुलना में मानव के लिए केवल भौतिक परिस्थिति पर्याप्त नहीं है, बारबरा वार्ड और रेनी डुबोस की राय में मानव अपनी सर्जनशीलता के बल पर अनन्य सांस्कृतिक स्थिति का निर्माण करता है। वही मानव की सांस्कृतिक विशिष्ट अस्मिता का आधार बनती है। इसकी सहायता से मनुष्य जन्मजात अपनी आन्तरिक जंगलीपन से मुक्त होकर मानवत्व की पुण्यभूमि में अवतरित होता है, बृहत्तर विश्व के साथ भावात्मक स्तर पर सरोकार स्थापित करता है। यह सरोकार मानव की आन्तरिक विराटता या समृद्धि की शिनाख़्त कही जा सकती है, पर पूँजी व्यक्तिवाद और असामाजिकता को पुष्टकर मानव के भौतिक एवं सांस्कृतिक धरातल को तहस–नहस करता है। अर्थ का मायावी प्रलोभन सम्बन्धों की कृत्रिमता का कारण बन जाता है, वह मानव को हमेशा व्यापारी या वणिक वृत्ति का अनुसरण करने के लिए उकसाता है। जब मानवीय रिश्ते में वणिक वृत्ति आती है अर्थात् सम्पत्ति या पैसे के लाभ–नष्ट की चिन्ता आ जाती है तो काव्य भाषा में स्थिति यही रह जाती है–"रिश्तों के बीच में आ गया है पैसा/जैसे खाने में दांतों के नीचे कोई कंकड़।" (जितेंद्र श्रीवास्तव) आज का मनुष्य धन को सब कुछ समझता है वह उसका जीवन मूल्य बन गया है। इसलिए धन जब मूल्य बन जाता है,

उसकी प्राप्ति हेतु मनुष्य स्वार्थवश सतत प्रयास करने लगता है क्योंकि बाज़ार उसके सामने पसर गया है। बाज़ार की वस्तुओं को अपनाकर वह आत्मतुष्ट हो जाता है। इसलिए आज का इन्सान बाज़ार की समृद्धि पर भरोसा रखकर धन के आधिपत्य को स्वीकार करने लगता है तथा बाज़ार को शाश्वत सत्य समझकर उपभोग की संस्कृति का दास बन जाता है। कविता हरगिज़ दासता की मनोवृत्ति को स्वीकार नहीं करती है। कविता और बाज़ार की तुलना करते हुए आज का कवि कहता है कि कविता में मानव–मानव के अद्वैत को तथा उसके अपरिमेय सामाजिक रचनात्मकता को सम्पोषित करने का भाव है, विचार है। विचार या दर्शन की मौजूदगी कभी कविता को मरने नहीं देती है क्योंकि विचार या शीर्षस्थ दार्शनिकता कविता की आत्मा है। अतएव विचार की गतिमयता कविता की गतिमयता बन जाती है और विचारों की सामाजिकता कविता की सामाजिकता बन जाती है। इसलिए कविता का सान्निध्य मानव की मानवीयता को मरने नहीं देता है। ज़रूर, आज भी कविता मानव के सांस्कृतिक आधार को सुरक्षित रखने का सबसे सशक्त साधन है, इसलिए उदात्त कविता कालजयी बन जाती है। इस नज़रिए से कविता भी मानवाधिकार द्वारा उद्दिष्ट मानव की समृद्धि को पुष्ट करने का जैविक उपकरण है। मानव की आन्तरिक समृद्धि के ह्रास के कारण बनने वाले वस्तुकरण की यानी सभी जैविक–अजैविक तत्त्वों को, मानसिक भावनाओं को पणन की वस्तु के रूप में परिवर्तित करने की प्रक्रिया का विरोध लगातार कविता करती है। बाज़ार और कविता की तुलना करते हुए कवि हरिश्चन्द्र पाण्डेय कविता की अमरता की घोषणा करता है–*"बाजार सत्य है/कविता नहीं/मैंने जोड़ा उसमें/मृत्यु सत्य है विचार नहीं/दोनों सत्य को जोड़ो तो/बाज़ार ही सत्य है, मृत्यु की तरह।"* दुखद बात यह है कि जब मानव का सारा परिचय 'अर्थशास्त्र' तय करने लगता है तो वह एक कठपुतला बन जाता है। काव्यमयी भाषा में ऐसा व्यक्ति असंवेदनशीलता का बादशाह बन जाता है। ऐसे समय में संस्कृति की एक कारिका की पंक्ति मन में आती है–'मनुष्य रूपेण मृगश्चरन्ति', यानी रूप से लगता है मनुष्य, पर वह दो पैरों पर चलने वाला निरा जानवर है। सबसे; अपने मित्र–बन्धुओं से, संस्कृति से, परिवार से, समाज से कटा मानव जीवन की विसंगतियों के ख़िलाफ़ खड़े रहने में अक्षम निकलेगा, वह विपद स्थिति में भी प्रतिरोध के पुण्यपन्थ का अनुसरण नहीं करेगा। जीवन की अर्थवत्ता अलग होने में नहीं, एकमेक होने में है।

जीवन के साथ, समाज के साथ, प्रकृति के साथ अभिन्नता की स्थापना करते हुए त्रिलोचन की कविता बोल उठती है–

पृथ्वी मेरा घर है/अपने इस घर को
अच्छी तरह मैं ही नहीं जानता.../हाथों में वायु है, आँखों में आकाश
सूरज का आभा से देखता हूँ.../तारे सब सहचर हैं मेरे
पेड़ अपनी उँगली और टहनियों को/हिला–हिलाकर मुझे बुलाते हैं
कानों में कहते हैं/आओ, आओ यहाँ मेरे पास/बैठो ज़रा सुस्ताओ।

इस बात का कोई इनकार नहीं हैं कि पूँजीवादी संस्कृति अर्थ पर आधारित विकास की चर्चा करती है, इसमें अचरज की कोई बात नहीं है। विकास शब्द असल में लुभावना शब्द है, डरावना भी। जिन लोगों के पास खरीद की ताक़त है (जिनके पास पूँजी है) उनके लिए 'विकास' लुभावना शब्द है, क्योंकि पूँजी से सम्पन्न बाज़ार उनको थोथे मनोरंजन की सामग्री उपलब्ध कराता है और उसका इस्तेमाल कर अन्दर ही अन्दर गुदगुदी का अनुभव करता है। बाज़ार की वस्तुएँ मानव के शरीर को एक प्रकार का नशा प्रदान करती हैं और उस नशे में वह अपने को, अपने परिवेश को भूल जाता है। वह बाज़ार की वस्तुओं को अपनाकर वस्तुओं की गुणवत्ता को अपनी गुणवत्ता या विशेषता के रूप में स्वीकार करता है, वह वस्तुओं के गुणों के साथ तादात्म्य प्राप्त कर अपनी अस्मिता के रूप में उसको ग्रहण करता है। यह गुण जब उसकी सामाजिक पहचान का हिस्सा बन जाता है तो वह बाज़ार का 'मानक नागरिक' बन जाता है।

यह भी आज का यथार्थ है कि पूँजीवादी मण्डीकृत अर्थव्यवस्था वस्तुओं के विपुल संसार द्वारा विकसित एवं सम्पन्न होती है। यह सम्पन्नता प्रकृति के असीम शोषण के माध्यम से सम्भव होता है। कहने का तात्पर्य यह है कि प्रकृति के विभिन्न संसाधन ही बाज़ार की वस्तु का रूप धारणकर हमारे सामने उपस्थित हैं। अतः जिस अनुपात में बाज़ार सम्पन्न होगा, उसी अनुपात में प्राकृतिक संसाधनों की क्षति हो जायेगी। प्राकृतिक संसाधनों के हड़प लेने के सिलसिले में हमारे समाज के अनेक लोग अपने जल–जंगल–ज़मीन से सदा के लिए बाहर कर दिये जाते हैं। अधिकांश अवसरों पर इस विकास के विस्थापन का असर आदिवासी, दलित, मज़दूर लोगों को तथा स्त्रियों और बालकों को भुगतना पड़ता है।

प्रभात त्रिपाठी की एक कविता का शीर्षक है–'सुबह पाँच बजे के झीने अँधेरे में।' इस कविता में एक ऐसी घटना वर्णित है जिसमें तीन छोटे–छोटे बच्चे सुबह के झीने–झीने अँधेरे में कचरे के ढेर पर झुके बैठकर कुत्तों के साथ रोटी बाँटकर खा रहे हैं। कविता इसी के साथ एक अन्य दृश्य की तरफ़ भी हमें ले चलती है जहाँ श्रम मन्त्री का निवास स्थान है। 'उसी गली में उस वक़्त हमारा श्रम मन्त्री खर्राटा मारकर सो रहा है।' एक ओर कविता 'विकास' की सिरफिरी संकल्पना पर कठोर कुठाराघात करती है जो बच्चों की ज़िन्दगी के साथ खिलवाड़ करती है और कविता यह भी जोड़ना चाहती है कि जहाँ 'सबके' विकास की सम्भावना नहीं है, जहाँ अपनी प्रतिभा के विकास के मौक़े उपलब्ध नहीं हैं, जहाँ जीविका के बुनियादी साधन उपलब्ध नहीं हैं, यहाँ तक कि मानव के रूप में जीने की न्यूनतम स्थिति–परिस्थिति नहीं हैं, क्या इसे 'विकास' कहा जा सकता है या कहा जाना चाहिए? इसके साथ ही कविता श्रम मन्त्री के खर्राटे के माध्यम से सत्ता की असंवेदनशीलता पर व्यंग्य बाण कसती है और कहती है कि इस प्रकार के मन्त्रियों से मानव के बुनियादी अधिकारों की सुरक्षा की उम्मीद नहीं की जा सकती। प्रस्तुत कविता के 'समय' तथा 'थल' तत्त्व अत्यधिक महत्त्वपूर्ण हैं। सुबह के पांच बजे के झीने झीने अँधेरे में हाशिएकृत संसाधनहीन बच्चों की ज़िन्दगी कैसी बीतती है, उसका पर्याप्त विवरण कविता पेश करती है, लेकिन उस वक़्त संसाधनों से सम्पन्न घरानों के परिवार के बच्चे क्या करते होंगे, सोचने के लिए कविता विवश करती है। कविता खोलकर बताती है कि अधिकारहीनता संसाधनहीनता की गोद से पैदा होती है। गली–गली में चक्कर काटने वाले की तुलना में अमीर परिवार के बच्चे तो उस वक़्त खिलौनों के सपने देखते होंगे, रंग–बिरंगे क़िताबों के सपने देखते होंगे, मिठाइयों के सपने देखते होंगे और न जाने क्या–क्या सपने देखते होंगे। राजेश जोशी 'बच्चे काम पर जा रहे हैं' कविता में सही बताते हैं कि इस प्रकार की बातों को बयानों की तरह नहीं, सवालों की तरह पेश करना चाहिए और वह सवाल स्थित व्यवस्था के प्रति मानव के सचेतन मन की प्रतिक्रिया के रूप में इतिहास में अपना दाख़िला करे। सवाल तो स्वाभाविक रूप से यह उठता है कि इन बच्चों की अधिकारहीनता की स्थिति के लिए कौन जिम्मेदारी उठायेगा? विकास से हाशियेकृत हुए ये बच्चे न केवल जीवन के साधनों से वंचित हैं, वरन् शिक्षा, चिकित्सा जैसे सामाजिक सुविधाओं से भी वंचित हैं और

वे ग़रीबी से पूरी तरह से प्रताड़ित भी हैं। ग़रीबी केवल आजिविका के साधनों, अर्थाभाव, भूख का पर्याय मात्र नहीं, वह तो जीवन क़ी असुरक्षा, गरिमाहीनता, सामाजिक अपवर्जन, अधिकारहीनता, दमन, शोषण का भी पर्याय है। लोकतन्त्रात्मक देश के मन्त्री ग़रीबी की इस भीषणता से परिचित नहीं है, उससे मुँह फेरता है। मन्त्री का खर्राटा मारना तो जनतान्त्रिक व्यवस्था की असफलता की ओर तथा सत्ता की असंवेदनशीलता की ओर स्पष्ट इशारा है। अधिकारों की रक्षा, मानव के आधारभूत साधनों को जनता को पहुँचाना श्रम मन्त्री का उत्तरदायित्व है। आज की जनसत्ता जनता का पक्ष नहीं ले रही है। वह हमेशा पूँजीपतियों की सेवा में रत है। इस सेवा–भाव से प्रेरित होकर ज़मीन पूँजीपतियों को मुफ़्त में दी जाती है, कर मुक्ति प्रदान की जाती है, सत्ता की मशीनरियों को खड़ा करके पूँजी के विकास की गति को सुगम बना दिया जाता है, रणेंद्र की भाषा में ग्लोबल गाँव के देवता को सम्पूर्ण सहयोग प्रदान किया जाता है। लोकतन्त्र आम जनता के अधिकार, विकास, गरिमा, समृद्धि, स्वतन्त्रता, सुरक्षा का एकमात्र आधार है। लेकिन जब जनतन्त्र कॉर्पोरेट जनतन्त्र बन जाता है, वह साधारण जनता के लिए अशनिपात बन जाता है।

भारत की सचाई यह है कि यहाँ बालश्रमिकों की संख्या बढ़ रही है, बच्चे स्कूल जाना बन्द कर रहे हैं और बाल अपराधियों की संख्या भी बढ़ती जा रही है। राजेश जोशी की कविता 'बच्चे काम पर जा रहे है' जीवन की इस खुली यथार्थता की मिट्टी की उपज कही जा सकती है। यह कविता मानवाधिकारों की विकलता का पर्दाफ़ाश कर यह कहती है कि मानव अधिकार के अभाव में मानव के जीवन का विकास नहीं सम्भव होगा। मानवाधिकारों का सफ़र जीवन की पूर्णता की तलाशी के लिए किये जाने वाला सफ़र है। सच में मानव के अधिकारों का हनन मानवता के विरुद्ध का जघन्य अपराध है। कविता की पंक्तियों में चित्रित 'बच्चे' समस्त मानवाधिकारों से वंचित मानव के 'आईकन' के रूप में हमारे सामने आते हैं और हमें सोचने के लिए बाध्य करते हैं कि इस प्रकार की व्यवस्था का अन्त कब होगा और उन बच्चों को बालकों का अधिकार कब प्राप्त होगा, कब उन्हें अपना बचपन मिलेगा, कब उनके हाथ क़लम और क़िताब उठायेंगे। बार–बार उल्लेख किया जा चुका है कि पूँजीवादी व्यवस्था असमानता का विस्तार करती है क्योंकि पूँजी का केन्द्रीकरण

पूँजीवाद का जन्मजात लक्षण है। यह असमानता अधिकारों के असमान वितरण का कारण बन जाता है। पूँजीवाद बाहर सबके विकास का मुखौटा लगाता है, पर कोई यह नहीं समझता है कि पूँजीवाद के कारनामे से अनेकानेक लोगों के पिछवाड़े में अँधेरा छाने लगता है। निर्मला गर्ग की कविता 'मॉल' इस 'अँधेरे' को सम्बोधित करने वाली कविता है। यहाँ 'अँधेरे' के छा जाने का मतलब किसी व्यक्ति के सम्पूर्ण भविष्य में पानी फिरना है, जीवन की सारी सम्भावनाओं का कुचल जाना है, जीवन के समस्त विकल्पों का सत्यनाश हो जाना है। प्रस्तुत कविता के घटना स्थल का अपना अलग सौन्दर्य है। सम्पत्ति के वितरण की असमानता को इंगित करने के लिए 'मॉल' के परिसर को गर्ग ने चुन लिया है। ग़रीब स्त्री और बच्चे के माध्यम से जीवन की इस विषम स्थिति के आगे भी बरकरार रहने की ओर भी कविता संकेत करती है। संकेत इस ओर भी है कि अर्थतन्त्र किसी भी हालत में ग़रीबों की विषमता के परिहार के लिए कुछ नहीं करता है। लाभ के हिमालय के ढेर लगाने में ही पूरी व्यवस्था मग्न है। समता का दर्शन पूँजीवादी विकास के समीकरण में कहीं नहीं दिखायी देता है। ऐसे में सत्ता व अधिकार भ्रष्ट ग़रीबों के जीवन में अँधेरे का छा जाना एकदम स्वाभाविक है। एकान्त श्रीवास्तव की कविता 'ठण्डे पानी की मशीन' बिकाऊ संस्कृति की पोल खोलती है। दिल्ली के चौराहे की तरफ़ हमारा ध्यान आकर्षित करते हुए कवि कहता है– *'जो नदियों में बहता है खुले आम, अब वह पानी भी बिकाऊ चीज़ हो गया है।'* यह सच है कि बाज़ार में वही जिन्दा रह सकता है या टिक सकता है जिनके पास पैसा हो। स्थिति इतनी गम्भीर है कि कम से कम 50 पैसे यदि ज़ेब में हैं तो आप एक गिलास ठण्डा पानी पी सकते हैं, पैसा नहीं है तो प्यासे मरना इस व्यवस्था में आपकी नियति बन जाती है। कविता में ग़रीब माँ–बाप द्वारा पैसे के अभाव में अपने बच्चों को ठण्डे पानी की मशीन के पास से घसीट–घसीटकर ले जाने का, पपड़ाये हुए होठों के फेरते हुए बच्चों के भीड़ में अदृश्य हो जाने का तथा समाज के मौन का वर्णन है। जीवन की यह हालात असल में धन संस्कृति के चेहरे की कालिख को दर्शाता है। बच्चों के घसीटने में जीवन की विवशता का व जीवन जीने के अधिकार से वंचित रह जाने का भाव भरा पड़ा हुआ है। पहले पहल ग़रीब लोग पानी पीकर भूख की आग को मिटाते थे, लेकिन वे आजकल क्या करें? जिन प्राकृतिक वस्तुओं पर यानी हवा, जल, मिट्टी सब पर प्रकृति के

प्राणिजातों का समान अधिकार है, उसे छीन लिया गया है। नदी, पहाड़, जंगल सबकी बिक्री आज आम बात हो गयी है। इस सकटग्रस्त समय में अपने स्वाभाविक लोकतन्त्रात्मक न्याय के लिए लड़ाई के बिगुल बजाने की ओर इशारा करते हुए एकान्त श्रीवास्तव कहते हैं– *'अब तक हम अपनी भूख से लड़ते थे/अब हमें अपनी प्यास से भी लड़ना होगा।'* स्वप्निल श्रीवास्तव की कविता 'मि. पोटैटो' भी खाद्य पदार्थ जिस प्रकार मार्केट का माल बन जाता है, उसकी सम्पूर्ण प्रक्रिया को दिखाती है और बताती है कि कैसे आलू जनता से दूर हो जाता है। मार्केट में बेचने के लिए रखे गये आलू के चिप्स की पैकट ग़रीबों के लिए आसमान का चाँद है। कवि ने ठीक ही कहा है– *"हाय, यह चिप्स/आलू को भूनने के लिए नहीं/मिल रहा है आज/और उसे सीधे पकाया जा रहा है/आलू खेत में उठकर अन्तरराष्ट्रीय बाज़ारों में पहुंच गया है/यह आम आदमी का भोज्य पदार्थ/नहीं रह गया है/उसे बाज़ार की भाषा में/मि. पोटैटो कहा जाने लगा है/राष्ट्राध्यक्षों के नाश्तों और/भोजन में शरीक हो चुका है।"* इस व्यवस्था में सूर्य के तले की सारी चीज़ें पणन की वस्तु बन जाती हैं, कमाई का साधन बन जाता है। इसलिए हमारे रग–रग में कमाई की संस्कृति रेंगने लगती है। रिश्तों की आत्मीयता की सिहरन, पता नहीं कि क्यों ठण्डी हो जाती है। राजेन्द्र शर्मा की कविता 'नर्सरी में ही रहूँगा मैं' शीर्षक कविता सर्वत्र व्याप्त अर्थबोध को दर्शाती है, पर एक मात्र माँ है जो भाव, भावना, अनुराग, आत्मिक सम्बन्ध की गहराई में सच में जीती है और पहचानती है कि जीवन का रस 'प्रेम' में है, 'अर्थ' में नहीं। कविता पढ़िए–

सुबह से शाम तक/काम करते/थके माँदे लौटता हूँ घर
पिता पूछते क्या कमाया?
पत्नी पूछती क्या बचाया?/बच्चे पूछते क्या लाया?
एक माँ है जो कभी नहीं पूछती/क्या कमाया, क्या बचाया, क्या लाया
माँ सिर्फ़ पूछती–कुछ खाया?/हाथ पाँव धो
जब खाता हूँ खाना/माँ निहारती है मुझे
उस समय/उसके झुर्रीदार चेहरे पर सन्तोष की
चमक ऐसे चमकाती है/मानो कुम्भ नहा आयी हो

चवालीस का होने को हूँ मैं/पर माँ तो अभी भी मुझे नर्सरी में ही समझती है/नर्सरी में ही रहूँगा मैं/जब तक रहेगी माँ।

उपरोक्त दो कविताएँ को पढ़ते हुए मुक्तिबोध की पंक्तियाँ फ़ौरन याद आती हैं। कवि कहते हैं– *"कविता में कहने की आदत नहीं, पर कह दूँ/वर्तमान समाज चल नहीं सकता/पूँजी से जुड़ा हुआ हृदय बदल नहीं सकता/स्वातन्त्र्य अभिव्यक्ति का वादी/छल नहीं सकता मुक्ति के मन को/जन को।"* समय की भीषणता से त्रस्त होकर संवेदनशील पाठक को लगता है कि इस समय इस जहान में जन्म नहीं लेना चाहिए था।

विनोद तिवारी ने 'पक्षधर' पत्रिका के सम्पादकीय में एक बार लिखा है कि "आज बाज़ारवाद के पसारे में सार्थकता की कोई 'रिअल इमेज' अब नहीं बची है। हाँ, 'इमेज रियालिटी' के छद्म के सहारे, व्यक्ति, प्रतिष्ठान और राष्ट्र सब में 'सफलता' का तर्क हावी है, वह भी संघर्ष की ईमानदारी के धरातल पर नहीं, चालाकी, बेईमानियों की तिकड़मी संजालों के सहारे।" यह तिकड़मी चालाकी का रवैया पूँजीवाद के ख़ून में समा हुआ है। पूँजीवाद अपने मानव विरोधी षड्न्त्र से साधारण जनता को बुनियादी अधिकारों से वंचित करके विस्थापित करता है। आज की सचाई यह है कि एक्सप्रेस हाईवे, सेज, औद्योगिक परियोजना, बाँध, आदि के लिए भूमि ज़ब्त कर ली जाती है। 'सिंगुर', 'नंदीग्राम', 'नर्मदा' साइलेंटवाली आदि के संघर्ष की कहानी ने मानव के जीवन जीने के अधिकार के लिए किये गये संघर्ष के प्रतीक के रूप में हमारे इतिहास में प्रविष्टि पा ली है। विकास योजना तैयार करने वाले के मन में विकास का नक़्शा तैयार करते समय भारत के ग़रीब नागरिक का चेहरा मन में उतरता ही नहीं। **इसका** कारण स्पष्ट है कि ऐसे लोगों का अध्ययन पूँजीपतियों की पाठशाला में हुआ है। जयप्रकाश लीलावान कहते हैं कि उनकी पाठशाला पाशविकता की पाठशाला है– *"पूँजीवादी पाशविकता की पाठशाला में/पढ़कर आये हैं भेड़िये/अपनी वीभत्स व्याकुलता का प्रदर्शन/करते निकल चले हैं। तकनीक उनकी रखैली है/और विज्ञान के उपकरण/अलंकार शृंगार बना दिए हैं।"* इसलिए ऐसे लोगों के व्यवहार में वीभत्सपूर्ण हिंसा का रूप जरूर मिलेगा ही। 'विकास' अपने मूल में विकल्पों के वातायन खोलते हैं, संयुक्त राष्ट्र संघ की रिपोर्ट के अनुसार विकास से मानव को स्वस्थ जीवन के साधन उपलब्ध होने चाहिए, व्यक्ति की असीम क्षमताओं के

विकास के अवसर प्राप्त होने चाहिए।' लेकिन पूँजीवादी विकास में मानव के आत्मचैतन्य के विकास करने तथा जीवन जीने की बुनियादी चीज़ों की कोई गारन्टी नहीं है। विस्थापन की भीषणता इसका ज्वलन्त उदाहरण है। 'विस्थापन से मनुष्य अपने ज़मीन से मात्र नहीं हट जाता है, अपनी भाषा, अपनी परम्परा, संस्कृति, अपने परिवेश के प्रति जो हृदयगत सम्बन्ध है, उससे कट जाता है तथा जिस समाज में किसी की नैसर्गिक परिवेश होती है, उससे वह अलग हो जाता है। इस प्रकार के अलगाव से मनुष्य की सामाजिकता बिखर–बिखर जाती है, जीविका के साधनों से विस्थापित होता है। ज़मीन के बदले प्रतिपूर्ति राशि के माध्यम से इन सबका परिहार नहीं किया जा सकता। औद्योगिक परियोजनाओं के लागू करने से, लाखों सालों में प्रकृति का जो वैभव जन्म लेता है, वह भी विस्थापित होता है। इसके मूल्य को किस मापदण्ड के आधार पर मूल्यांकित किया आयेगा। इस प्रकार की प्राकृतिक सम्पत्ति पर मानव का मात्र नहीं, सबका हक़ बनता है, सबका समान अधिकार है। वे सब इस पृथ्वी की जीवन लीला के लिए अपेक्षित हैं। पैसे के तुले पर इन सबको तुलाया जा नहीं सकता। पैसा देकर अनैतिक कार्य करना न्याय के किस सिद्धान्त के आधार पर युक्तिसंगत ठहराया जा सकता है। विस्थापन से, विशेषकर आदिवासी जनों का जीवन नष्ट–भ्रष्ट हो जाता है। उनके जीवन में मिट्टी की सोंधी गन्ध है, प्रकृति के साथ सल्लाप है। 'आदिवासी कौन है?' शीर्षक आलेख में विनायक तुमराम लिखते हैं–"वर्तमान स्थिति में आदिवासी शब्द का प्रयोग विशिष्ट पर्यावरण में रहने वाले, विशिष्ट भाषा बोलने वाले, विशिष्ट जीवन पद्धति तथा परम्पराओं से सजे और सदियों से जंगलों और पहाड़ों में जीवन–यापन करते हुए अपने धार्मिक और सांस्कृतिक मूल्यों को सम्भालकर रखने वाले मानव समूह का परिचय करा देने के लिए किया जाता है।" मेरे कहने का तात्पर्य यही रहा है कि जंगल के सपाट विध्वंस से आदिवासी के जीवन के आधार ही मिट जाते हैं। मानव के रूप में जन्म लेकर मानव के रूप में अपने सांस्कृतिक परिवेश में जीने का स्वाभाविक या नैसर्गिक अधिकार है, उससे आदिवासी इस बेदख़ली से वंचित हो जाता है। यह तो मानवाधिकार का स्पष्ट उल्लंघन ही नहीं, ज़िन्दगी से ही विस्थापन है। यहाँ मानव मात्र की स्वतन्त्रता को सत्ता के बलबूते पर ख़ारिज़ किया जाता है। जेरिली के लिए 'स्वतन्त्रता अपने आपमें मानव की आत्मसत्ता का ही ऐलान है या मानव की सर्जनशील क्रिया का ही सामाजिक रूप है।

लेकिन यहाँ विकास के नाम पर जो विस्थापन सम्भव होता है, उससे आदिवासियों के कार्य करने के स्थल को ही नष्ट किया जाता है। ऐसी स्थितियाँ 'कुविकास' की हैं या विकास के आतंक की हैं। इस आतंक में युद्ध एक अनिवार्य शर्त है। जितने युद्ध आधुनिक काल में हुए, उसके मूल में अर्थतन्त्र की साज़िश हमें देखने को मिलती है। यह बाज़ार को विस्तार करने का कार्यक्रम है। वन्दना शिवा कहती हैं कि 'भूमण्डलीकरण सम्पूर्ण पृथ्वी को एक बाज़ार के रूप में बदलता है। प्राकृतिक संसाधनों पर क़ब्ज़ा करने के क्रम में युद्ध पूँजीवाद के लिए अनिवार्य हो जाता है, जिसका फल अधिकांश रूप में ग़रीबों को भुगतना पड़ रहा है। इस बाज़ार में कवि की भाषा में– *"बिक जाता है बहुत सस्ते में पसीना/ख़ून बिक जाता है उससे कुछ महँगे में/पानी बिक जाता है दूध के मोल/सरसों का तेल, डीजल और पेट्रोल उससें भी महँगे बिक जाते हैं।"* (अष्टभुजा शुक्ल) पसीने का कम बिकना मनुष्य की निर्माणकारी शक्ति का अवमूल्यन है। इसे आलोचना की भाषा में पृथक्करण या एलिनिएशन कहा जाता है। "एलिनिएशन की प्रक्रिया श्रम के साथ मनुष्य के रचनात्मक सम्बन्ध को काट देती है। इस काटने की प्रक्रिया में वह श्रम के ऐतिहासिक रूपान्तरण की प्रक्रिया से भी कट जाता है और इस तरह उसका इतिहास बोध नष्ट होता जाता है। जब बाज़ार में श्रमिक का श्रम बिकाऊ माल बन जाता है तो एलिनिएशन की प्रक्रिया शुरू होती है।" (अच्युतानन्द मिश्र) इससे ज़ाहिर हो जाता है कि यह मानवीय मूल्यों के बिखरने का समय है, क्योंकि अतिशय मशीनीकरण से मानव की श्रम शक्ति का कोई मूल्य नहीं रह जाता है। वह बाज़ारी वस्तुओं का मूक उपभोक्ता बनकर रह जाता है, आधुनिक पूँजीवाद विमर्श की भाषा में उसको 'आदर्श उपभोक्ता' कहा जाता है। उसके दिल–दिमाग़ में न अपनापन है, न कोई विराट दर्शन से वह संचालित है। आदमी अन्दर और बाहर से टूट जाता है, एक प्रकार का सपाट बिखराव सर्वत्र व्याप्त होता है। पूँजीवाद की क्रूरता से मानव अपने परिवेश से मात्र नहीं, ख़ुद से भी विस्थापित होता है। भयावहता के इस समय में मानव का अधिकार मुँह पर पट्टी बांधकर चुप बैठता है। इस 'असमय' को कवि श्रीप्रकाश शुक्ल सभ्यता के नष्ट हो जाने का समय कहता है। कविता की पंक्तियाँ नीचे उद्धृत हैं–

यह मित्रताओं के टूटने का समय है
यह तिरस्कार घृणा, दरिन्दगी व गजालत

एकदम से चुक चुकेंगी/तब कमरे में बिखरे अख़बारों के बीच
गिरे एक लिफ़ाफ़े के वजूद की तरह/टूटेगी हमारी मित्रता....
यह समय/हिंसाओं की प्रतिहिंसा का/गति की अगति का
स्थिर के अस्थिर का
यह अपनी ही संकल्पनाओं के झुठलाने का समय है
यह सस्वर होती सभ्यता के नश्वर होने का समय है।

आज के 'विकास' में ख़ून का काला धब्बा जमा हुआ है। जो इस समय की भीषणता के ख़िलाफ़ आवाज़ उठाता है, उसको व्यवस्था की मशीनें चुप करती हैं। प्रकाश जाधव की कविता 'भय और उम्मीद के बीच' कविता कहती है कि पल–पल में भय में जीना तो ख़तरनाक है, ऐसी खतरनाक स्थिति को ज़िन्दगी की संज्ञा नहीं दी जा सकती है। पूँजीवाद भय का आतंक बिछाकर एक प्रकार से मानव को शारीरिक–मानसिक रूप से ध्वस्त करके छोड़ता है। ऐसे मन में किसी भी हालत में सद्वृत्तियों का विकास नहीं होगा, प्रतिभा का अँकुर नहीं फूटेगा। सब जानते हैं कि भय से आक्रान्त होकर मनुष्य अपने जीवन से ही पलायन करता है, अपनी जीवनाकांक्षाओं से विरत होता है क्योंकि आतंक आत्मा को ज़ख़्म करके छोड़ता है। प्रताड़ित किये जाने पर उसका कोई निदान नहीं रह जाता है। सच में उसका इलाज नहीं किया जा सकता है। हरदम भयाक्रान्त होकर जीने से जीवन में असुरक्षा का भाव भर जाता है, ऐसी स्थिति में अपनी पहचान स्थापित करने के लिए मानव को सघर्ष करना पड़ता है। प्रकाश जाधव की कविता का पात्र पुलिस के द्वारा पकड़े जाने पर पहचान पत्र की तलाशी करता है, वह दुविधा में पड़ जाता है कि आगे क्या किया जाये।

विकास की भयावहता के वर्तमान जीवन सन्दर्भ में आलोक वर्मा की 'बस्तर 2002' तथा 'बस्तर 2010' कविताओं का अध्ययन किया जाना अपेक्षित है। ये दोनों कविताएँ विस्थापित मानव की आहों से परिपूरित हैं। तथाकथित सभ्य समाज की निरंकुशता, सत्ता की भयावहता, अपने समस्त जीवनाधिकारों से वंचित एक मासूम मानव का चीत्कार इन दो कविताओं के रेशे–रेशे में अनुगूँजित हैं। भूख से पीड़ित आदिवासी यदि अपने जन्मसिद्ध अधिकार के लिए, जीवन जीने के अधिकार के लिए मुँह खोलता है तो न जाने कितने और किस प्रकार के नाटक रचे जाते हैं। ऐसे लोगों के ऊपर

नक्सलवादी होने का आरोप लगाया जाता है या किसी नक्सली खलबली की दाँव–पेंच में संसार के सबसे मासूम–भले आदमी को गोली से भुना जाता है। कविता की परिसमाप्ति इन पंक्तियों से होती है– "तुम्हारे ख़ून और आँसुओं को/शराब में ढालकर/तुम्हें ही/कहा आयेगा एक दिन/ जंगली असभ्य और गँवार।" आफ़त की इस घड़ी में 'घोसियारी बाज़ार' में आदमी पल भर में कैसे ग़ायब हो जाता है, किसी को इसका अता–पता नहीं चलता है, ग़ायब होने पर किसी का पता नहीं लगता। वहाँ आदमी की क़ीमत क्षण–क्षण घट जाती है। स्वप्निल श्रीवास्तव की कविता मनुष्य के जीवन में व्याप्त असुरक्षा एवं अस्वतन्त्रता की भावना को रेखांकित करती है और बताती है– "आप यह भी सोचिए कि यदि आप/बसे हुए हैं तो इसका यह अर्थ नहीं हैं कि/आप गायब नहीं हो सकते।" यहाँ मानव के वाक् स्वातंत्र्य, चलन स्वातन्त्र्य, न्याय की सुरक्षा आदि अधिकार निरी कल्पना मात्र रह जाते हैं। अधिकार की ध्वस्तता के वर्तमान में अफ़सोस के साथ समकालीन कविता कहती है– *"हे राजा!/हम आपकी प्रजा हैं/ बस इतनी ही हमारी सज़ा है/कि आपकी हम प्रजा है।"* उक्त विवेचन से व्यक्त होता है कि आज का विकास समाज के चेहरे को विकृत कर रहा है और लगता है कि यह विकृति अष्टभुजा शुक्ल की पंक्तियों में भरी पड़ी है– *"एक हाथ में पेप्सी कोला/दूजे में कोंडम/तीजे में रामपुरिया चाकू/चौथे में हरिओम।"*

आज का पूँजीवाद निरन्तर प्रकृति को उत्पाद के रूप में परिवर्तित करता है और इससे उसकी सीमित सम्पत्ति घिस–घिसकर नष्ट होती जा रही है। इसके साथ ही मानव के साथ अन्य प्राणी जातों की जैविक अस्मिता धुन्ध होती जा रही है। मानव के सांस्कृतिक पर्यावरण के रूपायन में प्रकृति की भूमिका अतुलनीय है। मानव की भाषा, खान–पान, वेश–भूषा, संस्कृति, आचार–व्यवहार तक प्रकृति द्वारा रूपायित है। भाषा तो मानव की संस्कृति की संचालिका शक्ति है। प्रकृति के नाश से मानव के जीवन जीने लायक भौतिक व सांस्कृतिक पर्यावरण के साथ भाषा भी ख़ुद नाश के कगार पर पहुँच चुकी है। प्रकृति के विनाश से भाषा की विविधता नष्ट हो जायेगी। जहाँ प्राकृतिक वैभव का वैपुल्य है, वहाँ भाषा एवं संस्कृति का भी वैपुल्य है। 'उदारता' के विश्वव्यापी हो जाने से भाषा, संस्कृति की बहुलता विलीन हो जायेगी, स्थानीयता आत्महत्या कर लेती।

अतः नरेन्द्र जैन का कहना है कि "यह भाषा की थकान का दौर है/विचार और स्वप्न की मृत्यु यहीं से शुरू होती है/कविता जैसे भी है, जहाँ भी है/जितना भी है/बस डूबी है अँधेकार में/संवाद आधे–अधूरे/गिरते, लड़खड़ाते, हाँफते।"

प्रदूषण आज की भयानक समस्या है। प्रदूषण शब्द अपने आप में प्रकृति या पर्यावरण की असन्तुलित स्थिति का सूचक है। प्रकृति के सन्तुलन के बिगड़ने से प्राणवायु में प्राणलेवा ज़हर घुस गया है, पीने के पानी में प्राण शक्ति को अपदस्थ करने वाले कीटाणु घुस गये हैं। यह मानव और प्रकृति के बीच के सम्बन्ध की द्वैतता का परिणाम है। इसका बढ़ावा हम सूखा, गर्मी, भूतापन, पर्यावरणीय पालायन, सुनामी, आन्धी आदि के रूप में देख सकते हैं। हंस पत्रिका में 2011 में अश्वघोष की एक कविता 'अदृश्य का यथार्थ' शीर्षक से प्रकाशित हुई थी। कवि कहता है कि आज हम अनेक कारणों से जागतिक सचाई को नहीं समझ पा रहे हैं। हमारी ही आँखों के सामने प्रकृति को उजाड़ फेंककर पूँजीपति लोग चलते हैं। हम न जाने किस वजह से इस समय सुधबुध खोकर निष्क्रिय बैठ जाते हैं, अन्दाजा लगाना मुश्किल है। लेकिन इस अबोध स्थिति में कविता अपने जाग्रत करने की भूमिका निभाती है। प्रस्तुत कविता में प्रयुक्त 'सर्वनाम' पर ध्यान देना चाहिए। कविता में प्रयुक्त 'वे' सर्वनाम का प्रयोग भाषा व्यवहार में सामान्यतः दूरस्थ व्यक्तियों या वस्तुओं के लिए किया जाता है। इसलिए भाषा की दुधारी व्यवस्था के आधार पर हम कह सकते हैं कि इस कविता में प्रयुक्त 'वे' सर्वनाम उन पूँजीपतियों के लिए है जो गगनचारी है, प्रकृति के वैभव के हड़प लेने की गिद्ध दृष्टि लेकर घूमते हैं और जो लूटने की संस्कृति में पले हुए हैं। ये पूँजीपति लोग जब जंगल और उसमें व्याप्त हरियाली देखते हैं तो कवि लोग अपनी तीसरी आँख से जंगल के वृक्षों पर ढंगी कुल्हाड़ियों को देखते हैं। कविता की सूक्ष्म दृष्टि वर्तमान जीवन की इन यथार्थताओं से हमें वाकिफ़ कराती है कि आज की नदी मैली कुचौली हो गयी है और होती जा रही है तथा पर्यावरण विध्वंस साधारण जनता को कंगाल करके छोड़ता है। कवि कहता है कि प्रकृति के विध्वंस से ग़रीबों की झोंपड़ी का चूल्हा ठण्डा हो जाता है।

वे देख रहे हैं हरा भरा जंगल/जबकि मैं
देख रहा हूँ जंगल के पेड़ों पर ढंगी असंख्य कुल्हाड़ियाँ

वे देख रहे हैं कलकलाती नदी और
मैं देख रहा हूँ/मल–मूत्र को अपनी पीठ पर लादे थका, हारा पस्त जल
वे देख रहे हैं झोंपड़ी, मैं देख रहा हूँ/झोंपड़ी की गोद में बैठा
आग के इन्तजार में ठण्डा चूल्हा।

प्राकृतिक विध्वंस का परिणाम यह है कि प्रकृति के ऋतुचक्र में भी परिवर्तन आने लगा है। आज का मानव वसन्त के आगमन के लिए ललायित है। यह बात इसलिए कहना पड़ रहा है कि मानव के कृत्य प्रकृति पर किस प्रकार या कितनी गहराई तक का प्रभाव छोड़ते हैं। यहाँ चर्चा के केन्द्र में विमलेश त्रिपाठी की कविता 'बसन्त 2013' है। प्रस्तुत कविता में कवि एक जगह पर 'बसन्त' शब्द तीन बार लगातार प्रयोग करता है जो 'शान्ति मन्त्र' की याद दिलाता है। 'बसन्त' शब्द के तिहरे प्रयोग के माध्यम से मानव शान्ति मन्त्र की भाँति आध्यात्मिक, आदिदैविक और आधिभौतिक दुखों से रिहा चाहता है, ऐसा प्रतीत होता है। प्रस्तुत शब्द की आवृत्ति यह भी घोषित करती है कि बसन्त ऋतु मानव के लिए क्या था, क्या है और क्या होगा। नदी, हवा सब के मलिन होते जाने के समय में स्वास्थ्य के साथ जीना भी मानव के लिए असम्भव प्रतीत होता जा रहा है।

सूख रही नदियों के समय में/हवा की देह पर ज़हर चढ़ने के समय में
समुन्दर के ख़ुद में डूब जाने के समय में/और
आदमी के अन्दर बैठे सदियों पुराने आदमी के
लगातार मारते जाने के समय में/
आख़िरी बचे रह गये रंग को निचोड़ें
कहें एक दूसरे के कानों में बहुत धीमे
बसन्त, बसन्त, बसन्त।

प्रदूषण के इस समय में फागुन के बीत जाने पर भी कोयल का गीत नहीं गूँज उठता है। यह पर्यावरण के बिगड़ जाने से सम्भव होता है। 'नदी और साबुन' कविता की पंक्तियों में ज्ञानेन्द्रपति याद दिलाते हैं कि बाघों के जुठारने से पानी दूषित नहीं होता है। कविता सवाल करने के लिए प्रेरित करती है कि फिर किसके जुठारने से दूषित होता है तुम्हारा जल? उत्तर साफ़ पंक्तियों के बीच में से ध्वनित होता है कि मनुष्य के

जुठारने से दूषित होता है प्रकृति का जल। यहाँ 'जल' शब्द केवल एक संकेत या प्रतीक भर मात्र है, वह समस्त प्रकृति की वस्तुओं के प्रतीक के रूप में कविता में व्यवहृत है। शहरी प्रदूषण की भीषणता को समझना है तो रविशंकर उपाध्याय की पंक्तियों पर नज़र गुजारनी चाहिए। आज का यथार्थ यह है कि शहरीकरण की प्रक्रिया बलवती होती जा रही है। इसके लिए आबादी की वृद्धि, बेरोज़गारी, औद्योगिकीकरण आदि अनेक कारण हो सकते हैं। आज खाद्यान्न की पूर्ति हेतु जंगलों को साफ करके खेती करते हैं, उद्योगों के लिए आवश्यक पदार्थों को संग्रह करने हेतु खनन की प्रक्रिया प्रबल वेग में आगे बढ़ती है। मानव की भीषण दख़लन्दाजी से बचने की मशक्कत में नदी, पहाड़, जंगल आदि भाग–दौड़ में जुड़े हुए हैं। काव्य भाषा में इतना कहना पर्याप्त है– *"पहाड़ थोड़ा और पहाड़ होना चाहता था/नदी थोड़ी और नदी।/झरना थोड़ा और सफेद/समुद्र थोड़ा और नीला।" (रविशंकर उपाध्याय)*

'यह पृथ्वी केवल तुम्हारी है' शीर्षक ज्ञानेन्द्रपति की कविता दार्शनिक रोस्साक की परिकल्पना, जो सामाजिक पागलपन का काव्यात्मक परिणाम कहा जा सकता है। कविता का शीर्षक अपने आप एक 'संवाद' का मंच खोलता है। कहने का मक़सद यह है इस प्रकृति की सम्पत्ति पर हर जीव–जन्तु का स्वाभाविक जन्मसिद्ध अधिकार है। सहकारिता एवं सहभागिता की संस्कृति के बल पर ही उसका उपयोग किया जाना चाहिए। 'यह पृथ्वी केवल तुम्हारी है' का आशय यह है कि यह पृथ्वी तुम्हारा नहीं, हमारा है। इतिहास के कारणों से प्रकृति पर कुछ लोगों का अधिकार स्थापित हो गया है। हवा और प्रकाश की भाँति पृथ्वी की समस्त उपलब्धि में सबकी बराबरी है या नहीं है तो होनी चाहिए, लेकिन उँगली भर के लोगों की महत्वाकांक्षा की वजह से यह जन्नत जहन्नुम में परिवर्तित होती जा रही है। कवि का इरादा स्पष्ट है, पृथ्वी की सम्पत्ति पर अधिकार स्थापित करने के लिए विश्वयुद्ध हुए थे। इस कविता में 'चार्ली चैप्लिन' के 'द ग्रेट डिक्टेटर' सिनेमा का उल्लेख किया हुआ है। प्रस्तुत सिनेमा में अपने अपार अभिनय के माध्यम से चाप्लिन ने दुनिया के सामने दर्शाया कि विज्ञान के सहारे परमाणु बम बनाये गये, पृथ्वी के गर्भ में उसका विस्फोट किया गया, भय का आतंक दिखाकर कुछ लोगों ने स्वार्थता की पूर्ति की। कवि पूछता है कि प्रकृति

पर इन सब कारनामों के आघात पर कौन सोचता–विचारता है, दूसरों की भावना की मनमानी करते हुए उनके प्रति निर्मम व्यवहार करते हुए, घिनौने चेहरे के साथ तुम कहते हो अपने आप को आधुनिक मानव। तुम जैसे लोगों का दिल पाषाण का है। मैं उस परम्परा का कवि नहीं हूँ। मैं उस परम्परा का वंशज हूँ, जो पृथ्वी पर सुबह पैर रखने से पहले उससे क्षमा प्रार्थना करते हैं। हमें यह पहचानना चाहिए कि इस संसार के सारे प्राणी इस पृथ्वी को उर्वर बनाने में तल्लीन है, पर तुम युद्ध, परमाणु बम, धन की पिपासा से उत्प्रेरित होकर हिंसा का ताण्डव पृथ्वी पर कर रहे हो। इसलिए कवि ज़ोरदार शब्दों में उद्घोषणा करता है–

'इस पृथ्वी पर मेरा अधिकार/तुमसे कम तो नहीं
पृथ्वी के अँधेरे में जागा हुआ जीवन
पृथ्वी के बारे में क्या तुमसे कुछ कम जानता है
कि उसकी राय न जानी जाये/पृथ्वी का भविष्य तय करते वक़्त!'

पूनम अग्रवाल की कविता है 'सुनामी' जिसमें प्रकृति के साथ मानव के अतीत, वर्तमान और भविष्य का सम्बन्ध कैसा था, कैसा है तथा कैसा होना चाहिए का वर्णन किया गया है। प्रस्तुत कविता इस तथ्य को साकार करती है जब प्रकृति और मानवीय सम्बन्धों में भिन्नता की दीवारें नहीं थीं, उस समय समुंदर की लहरें खिलखिलाती हुई आती थीं और गुनगुनाती हुई चली जाती थीं। आज की भाँति समुन्दर इतना बिगड़ा नहीं था। कवयित्री कहती है कि सुनामी, सूखा आदि प्रकृति की भाषा के शब्द हैं, उसके दर्द की अभिव्यक्ति की भाषा के विविध रूप हैं। मानव को भविष्य में प्रकृति की भाषा सीखनी पड़ेगी, उसकी आत्मा की भावना के समझनी होगी। प्रकृति के विनाश के वर्तमान में सच्चा विकास नहीं होता है, मानव स्वस्थ नहीं रह सकता है। विकास के नाम पर जब एक पेड़ काटा जाता है, समझना चाहिए कि तब एक रेगिस्तान जन्म लेता है, हमारी मिट्टी ऊसर हो जाती है, पर्वतों की आवली काँपने लगती है, बादल ग़ायब हो जाते हैं। हम अनुभव करते हैं कि आज जीवन के हज़ारों रास्तों से होकर पूँजीवाद का घिनौना चेहरा चक्कर काटता है और वह जीवन की सारी सद्वृत्तियों को बुझा देता है। प्रकृति को पहुँचाये जाने वाला लघु–सा आघात भी भीषण रूप धारण कर कालान्तर में विकृत रूप में प्रत्यक्ष होगा ही।

ग्रेज कुजूर की पंक्तियाँ हमें सचेत करती हैं– *"न छेड़ो प्रकृति को/अन्यथा यही प्रकृति/एक दिन माँगेगी/हमसे/तुमसे/अपनी तरुणाई का एक–एक क्षण/ और करेगी/भयंकर...बगावत।"* समकालीन कवि कभी–कभी अतीत के प्राकृतिक वैभव का भी स्मरण करता है। इस स्मृति में प्रकृति के साथ मानव के आत्मराग का अनुरणन सुनायी देता है। स्मृति की भी अपनी राजनीति है। आजकल मानव का सबसे बड़ा संघर्ष विस्मृति के ख़िलाफ़ स्मृति की लड़ाई हो सकती है क्योंकि स्वस्थ स्मृतियाँ लड़ाई लड़ने की ऊर्जा देती हैं। वह चेतना को तीव्र करती है। ज़रूर कविता में अभिव्यक्त प्रत्येक स्मृति वैयक्तिकता की सीमा को लाँघकर व्यापक सामाजिक स्मृति का रूप ग्रहण करती है। इस प्रकार की स्मृतियाँ भी विशिष्ट सामाजिक स्थिति की उपज कही जा सकती हैं। इस अन्दाज़ में अतीत का वर्तमान में पुनःस्मरण कविता की प्रतिरोधधर्मिता व संघर्षधर्मिता को दर्शाता है।

आशीष त्रिपाठी की कविता 'नदी' भी जीवन की अनगिनत परतों को उद्घाटित करने वाली कविता है। नदी अपने आप में असीम अर्थवत्ता को अपने अन्दर समेटने वाली संज्ञा है। नदी का सीधा सम्बन्ध संस्कृति से है, इसलिए कि मानवीय संस्कृति एवं सभ्यता का आविर्भाव नदी की गोदी में हुआ है, नदी संस्कृति की जननी कही जाती है। उसी से मानव की सर्जनारूपी भाषा और कविता निकली हैं। साथ ही नदी शब्द अपने अभ्यन्तर में मानव के जीवन की निरन्तरता, परिवर्तनशीलता एवं परिवर्द्धनशीलता का संवहन करता है, अतएव वह जीवन का प्रतिरूप है, पल–पल परिवर्तित होने वाले जीवन का चैतन्यवत रूप है। कवि की भाषा में– *''अनन्त पीढ़ियों पहले जन्मी नदी/आगे की अनगित पीढ़ियों तक/चलती रहेगी सफ़र पर/पुरखों की कविताएँ।''*

'भीमसेन जोशी प्रसंग' (1984) (उदयप्रकाश), 'भोपाल' (प्रभात त्रिपाठी) शीर्षक कविताएँ औद्योगिक दुर्घटना पर अवलम्बित भावात्मक पंक्तियों के उदात्त नमूने हैं। प्रभात त्रिपाठी की भाषा में 'भोपाल' में दुर्घटना के समय 'रंग–बिरंगे शैतान' वहाँ उतर आये थे। उस दुर्घटना से पीड़ित लोगों में अपने के ही दर्शन करने के लिए प्रेरित करने वाली कविता सत्ता की नृशंसता की ओर पर्याप्त रोशनी बिखेरती है। इसलिए भोपाल दुर्घटना से पीड़ित लोगों की ज़िन्दगी को सँवारने का यत्न सत्ता या पूँजीपति की तरफ़ से नहीं हुआ है। अपने बुनियादी हक़ के लिए भोपाल, दिल्ली,

मास्को, न्यूयार्क तक के बेमतलब का सफ़र उन्हें करना पड़ता है। जीने के स्वाभाविक अधिकार से वंचित आम जनता सत्ता या धन की ताकत के दानवाधिकारों के नीचे दबकर दम घुटती है। विषैली गैस के घुसने से उसका सर्वस्व बिगड़ गया है, शरीर जर–जर्जर हो गया है। वह जीवन भर तेंदुआ दबाता हुआ पूछ रहा है उस, दुर्घटना ग्रस्त रात का हिसाब। हम इतने निर्दय हो गये हैं, इसलिए कहना पड़ रहा है कि पूँजीवाद ने मानव को क्रूर, धूर्त बना दिया है। व्यवस्था की मार से घायल भोपाल त्रासदी के पीड़ितों को राहत पहुँ*चाने की विनती करते हुए भीमसेन जोशी से उदय प्रकाश कहते हैं– ''उस अमर नींद के काले माथे पर रखो/बहुत संभालकर/अपने संगीत के मुलायम उजले पंख।''* यदि यह औद्योगिक दुर्घटना नहीं घटती तो ''उनकी सांसें सुन्दर संगीत का आलाप बन सकती थीं, पर आज उन बीमारों की स्थिति ऐसी हो गयी है कि वे जीवन की रंगों से एकदम कट गये हैं।'' कवि का कथन है कि फार्ड ने (अमेरिकी साम्राज्यवाद का प्रतीक) हमारे लिए बस खोल दिया है, कविता का अर्थात् शोक का विपुल पुस्तकालय।' प्रस्तुत कविता अन्त में संगीत को अन्याय के ख़िलाफ़ लड़ने के औज़ार के रूप में अपनाती है। मानव के सम्मान, समृद्धि, अधिकार को हतप्रभ करने वाली शक्तियों के ख़िलाफ़ लड़ने का आह्वान कविता अपने कलेजे में वहन करती है। कवि के ही शब्दों में– *''गाओ/ज़हरीले कारखानों/परमाणु अस्त्रों और नक्षत्र युद्धों/के खिलाफ गाओ।''*

भगवत रावत कहते हैं–''कविता की सार्थकता का एवं अर्थवत्ता का साक्ष्यांकन यही होता है कि हर एक वाचन से अर्थ नयी चमक–धमक के साथ हमारी आँखों के सामने आरती उतारते हैं।'' समकालीन कविता इस कसौटी पर खरी उतरती है। संक्षेप में पर्यावरणीय कविता की कथ्य की नवीनता, जीवन्तता, प्रासंगकिता और सार्वलौकिकता मानव के जीवनावबोध को नये ढंग से संरचित करने में सफल हैं। साथ ही इस कोटि की कविताएँ अर्थसत्ता की कुटिल दाँव–पेंच को, दमनात्मक सत्ता के विकृत रूप को, केन्द्रीकृत अर्थ सत्ता के पैरों तले कुचला दिये जाने वाले मानवीय अधिकारों की दर्दनाक स्थिति को उजागर करती हैं तथा प्रतिरोध की देदीप्यमान चेतना को ज्वलन्त बनाये रखती हैं।

साक्षात्कार

1

कविता की संवेदना हमारी संस्कृति को द्योतित करती है

(कवि–आलोचक प्रो. ए. अरविन्दाक्षन जी से डॉ. प्रभाकरन हेब्बार इल्लत की बातचीत)

हेब्बार : आज की कविता के विमर्श के सन्दर्भ में, विशेषकर हिन्दी कविता के सन्दर्भ में समकालीनता की अवधारणा, स्थान, काल के साथ समकालीनता की सम्पृक्ति पर अस्पष्टता नज़र आती है। आप इस संज्ञा को किस नज़रिए से देखते हैं?

प्रो. अरविन्दाक्षन : सत्तर के दशक के आख़िर में हिन्दी कविता का तेवर बदलता दिखायी देता है। राजनीतिक क्षेत्र की निरंकुशताओं ने, वैश्विक स्तर पर चल रहे नव उपनिवेशवादी संक्रमण ने प्रौद्योगिक क्षेत्र की तेज़ रफ़्तार ने, पूँजी केन्द्रित उदार आर्थिक नीतियों ने सामान्य जीवन को तिमिराच्छादित कर दिया था। इस अँधेरे के विरुद्ध हमें प्रतिक्रियान्वित होना ही था। कविता ने ही नहीं, साहित्य एवं कला के समस्त माध्यमों ने अपनी प्रतिक्रिया व्यक्त की थी। यह बहिरंग प्रतिक्रिया नहीं थी। कविता ने अपने 'डीप–स्ट्रक्चर' में समय की हीन जड़ता के विरुद्ध पूरी ताकत के साथ अपने होने का अहसास कराया था। कविता के इस अपने होने के अहसास को, रचनात्मक बहुलता के साथ समय–सम्पृक्ति की सही परिचिति को समकालीन कविता के नाम से अभिहित किया जाता रहा। सन् से लेकर सन् दो हज़ार तक या सन् दो हज़ार से लेकर इधर दो हज़ार सोलह तक यानी चालीस–इकतालीस वर्ष की हिन्दी कविता समकालीन हिन्दी कविता के नाम से ही चर्चा में है। इस शब्द के सामान्यीकरण के कारण

या हिन्दी कविता विमर्श के क्षेत्र में कविता मात्र को दशकों में बाँटकर देखने की सतही अकादमीय दृष्टि के कारण, पिछले चार दशकों में जीवन में चिह्नित हो रही तमाम तब्दीलियों के कारण, समकालीनता की पारदर्शिता पर सवालिया निशान पड़ा। यह स्वाभाविक है, लेकिन आज लिखी जा रही गम्भीर कविताओं के साथ विशेषण के रूप में जुड़ा समकालीन शब्द मात्र विशेषण नहीं है। वह कविता का अभिन्न अंग है। वह कुल एक संज्ञा है। अतः समकालीनता की सम्पृक्ति पर कोई अस्पष्टता नहीं है। कविता का समकालीन होना सिर्फ़ अपने समय में होना भर नहीं है। समकालीनता को हमें आत्मसात करना पड़ता है, उसे अर्जित करना पड़ता है। यह हमारा हस्तक्षेप है। यही कविता का हस्तक्षेप भी है। जब समकालीनता को सतही दृष्टि से देखा जाता है तो लग सकता है कि वह एक स्थायी मुहावरा है, ऐसा नहीं है, वह एक सतत प्रक्रिया है। ऐसे में अस्पष्टताएँ दूर हो जाती हैं और हम कविता में अपने को तथा अपने में कविता को पूरी गम्भीरता के साथ अनुभव कर सकते हैं।

समकालीन कविता में स्वीकृत थल और काल को बारीक़ी से देखा जाये तो पता चल सकता है कि पिछले इन चार दशकों की कविता का समय सिर्फ़ अपनी वर्तमानता तक सीमित नहीं है। समय का पूरा नैरन्तर्य उसमें समाहित है। थल की भी यही स्थिति है। वह एक निश्चित भौगोलिक अवस्था द्योतक सत्य नहीं है। ज्ञानेन्द्रपति की एक कविता इस प्रकार है–

पृथ्वी पर चलकर, उसे रौंदने के लिए
क्षमा माँगने वाले विनत माथ कवि का उन्नत भाल वंशज!
मैं पूछता हूँ/यह पृथ्वी क्या केवल तुम्हारी है?

उक्त कविता में जो सवाल है, 'यह पृथ्वी क्या केवल तुम्हारी है?' उसका एक बृहद् इतिहास है जिसकी कालबद्धता और थलबद्धता उसकी समकालीनता को निर्धारित करती है। वस्तुतः समकालीनता को इसी तरह से आत्मसात् करें तो आज की कविता की देशजता, भारतीयता एवं उसकी व्यापक वैश्विकता स्पष्ट हो सकती है।

हेब्बार : आप स्वयं एक कवि हैं। कविता, संवेदना, अधिकार, मानवाधिकार के आपसी सरोकारों को आप किस प्रकार व्याख्यायित करते हैं?

प्रो. अरविन्दाक्षन : कविता की संवेदनात्मक सघनता ही पाठक समाज को कविता के प्रति आकृष्ट करती है। प्रत्येक श्रेष्ठ कविता अपनी संवेदनात्मक गहराई के कारण कालजयी साबित होती है। कविता की संवेदना वस्तुतः कविता का वह 'विशन' जिसमें जीवन का समग्र दर्शन समाहित है। वह इतना गतिशील है कि बार–बार पढ़ने पर भी ऊब पैदा नहीं होती है, बल्कि पुनर्पाठ के लिए हमें उत्प्रेरित करती है। कबीर को क्यों हम पढ़ते हैं, तुलसी का पुनर्पाठ ज़रूरी क्यों लगता है, निराला की पंक्तियाँ बार–बार स्मरण करने के लिए हम क्यों बाध्य होते हैं। हमारी जीवन–दृष्टि पर इन सब की रचनाओं की संवेदना का गहरा असर पड़ा है। कविता की संवेदना ने हमें नवीकृत किया है, हमें संस्कार दिया है, विशाल एवं गतिशील जीवन की ओर अग्रसर होने के लिए हमें प्रेरित किया है, नयी सौन्दर्यानुभूति से हमें वलयित किया है। कविता तथा कविता की संवेदना हमारी संस्कृति को ही द्योतित करती है।

कविता प्रकटत : अधिकार की बात नहीं करती। परन्तु इतिहास गवाह है कि कुछ विशेष परिस्थितियों में अधिकार जताने वाली कविताएँ भी ख़ूब लिखी गयी हैं। उदाहरण के लिए स्वतन्त्रता संग्राम के दौर में लिखी गयी कविताएँ या प्रगतिवाद के दौर की कविताएँ। अधिकार से वंचित लोगों के पक्ष में लिखी गयी बहुत सारी स्थूल कविताएँ हमें मिली हैं। लेकिन इन स्थूल कविताओं के माध्यम से हम कविता में दर्ज अधिकार की बात नहीं कर सकते। कविता में अधिकार का एक सूक्ष्म अर्थ भी है। जहाँ–जहाँ मानवीयता पर जोर देने वाली कविताएँ मिलती हैं, मानवीय मूल्य को महत्व देने वाली कविताएँ केन्द्र में आती हैं, मानवीय संघर्ष को केन्द्र में रखकर लिखी गयी कविताएँ मिलती हैं उनमें अधिकार का एक सूक्ष्म स्तर उपलब्ध होता है। अधिकार को संकेतित करने वाली कविताएँ मनुष्य को इतिहास एवं संस्कृति के परिप्रेक्ष्य में ही देखती हैं। ऋतुराज की एक कविता 'अँधेरे में प्रार्थना'–एकाएक याद हो आती है–

ले चलो मुझे उस लोक से दूर कहीं
जहाँ निर्धन धनवानों को चुनते नहीं
जहाँ मूर्ख और पगु नहीं बनते बुद्धिमान
जहाँ निर्बल स्त्रियों पर वीरता नहीं दिखाते शक्तिमान

पार करना मगरमच्छों से भरी कोई नदी
ले चलो मुझे इस लोक से उस लोक में
जहाँ चल सकूँ अपने बनाये रास्ते के आलोक में।

विचारों की कमी के इस कठिन समय में ऋतुराज ने उस मनुष्य को प्रस्तुत किया है, जो अपने बनाये रास्ते के आलोक में चलना पसन्द करता है। यहाँ पर अधिकार आरोपित भाव नहीं, बल्कि मनुष्य की निजता है।

जहाँ तक मानवाधिकार की बात है, वह समकालीन कविता की अहमियत ही है। मानवाधिकार का अपना संघर्षबद्ध इतिहास है। समकालीन कविता को नज़दीक से देखा जाये तो मानवाधिकार के अलग–अलग परिदृश्य सामने आते हैं। ये सहज रूप से ही कविता में दर्ज हुए हैं। समकालीन कविता, 'अथ' से 'इति' तक मानवाधिकार को पुष्ट करती रही। लेकिन मुखर होकर नहीं। उसकी संवेदनात्मक सघनता में मानवाधिकार के तत्त्व स्वतः सम्पृक्त हैं। अनामिका की कुछ पक्तियाँ इस प्रकार हैं ('स्त्रियाँ')–

सुनो हमें अनहद की तरह
और समझो जैसे समझी जाती है
नयी–नयी सीखी हुई भाषा

स्त्री को ठीक से, उसके अपने स्वत्व के परिप्रेक्ष्य में, उसके सच के परिप्रेक्ष्य में समझने के लिए बात कही गयी है। इस कविता में अधिकार या मानवाधिकार का कोई संकेत नहीं है। पर ये दोनों, परोक्षतः ही सही, पूरे विस्तार से, इतिहास की प्रामाणिकता के साथ सगुंफित हैं।

हेब्बार : कविता और संस्कृति का चिरंतन सम्बन्ध है। कविता की संस्कृति के विभिन्न पक्षों का उल्लेख आपके लेखन में हम देखते हैं। समकालीन कविता की संस्कृति पर मैं आपका विचार जानना चाहूँगा।

प्रो. अरविन्दाक्षन : प्रत्येक श्रेष्ठ कविता अपनी संस्कृति चिह्नित करती है। आज की हमारी संचित संस्कृति में कविता की भूमिका नगण्य नहीं है। जो कविता समय की गतिशील, जीवन्त एवं मनुष्य धर्मी उन्मुखता प्रकट करती है, वह बृहद् संस्कृति परम्परा का अंग बनकर भाषा विशेष को ही नहीं, बल्कि आगे के समय को भी सुनिश्चित करती है। कविता का इतिहास इसका साक्षी है।

आधुनिकता के दौर में सामान्यत : उदात्तीकरण की प्रवृत्ति मिलती है। समकालीन दौर में उसके स्थान पर जीवन की लघुता केन्द्र में आती है। समकालीन कविता की इस प्रवृत्ति ने लघु जीवन की संस्कृति को प्रश्रय देने का कार्य किया है। हाशियेकृत जीवन के सच को कविता ने विषय बनाया और इस तरह हाशियेकृत जीवन की संस्कृति निरन्तर चिह्नित होती रही। शैलेय की एक छोटी कविता इस लघुता की संस्कृति को हू–ब–हू व्यक्त करती है–

हताश लोगों से/बस
एक सवाल/हिमालय ऊँचा
या/बछेन्द्रीपाल?

इसमें जीवन की लघुता के प्रति पक्षधरता ही नहीं, बल्कि मानवीय संघर्ष की सस्कृति भी ध्वन्यांकित है। सहानुभूति की संस्कृति की जगह संघर्ष की जिजीविषा इसमें स्पष्ट है। इस तरह की अनेको कविताओं ने मानवीय संघर्ष की संस्कृति को तरजीह दी है।

संघर्ष की संस्कृति की तरह प्रतिरोध की संस्कृति भी समकालीन कविता में भरपूर मात्रा में सन्निहित है। प्रतिरोध जड़ता के विरुद्ध, रूढ़ियों के विरुद्ध, इतिहासहीनता के विरुद्ध, साम्राज्यवाद के विरुद्ध, उपनिवेशवादी संस्कृति के विरुद्ध, 'कोर्पोरेट कल्चर' के विरुद्ध अपनाये जाने वाला मानवीय दृष्टिकोण है जिसके अभाव में नागरिक बोध (सिविक सेंस) विकसित नहीं हो सकता है और न एक गतिशील परम्परा सम्भव है। हमारी जितनी भी अर्जित गतिशील परम्पराएँ हैं, जिसे हम अपनी सभ्यता कहते हैं, उसकी पृष्ठभूमि में प्रतिरोध की संस्कृति की तेजस्विता वर्तमान है। प्रतिरोध के अभाव में कोई भी संस्कृति वाँछित दिशा की ओर अग्रसर होती नहीं है। समकालीन कविता का गहन जीवन–सम्पृक्ति बोध उसकी सौन्दर्यमूलक संस्कृति का निदान है। भारत की प्रत्येक भाषा में जहाँ–जहाँ समकालीन कविता अपनी ऊर्जा के साथ विद्यमान है वहाँ नयी सौन्दर्यानुभूति से निष्पन्न नयी संस्कृति का द्वार खुलता दिखायी देता है। हिन्दी कविता भी इसी महत्त्वपूर्ण श्रेणी में आती है। जीवन सापेक्ष सौन्दर्य की नयी संस्कृति समकालीन कविता की सबसे बड़ी देन है।

हेब्बार : कवि समाज का सजग प्रतिनिधि है। यह किस–किसके प्रति दिखायी पड़नेवाली सजगता है? यह सजगता किस रूप में कविता में प्रतिफलित होती है?

प्रो. अरविन्दाक्षन : प्रत्येक नागरिक की तरह कवि भी समाज का प्रतिनिधि है। पर वह एक सजग प्रतिनिधि है। यहाँ वह सामान्य नागरिक से अलग दिखायी देता है। कारण स्पष्ट है। कविता लिखने का भारी दायित्व उसने अपने कन्धे पर ले लिया है। कविता लिखना एक गम्भीर रचनात्मक कार्य है। इसलिए वह जीवन को आंशिक तौर पर कविता में प्रक्षेपित नहीं कर सकता। जब तक एक कवि जीवन को समग्रता में प्रक्षेपित नहीं कर पाता तब तक वह अधूरा ही रह जाता है। अपूर्णता का यह बोध उसे पूर्णता की ओर ले चलता है। उसे बहुत कुछ को सम्बोधित करना पड़ता है, बहुत कुछ के प्रति सजग होना पड़ता है। सबसे पहले उसे आत्म सजग होना पड़ता है। आत्मसजगता रचनात्मक ईमानदारी से सम्बन्धित है। आत्म सजग कवि अपने प्रति अकारुणिक होता है जिससे उसके अहं का विकास उत्तरोत्तर होता है। कवि–व्यक्तित्त्व का विकास, यानी तीव्रतम आत्म सजगता, कविता के प्रति समर्पित होने का भाव है। तात्पर्य यही है कि वह जीवन के प्रति समर्पित होता है।

कवि के बारे में बताया गया है, 'रुदितानुसारि कवि'। यह कालिदास की उक्ति है। कवि रुदन सुनकर आने वाला है। मैं इस उक्ति को कविता के बृहत्तर सन्दर्भ में महत्त्वपूर्ण मानता हूँ। यहाँ पर सवाल यह है कि यह किसका रुदन है, क्यों कर रहा है। मुख्य बात यही है कि कवि रुदन को सुनता है। यह कवि की उस सजगता के कारण है जो उसकी दृष्टि–सम्पन्नता का सृजनात्मक पक्ष है। मनुष्य के तमाम संघर्ष, उसके जीवन की विविध रंगी विडम्बनाएँ, सामाजिक एवं राजनीतिक विद्रूपताएँ, जीवन की लघुता को कुचल दिये जाने से उत्पन्न उद्वेलन, मूल्य विघटन के तमाम पक्ष, विस्थापन की समस्याएँ आदि के प्रति कवि का सजग होना स्वाभाविक है। इस व्यापक जीवन परिदृश्य में वह रुदन को सुन पाता है। अष्टभुजा शुक्ल जब लिखते हैं– *"हमें भले ही फलों के स्वाद की जानकारी कम हो/लेकिन आम को इमली और इमली को आम न कहना पड़े।"* तो कवि की आत्मसजगता ही व्यक्त होती है। लेकिन राजेश जोशी की कविता 'देख चिड़िया' में नव–उपनिवेशवादी तन्त्र की साज़िशों को सरल शब्दों में व्यक्त किया गया है–

देख चिड़िया/आजू–बाजू देख
ऊपर–नीचे देख/बाज़ार से आते/उस हाथ को देख
जो पिंजरा लाता है।/देख उस हाथ को ग़ौर से
जो चावल के उजले दानों के नीचे/जाल बिछाता है

कवि की सांस्कृतिक सजगता का एक साफ़–सुथरा चित्र इस कविता में है। लेकिन वाक्य में वह जितना सरल दिखती है, आस्वादन में वह उतना सरल नहीं है। अपनी सामाजिक, राजनीतिक, सांस्कृतिक सजगता को कवि व्यंग्य–विद्रूपता के माध्यम से, सपाटबयानी में निहित अतिसूक्ष्म दिशा संकेतों के माध्यम से, लोक जीवन के किन्हीं पक्षों के माध्यम से, प्राकृतिक परम्पराओं के चित्रों के माध्यम से व्यक्त करता है। प्रत्येक अवसर पर कवि अपनी कविता की भाषा को तलाशता रहता है जिससे वह अपनी सजग दृष्टि बारीक़ी से व्यक्त कर सके।

हेब्बार: कविता अपने भीतर एक समाज को निर्मित करती है। समकालीन कविता के आलोक में कवि किस प्रकार के सामाजिक विकल्पों को पाठक के सामने रखता है?

प्रो. अरविन्दाक्षन : कविता के भीतर सृजित समाज कविता का विकल्प है। पर यह समाज हमारे वास्तविक समाज से अलग–थलग नहीं है। वास्तविक समाज के **नियत** रूप की तरह कविता का समाज स्वयंपूर्ण नहीं होता। वह अलग–अलग टुकड़ों में बन्टा हुआ होता है। पर जो दिशा–संकेत हमें मिलता है, वह पूर्ण होता है।

समकालीन कविता को हम अपने समय की कविता के रूप में इसलिए देख पाते हैं कि उसमें समय की तमाम विकरालताओं को किसी न किसी रूप में व्यक्त करने की कोशिश मिलती है, जिसके हम गवाह हैं और हम भोक्ता भी हैं। हमारे समय की कविता जहाँ–जहाँ अपनी पक्षधरता संघर्ष करते मनुष्य के प्रति व्यक्त करती है तो वह उसका सामाजिक विकल्प है। संघर्ष करते मनुष्य के प्रति पक्षधरता का तात्पर्य सतही सहानुभूति की सामान्य अभिव्यक्ति नहीं है। कविता का इतिहास साक्षी है कि कविता ने समय–समय पर जटिल स्थितियों पर हस्तक्षेप करने का कार्य किया है। यह ज़रूर है कि कविता ने जीवन के सौन्दर्य को भी अभिव्यक्त किया है। मनुष्य का संघर्षरत होना उसके सौन्दर्य का एक पक्ष है। वह जड़ नहीं हो सकता है। वह अपने समय में जीवन बिताने वाला मनुष्य है जिसकी अपनी प्रतिक्रियाएँ हैं। समकालीन कविता ने इसी मनुष्य को हमेशा केन्द्र में रखा है। वह मनुष्य अनगिनत आशंकाओं से घिरा है। वह तनावग्रस्त है। उसे प्रतिक्रियान्वित होना पड़ता है। सुदीप बैनर्जी की एक प्रतिक्रिया है–"यह सदी बहरी है/कोई बात नहीं/अगली सदी के लिए चिल्लाओ/अपने बच्चों के लिए चिल्लाओ/यह सदी बहरी है।"

कई प्रकार की अनुगूँजें इस आह्वान में निहित है, वह है–'यह सदी बहरी है'। हमें सिर्फ इस आह्वान के लौह–द्वार को खोलना है। यह भारी पड़ सकता है, हमारे लिए। यह कार्य खतरे से खाली नहीं है। पर कविता प्रतिध्वनित होती है, वह कहती है–'यह सदी बहरी है।'

समकालीन कविता प्रतिपक्षधर्मी है। वह इस विकल्प को कविता की सौन्दर्यात्मकता को बाधित किये बग़ैर व्यक्त करती है। 'पराजयों के बीच' लीलाधर मण्डलोई की कविता बाह्यतः आह्वान सी प्रतीत होती है। परन्त उस आह्वान के भीतर एक जीता–जागता मनुष्य बिम्बित दिखता है जो कविता को सौन्दर्यात्मक विस्तार भी देता है और वैकल्पिक सघनता भी–

मैं रंग, लिंग, धर्म या नस्ल के आधार पे
बढ़ रहे आदमी के ख़िलाफ़/सड़क पे जा सकता हूँ
मुमकिन है टूट पड़े कानून का कहर
कम–से–कम एक समाचार तो बन सकता हूँ
कि बन्द पलकों में एक सही हरकत दर्ज हो
बन्द कपाटों में ऐसी हलचल कि सोचना शुरू हो

हेब्बार : मानवाधिकारों की माँग की समकालीनता में दलित, स्त्री, आदिवासी कविता अधिकारों की माँग किस प्रकार करती है?

प्रो. अरविन्दाक्षन : मानवाधिकार साहित्य से इतर एक अनुशासन के रूप में स्वीकृत है। वह विधि क्षेत्र का अनुशासन है और समाजशास्त्र का भी। लेकिन मानवाधिकार अब कई अनुशासनों और कई सामाजिक गतिविधियों से जुड़ा विषय भी है। ऐसे में वह साहित्य से भी जुड़ जाता है तो आश्चर्य की कोई बात नहीं है। साहित्य को आज कई दृष्टियों से देखा जाता है और उसका अन्तर–अनुशासनपरक अध्ययन उत्तरोत्तर प्रासंगिक होता जा रहा है।

पुराने ज़माने में जब मानवाधिकार की कोई विशेष चर्चा उभर कर नहीं आयी थी। उस समय भी साहित्य ने मानवाधिकार की बात पर ज़ोर दिया था। जब हम प्रेमचन्द के कथा साहित्य से होकर गुज़रते हैं, निराला की कविताओं या नागार्जुन की कविताओं में डूब जाते हैं। हमें मनुष्य के बुनियादी अधिकारों से सम्बन्धित कई बातें या मनुष्य के अधिकारों के हनन

के कई पक्ष इन सबकी रचनाओं से हमें देखने को मिले हैं। मुक्तिबोध की 'अँधेरे में' या 'भूल ग़लती' जैसी कविताओं को मानवाधिकार के सन्दर्भ में देखना प्रीतिप्रद हो सकता है तथा आस्वादन के नये परिपार्श्व उनमें मिल सकते हैं। वस्तुतः समकालीन कविता ने इन्हीं रचनाओं से काफ़ी कुछ ग्रहण किया है।

समकालीन कविता में दलित–जीवन, स्त्री–जीवन और आदिवासी जीवन सम्बन्धी कविताएँ ख़ूब लिखी गयी हैं। तमाम प्रकार की नव–उपनिवेशवादी या साम्राज्यवादी उभार के बावजूद विश्व भर में समाजवादी दृष्टि का विकास भी देखने मिलता है। इस दृष्टि ने हाशियीकृत समाज को साहित्य के केन्द्र में रखा। हाशियीकरण का प्रतिरोध साहित्य में पहले भी मिलता है। लेकिन आज उसका वैश्विक आधार सामने आ गया है। आज हाशियीकृत समाज का आन्दोलीकृत रूप देखने को मिलता है। उसने साहित्य पर, विशेष रूप से कविता में अति विस्तृत और अति गहन स्पेस ढूँढ़ने का कार्य किया है। एक तरफ़ इन तीनों प्रकार के विषय से सम्बन्धित कविताएँ मानवाधिकार को नया तेवर प्रदान करती हैं और हमारी सामाजिकता को अत्यन्त दीप्त भी करती हैं।

दरअसल समकालीन कविता में स्त्री कविताएँ या दलित कविताएँ या आदिवासी कविताएँ मुखर रूप से अपने अधिकारों की माँग के साथ प्रस्तुत नहीं होती हैं। स्त्री कविता का समकालीन कविता में स्थान दर्ज होते जाना ही सर्वाधिक मुख्य है। दलित कविता एक ओर दलित–जीवन की पीड़ाओं और प्रताड़नाओं की अभिव्यक्ति है तो प्रमुख रूप से समकालीन कविता की सचाई भी है। उसी प्रकार आदिवासी कविताएँ भी। कहना यह उचित प्रतीत होता है कि इन तीनों प्रकार की कविताएँ हमारी तीव्र सामाजिक दृष्टि का प्रतिफलन हैं तो वे मानवाधिकार की काव्यात्मक अभिव्यक्तियाँ भी हैं। एक विशेष समाज को यदि इतिहास ने अनदेखा किया है तो समकालीन कविता ने उसे उभारकर सामने रख दिया है। इसलिए इन कविताओं में स्त्री की अपनी आत्मवेदना से लेकर आत्मविश्वास तक की कविताएँ हमें मिलती हैं तो उसके प्रतिरोध के स्वर भी तीव्रतर रूप में हमें सुनायी पड़ते हैं। दलित–जीवन की कविताएँ हमारी संस्कृति के तमाम अलिखित अध्यायों को प्रामाणिकता के साथ अभिव्यक्ति दे पा रही हैं। वे कहीं मुखर हैं तो जायज हैं कि दबी हुई आवाज़ का वह उदय है। मानवाधिकार सम्बन्धी हमारे नये अवबोध ने इनके लिए इतना सहारा दिया है।

हेब्बार : कविता अधिकारों की माँग करती है तथा उसके अनुरूप एक खास भाषा का भी सृजन करती है। समकालीन कविता की भाषाई संरचना पर अपना विचार व्यक्त करें।

प्रो. अरविन्दाक्षन : समकालीन कविता की भाषा पर कम ही अध्ययन हुए हैं। यही नहीं समकालीन कविता की भाषिक संरचना पर दो आरोप सामने आये। 'कृति ओर' पत्रिका के सम्पादक कवि विजेन्द्र ने अपनी पत्रिका में समकालीन कविता में छन्द विषय पर एक बहस शुरू की। कई रचनाकारों ने उसमें भाग लिया। छन्द कहाँ तक आज की कविता के लिए आवश्यक है, मुद्दा यही था। पत्रिका के एक अंक में कथाकार संजीव ने आज की छन्दविहीन कविताएँ हमारे स्मृति–पटल से नष्ट होने को लेकर चर्चा की जबकि छन्दयुक्त कविताएँ अब भी हमारी स्मृतियों में छायी हुई हैं। उस बहस के जवाब में मैंने लिखा था कि वाचन की सुगमता या स्मरण रखने की सुविधा के लिए छन्द की आवश्यकता पर ज़ोर देना ठीक नहीं है। यदि कोई समकालीन कवि स्वयमेव छन्द का प्रयोग करना चाहें तो ठीक है। लेकिन जान बूझकर छन्द को लादने से कविता में कोई गुणात्मक परिवर्तन नहीं हो सकता है। समकालीन कविता यदि हमारे बीच में है, पढ़ी जाती है, आस्वादित होती है तो उसका कारण वह हमारे जीवंन की जीवंत अभिव्यक्ति है। उसके लिए छन्द की आवश्यकता नहीं है। उसकी वास्तविक लयात्मकता हमारे जीवन के अनगिनत पक्षों का स्पर्श करती दिखायी देती है।

दूसरा आरोप यह है कि आज के कवि मनमाने ढंग से शब्दों को इधर–उधर करके कविता के रूप में प्रस्तुत करते हैं। इसका जवाब यही है कि शब्दों को इधर–उधर करके कविता नहीं लिखी जा सकती है। मुक्तिबोध का कथन आज भी सही है कि तनाव से ही कविता उत्पन्न होती है। उसे उन्होंने आत्मसंघर्ष भी कहा था। आज भी गम्भीर कविताएँ गहन आत्मसंघर्ष की अभिव्यक्तियाँ हैं। उसके बिना कविता जन्म ही नहीं ले सकती।

रही कविता की भाषिक संरचना की बात। समकालीन कविता में शब्द को सृजनात्मकता के प्रतीक के रूप में नहीं, बल्कि कालबद्ध और थलबद्ध (टाइम रिलेटड एंड स्पेस रिलेटड) सन्दर्भ में देखा गया है। ऐसा भी प्रतीत होता है कि शब्द ही मनुष्य है जो अपने कठिन समय से संघर्ष कर रहा है।

इसलिए शब्द सिर्फ एक प्रतीक नहीं है, बल्कि वह एक व्यापक अनुभव है। जब राजेश जोशी (मेटल डिटेक्टर) लिखते हैं कि *"लुकते–छिपते किसी संघ से/झाँसा देकर निकल भी जाये मेरा शब्द/तो लपककर दबोच लिया आयेगा/ बीच रास्ते में ही/या हज़ार–हज़ार निरर्थक शब्दों का शोर खड़ा कर देंगे वे उसके आसपास/आस–पास!..."* यहाँ शब्द इस सच से वाक़िफ़ है कि उनकी सार्थकता को झपकियाँ मारते ही निरर्थकता में बदलने की साजिश हमारा समय आसानी से कर सकता है। काल का यह आतंक हमारे थल का यथार्थ है और थल का आतंक काल का यथार्थ भी है। नयी कविता के दौर में अज्ञेय ने रचना में शब्दों की अपव्ययता पर रोक लगाने की बात कही थी। कविता में इस बात की सख़्त ज़रूरत भी है। समकालीन कविता में शब्दों की मितव्ययिता तो है ही। यही नहीं कि शब्द ही जीवन से साक्षात्कार करते दिखते हैं। प्रत्येक शब्द का अनुभव में संक्रमण करते जाने के दृश्य सुलभ हैं। शब्दों का यह अनुवाद समकालीन कविता की भाषिक सृजनशीलता का सशक्त उदाहरण है। यह उदाहरण हम सबसे छोटी कविताओं में तथा लम्बी कविताओं में भी देख सकते हैं। शब्द, अनुभव, आत्मसंघर्ष और कविता का सातत्य एक निरन्तरता के रूप में समकालीन कविता में रची–बसी दिखायी देती है। 'कविता ही दुख की बोली है' दिनेश कुमार शुक्ल की कविता है। यहाँ शब्द के स्थान पर 'कविता' शब्द का प्रयोग किया गया है–*"कविता ने ही बताया भेद दुख का/इस अपार की सीमा है/यह अभाव भी अतल नहीं है/इस अनादि का आदि–अन्त है/इस अनन्त का कहीं अपरिमित अप्रमेय अज्ञेय कुछ नहीं है।"* यह आह्वानपरक कविता नहीं है। हमारी दृष्टि में रूढ़ मूल हुई दृष्टि विपन्नता के अनुभव को बदलते हुए दृष्टि सम्पन्नता में तब्दील करने की सृजनात्मकता इसमें हम अनुभव कर पाते हैं और एक सृजनशील अनुभव के अतल में पहुँच जाते हैं– *"जगत मिथ्या नहीं/कविता जादू नहीं।"*

समकालीन कविता की भाषा में समय के कई रूपक मिल जाते हैं। जैसे शब्द अनुभव में तब्दील होने के दृश्य हम देख चुके हैं, उसी तरह समय का चित्रण समकालीन कविता में होता नहीं है, बल्कि समय एक सशक्त समय–सा प्रतीत होता है। उसके अँधेरे बन्द कमरों और हवा हीन गलियारों से हम गुज़रते चले जाते हैं। विष्णुनागर ने लिखा *"अजीब दहशत में हूँ/कविता लिखता हूँ"* यह दहशत समय की वास्तविकता है।

यह एक समयानुभव है। कवि की इन दो छोटी–छोटी पंक्तियों में दहशत का यानी समयानुभव का विस्तार होता जाता है। यहाँ हमारा इतिहास से होकर यात्रा ही तो चिह्नित है। विश्वनाथ प्रसाद तिवारी ने एक बार यह कहा था कि "काव्य भाषा जीवन संग्राम की भाषा हो सकती है।" शलभ श्रीराम सिंह की एक कविता की पंक्तियाँ यों हैं– *"जिस दिन अच्छी कविता लिखोगे/अपने से दूर हो जाओगे.../एकदम/... नौकरी से हाथ धो बैठोगे... अकेले रह जाओगे... एकदम/जिस दिन अच्छी कविता लिखोगे पागल करार दिये जाओगे/मार दिये जाओगे अचानक"*–इस कविता में 'जिस दिन' जो समय का रूपक है और उसी का विस्तार दिया गया है। दृश्यवत् समय की अदृश्य गहराइयों की गम्भीर पहचान इसमें मुख्य है।

भाषा के कोण से देखते समय समकालीन कविता अपनी भाषिक समृद्धि का परिचय दे रही है। समकालीन कविता की भाषा हम से स्पष्ट रूप से बता रही है कि कविता की चर्चा में भाषा कोई अलग या अन्तिम इकाई नहीं है। भाषा कविता की जैविकता ही है। प्रत्येक कविता का आस्वादन कविता की भाषा के माध्यम से ही सम्भव है। कविता के जितने भी आयाम हैं, उन सबमें भाषा की ही सर्जनात्मकता हमें आकृष्ट करती है।

समकालीन कविता की भाषा में आत्मपक्ष की प्रमुखता है। एकान्त श्रीवास्तव का मानना है– "आत्म अनात्म का शत्रु नहीं है।... अनात्म तक जाने वाला मार्ग आत्म से होकर गुज़रता है। हम जड़ों को काटकर किसी वृक्ष को हरा नहीं रख सकते, 'हम' के अट्टहास में 'मैं' का विलाप अनसुना रह गया है। 'हम' की पूजा में 'मैं' को बार–बार बलि देकर उसका बहुत लहू बहाया जा चुका है।" (कविता का आत्मपक्ष) कविता की भाषा की सृजनात्मकता के सन्दर्भ एकान्त के इस वक्तव्य से हमें इसलिए सहमति जतानी पड़ती है कि कविता का आत्मपक्ष कविता की निजता है। इसी कवि की कुछ पंक्तियाँ हैं– *"मेरी कविता दुखों की खान है/वहाँ दर्द की लिपियाँ हैं अपाठ्य।"* आत्मपक्ष से यह कविता शुरू होती है। भाषा की वास्तविक शुरूआत सही आत्मपक्ष से ही सम्भव है। लेकिन इसमें तुरन्त अनात्म की अभिव्यक्ति भी हुई है। मेरी कविता में दर्द की अपाठ्य लिपियाँ जो हैं उसमें अनात्म का अनुपात देखने के योग्य हैं। वस्तुतः कविता की भाषा का यह पक्ष विस्तृत अध्ययन की माँग करता है।

लोक का विलयन समकालीन कविता की भाषा की एक और अनन्य प्रवृत्ति है। लोक के विलयन के अभाव में कोई भी कविता सार्थक नहीं हो सकती है। लोक ग्रामीण जीवन का संश्लेषण नहीं है। लोक जीवन यथार्थ ही है। एक पारदर्शी यथार्थ जिसके माध्यम से कविता प्रामाणिक हो जाती है। अरुण कमल अपनी 'हक' शीर्षक कविता में मिट्टी के साथ के अपने आत्मीय सम्बन्ध को लोक दृष्टि से विलयित करके प्रस्तुत करते हैं– *"मेरे घर से सटा सरसों का खेत यह मेरा नहीं/लेकिन रोज़ रात मेरी कोठरी में/आती है सरसों के फूलों की कौंधती गन्ध/एक ही बार काटती मुझे/और रात भर मैं जगा रह जाता हूँ/छोटी सी कोठरी गन्ध–भीड़–भरी/कथा थोड़ा भी हक़ का नहीं मेरा इस खेत पर?/मुझको मिल गयी है सारी सुगन्ध/दाना को जाये भले खेत का मालिक.../थोड़ा भी हक नहीं?"* हक जताने की बात के पीछे अरुण कमल की सूक्ष्मतम लोक दृष्टि ही प्रमुख है जो पूरे पाठक समाज की मानसिकता का अंग है। समकालीन कविता की भाषा की लोकलय हिन्दी कविता की प्राणधारा है।

हेब्बार : कविता और मानवीयता के आपसी रिश्ते को कवि आलोचक के रूप में आप किस प्रकार देखते हैं?

प्रो. अरविन्दाक्षन : मानवीयता मनुष्य की श्रेष्ठ एवं उदात्त पहचान है। इसलिए मनुष्य के सभी प्रकार की अभिव्यक्तियों में मानवीयता का संस्पर्श रहता है। मानवीयता हमारी सामाजिकता का भी प्रमुख पक्ष है। सांस्कृतिक दृष्टि में भी हमारी मानवीयता झलकती है। उसके अभाव में कोई भी रचना सर्वोत्तम स्थान की अहर्ता प्राप्त नहीं कर सकती।

मानवीयता को उदात्तीकृत करके देखना संगत और समीचीन तो है। पर उसकी जड़ें जीवन यथार्थ के खुरदरे पक्षों तक व्यापी होने के कारण उसे यथार्थ के प्रकरण में देखना अधिक संगत प्रतीत होता है। सतही दृष्टि से देखने पर मानवीयता सब के लिए सुग्राह्य प्रतीत हो सकती है। लेकिन वह तलस्पर्शी नहीं हो सकती है। मानवीयता दरअसल हमारे इतिहास बोध की प्रखर अभिव्यक्ति है। इसलिए उसे हमें मनुष्य की समूह गाथा के साथ रखकर देखना पड़ता है। यहाँ पर पक्षधरता की बात आती है। कविता ने संघर्ष करते मनुष्य का पक्ष लेकर उसके सौन्दर्य को उजागर करने की कोशिश की है। अतः मानवीयता मानवीय संघर्ष की पक्षधरता

की गाथा है। संघर्ष का अपना सौन्दर्य है। वह जड़ता का विलोम है। वह आडम्बर का भी विलोम है। वह अधिकार लिप्सा का विलोम है अर्थात् वह जनतान्त्रिकता की पक्षधरता भी है। वह आत्ममुग्धता का विलोम है क्योंकि वह आत्मविस्तार की अभिव्यक्ति है।

समकालीन कविता की मानवीयता ने हमें प्रतिरोध की ताकत दी है। प्रतिरोधी चेतना से सघन समकालीन कविता मुखर नहीं होती है। प्रतिरोध एक मानवीय दृष्टि है यानी वह मानवीयता से भरपूर है। प्रतिरोध में सिर्फ़ सतही विरोध दृष्टि की अभिव्यक्ति नहीं है। प्रतिरोध जब कविता की संवेदना की गहराइयों की अभिव्यक्ति बनता है तो उसमें संस्कृति की तमाम निरंकुशताओं को हम अनुभव कर पाते हैं, इतिहास की जड़ताओं से हमारा परिचय हो जाता है, हमारी कला दृष्टि या संवेदनात्मकता के प्रदूषित पक्षों से हमारा गहरा परिचय हो जाता है। इसे ही कविता की मानवीयता यानी कविता की संस्कृति की पहचान कह सकते हैं।

हेब्बार : अधिकारों की समग्रता और कविता के कथ्यपक्ष की प्रबलता को समकालीन कविता किस प्रकार अपने भीतर सँजोती है?

प्रो. अरविन्दाक्षन : अभा बोधिसत्व की 'यशोदा की बेटी' शीर्षक कविता इस प्रकार है– *"बेटी हूँ जानकर/गिड़गिड़ाई माँ देवकी/मरी मैं/बचा तुम्हारा बेटा/जगत उद्धारक/मैं मरी और मरती रही तब से अब तक/तब मरी कृष्ण के लिए/अब मरती हूँ किसी/मोहन, मुन्ना, दीपक के लिए/इन्हीं कुल दीपकों के लिए/बुझती रही बार–बार/ताकि रहे कुल रहे उजियार/जिएँ जागें गाती रही मैं/तब भी मरती रही मैं.../क्योंकि मैं बेटी थी तुम्हारी.../मुझे तो मरना ही था/तुम न मरते पिता तो कोई दुर्योधन मारता मुझे/सभा के बीच साड़ी खींच/मुझे तो मरना ही था।"*

जयप्रकाश कर्दम की एक कविता 'गूँगा वहीं मैं' इस प्रकार है– "तमाम विरोधों और दबाओं के बावजूद/जाति के जंगल का यह जीव/अपनी मुक्ति के लिए अड़ा है/अपनी अस्मिता और अस्तित्त्व के लिए लड़ा है/और आज तमाम हौसलों के साथ हाथों में खंजर लिए वह बाहर निकल हरामजादे/तेरी ऐसी की तैसी।"

ऊपर के ये दो उदाहरण अस्मितामूलक कविताएँ हैं। पहली कविता स्त्री का अधिकारों से वंचित किये जाते समाज के प्रति आक्रोश से युक्त है।

दूसरी कविता, जो कि दलित है, जाति के नाम पर होने वाली प्रताड़नाओं की तरफ बख़ूबी इशारा करती है और उसके प्रतिरोध में उठे हुए हाथ की ताक़त की तरफ भी इशारा है। हाशियीकृत समाज से अधिकारों की माँग की बुलन्द आवाज़ें उठ सकती हैं, जो सहज ही हैं। इसको समकालीन कविता ने विस्तार से अभिव्यक्ति दी है। इसके कई कारण हैं। इतिहास से अलग किये हुए समाज के प्रति गहन प्रतिबद्धता की अभिव्यक्ति, मानवीयता की इतिहासबद्ध अभिव्यक्ति, प्रतिरोध की ताक़त की अभिव्यक्ति आदि इसके पीछे विद्यमान हैं। समकालीन कविता जीवन के गहन अवबोध की दृश्यात्मकता पर बल देती है। इसलिए एक गहन दुख, नैतिक संघर्ष, विडम्बना से उत्पन्न मायूसी आदि ऐसी कविताओं के कथ्य पक्ष को गहन बनाने में सफल हैं। चन्द्रकान्त देवताले की एक कविता है– 'थोड़े से बच्चे और बाक बच्चे।' यह कविता हमारी जड़ीभूत होती दर्शक–स्थिति की अभिव्यक्ति है।

"थोड़े से बच्चों के लिए/एक बगीचा/उनके पाँव दूब पर दौड़ रहे हैं।" इसके आगे एक और दृश्य है–*"असंख्य बच्चों के लिए/कीचड़, धूल और गन्दगी से पटी/गलियाँ हैं जिनमें वे/अपना भविष्य बीन रहे हैं।"* दो दृश्यों से यह कविता अधिकारों की समग्रता की बात भी करती है और कविता के कथ्य की रचनात्मकता को व्यापक इतिहासबद्धता के साथ प्रस्तुत भी करती है।

हेब्बार : कविता के मार्मिक आलोचक के रूप में समकालीन कविता की लोकदृष्टि और लोकबद्धता पर आपकी टिप्पणी क्या रहेगी, सर?

प्रो. अरविन्दाक्षन : कविता की लोकदृष्टि या लोकबद्धता के दो रूप मिलते हैं। पहले वर्ग में वे कविताएँ आती हैं जो ग्रामीण जीवन के विभिन्न पक्षों से सम्बन्धित हैं। ग्रामीण दृश्य, प्रकृति, मिट्टी की सौंधी गन्ध, खुली हवा, ग्रामीण लोग, लोकभाषा, ग्रामीण प्रतीक, ग्रामीण मिथक आदि ऐसी कविताओं में सहज रूप से पाये जाते हैं। इनसे कविता की लोकदृष्टि सघन होती है और ग्रामीणता की सहज पारदर्शिता की अनुस्यूति भी मिलती है। नागार्जुन, केदारनाथ अग्रवाल और त्रिलोचन ने प्रगतिशील दौर में ही हिन्दी कविता की लोकदृष्टि को विकसित किया था। समकालीन कविता में भी लोकदृष्टि की तीव्रता मिलती है। विजेंद्र की कविताएँ इस सन्दर्भ में विशेष स्मरणीय हैं।

दूसरे वर्ग में वे कविताएँ आती हैं जो प्रकटतः ग्रामीण परिदृश्य से सम्बन्धित नहीं होती हैं। ऐसी कविताओं में लोकदृष्टि अपनी सघनता एवं सान्द्रता का परिचय देती है। जाहिर है कि लोकदृष्टि किसी जीवन परिदृश्य की विशेषता के कारण कविता में सान्द्रीभूत होनेवाली दृष्टि नहीं है। यह सही है कि ग्रामीणता का सहज सौन्दर्य है, पर वह जीवन की एक इकाई मात्र है। कविता जीवन की समग्रता की अभिव्यक्ति है। जितनी वह उसकी गहराई तक जाती है उतनी गहरी उसकी लोकदृष्टि होती है। अतः हम लोकदृष्टि को जीवन विस्तार या गहन जीवन के रूप में परिभाषित कर सकते हैं। लेकिन इस कवितानुभव को प्रामाणिक होना भी पड़ता है। ऐसे में लोकदृष्टि ही कविता का अन्तरंग बनकर अभिव्यक्ति पाती है। एकाध कविताओं के माध्यम से इसे स्पष्ट किया जा सकता है। लीलाधर मण्डलोई की एक कविता है 'रिश्तों की नमी' जो स्मृति की आर्द्रता को कवितानुभव में बदल देती है। स्मृति की आर्द्रता कवितानुभव होने के पहले एक सार्थक जीवनानुभव है। *"सूख जाती है जिनके मन की नदी/उन्हें बचपन की नदी याद नहीं आती/वे भूल जाते हैं पानी के विस्मय को/पानी का अर्थ उनके वास्ते/उसका धुँधला–सा बिम्ब रह जाता है स्मृति में/जिनके रिश्ते टूट जाते हैं नदी से/उनके सम्बन्ध सूख जाते हैं अपनों से/वे ताउम्र तरसते रहते हैं/रिश्तों की नमी के लिए/वे अकेले पड़ जाते हैं।"* रिश्तों की नमी पर केंद्रित यह कविता एक पारदर्शी जीवन को प्रस्तुत कर रही है। कवि ने नदी के प्रवाह के माध्यम से जीवन की अर्थवत्ता खोजी है। नदी, नदी प्रवाह, नदी का सूख जाना, रिश्तों का टूटना, रिश्तों की नमी, अकेलापन आदि के माध्यम से पारदर्शी जीवन का लोक ही कवि ने सृजित किया है। यह हमारा लोक है। उसके रेशे–रेशे के साथ ही हम जुड़े हैं, उसी से कभी कटते हैं। जीवन का यह उतार–चढ़ाव, जुड़ना और बिखरना, नमी और सूखा एक लोक को सृजित कर रहे हैं। इस लोक के कारण ही वस्तुतः कविता की संवेदना गहरी होती जा रही है।

एक अन्य कविता ऋतुराज की है– 'उसका जिन्दा रहना बहुत ज़रूरी है'। कविता की पवित्र भाषा के माध्यम से कविता का लोक–सृजन ऋतुराज का अभीष्ट लगता है। उनका मानना है जब कवि अपनी बानी से कुछ कह रहा होता है तो जड़ समय यानी तमाम निरंकुशताएँ टूटकर गिरने लगती हैं। यह कविता का 'लोक' है। यह कविता द्वारा सृजित समय है

जो हमारे वास्तविक समय से भिन्न है। उसकी अपनी समय–सापेक्षता है। उक्त कविता की पंक्तियाँ कुछ इस प्रकार हैं– *"असंख्य क्रूर आवेगों के भीतर/दया की कितनी बारीक प्रतिध्वनियाँ हैं?/यह बात सिर्फ कवि ही जानता है।/उसे बोलने दो और जिन्दा रहने दो/नन्ही सीढ़ियों पर तुम्हारे चढ़ने को/अगर वह स्वर्गारोहण कहता है/तो यहाँ कोई नहीं जो उसका प्रतिवाद करे।/उसकी अतिशयोक्तियाँ भी/ऊँची मीनारों की खिड़कियों की तरह/सुन्दर और सम्मोहक होती हैं।"* इस कविता के माध्यम से ऋतुराज ने जो लोक रचा है, वह कवि द्वारा प्रदत्त दया या करुणा का है। करुणा का यह सृजन या करुणा का यह लोक दैनन्दिन क्रूर व नृशंस वातावरण के बीच कवि सृजित कर रहा है। एक तरफ क्रूरता का आवेग और **दूसरी** तरफ दया का तेज दीप्त प्रवाह। निरंकुशताओं के भीतर ही कवि दया की धारा को प्रवाहमान बना देता है। अतः यहाँ लोक आज के जीवन के वैरुद्धय और कविता की जीवनीशक्ति की भिडन्त से उत्पन्न लोक से बना है। लोक दरअसल कविता द्वारा सृजित समय सापेक्ष दृश्यात्मकता ही है।

हेब्बार : 'समकालीन कविता की रचनात्मक चिन्ता में मानव के भविष्य के प्रति चिन्ता है।' प्रकृति के ध्वस्त होते जाने की वर्तमान स्थिति में इस विषय पर मैं आपकी राय जानना चाहता हूँ। कृपया बताएँ कि विकास की अन्धी दौड़ में मानवीय अधिकारों की स्थिति क्या होगी?

प्रो. अरविन्दाक्षन : अपने वर्तमान में रहकर कविता अतीत की तरफ और कभी भविष्य की तरफ देखती है। अतीत की तरफ कविता इसलिए देखती है कि वह ऊर्जा केन्द्र को देख सके। इससे प्रेरणा प्राप्त करे और अपनी परम्परा को कायम रखे। लेकिन कविता का झुकाव अधिकतर भविष्य के प्रति ही रहता है। अतीत से वह जरूर प्रेरणा प्राप्त करती है। परन्तु उसे मालूम है कि परम्परा के नाम पर अतीत में विद्यमान अनेकानेक रूढ़ियाँ वर्तमान को ग्रसित कर रही हैं। इसलिए हमारा वर्तमान उसकी तमाम गतिशीलताओं के बावजूद उतना सम्मोहक नहीं है। रूढ़ियों द्वारा बनायी बैसाखी पर कविता अधिक समय तक टिक नहीं सकती है। इस कारण से समकालीन कविता दुर्दान्त निरंकुशताओं पर आघात करती दिखायी देती है। वह आशंकित भी है। इसलिए भविष्य की चिन्ता उसमें हमेशा रहती है। यही नहीं कि कविता भविष्य को ही रचती है। भविष्य की चिन्ता में वास्तव में अतीत और वर्तमान की चिन्ता भी है। वह पूरे समय दैर्घ्य का समग्रावलोकन है।

इधर, प्रकृति के प्रति हमारी जागरूकता बढ़ी है यानी यथार्थ के प्रति हमारी जागरूकता बढ़ी है। विकास के नाम पर होने वाले कार्यक्रम सतही दृष्टि से देखें तो आकर्षक लग सकते हैं। लेकिन उसके मूल में या तो विस्थापन की विकराल समस्या मिलती है या प्रकृति के ध्वस्त किये जाते ये भीषण दृश्य मिलते हैं। ये दोनों हमारे समकालीन दृश्य हैं जिनसे कविता मुँह मोड़ नहीं सकती। कविता इन यथार्थताओं को उसी रूप में प्रस्तुत नहीं करती है। उसे वह एक मानवीय संसक्ति (ह्यूमन कंसर्न) के रूप में प्रस्तुत करती है। राजेश जोशी की कविता 'बसन्त' में इसी मानवीय संसक्ति को बसन्त के बहाने प्रस्तुत किया गया है। *"इतना सहमा और शंकित/किसी ने नहीं देखा होगा कभी/बसन्त को/कोई वृक्ष नहीं जहाँ/एक हरी कोंपल की तरह फूट सके वह/कोई वृक्ष नहीं जिसे फूलों से लादकर/विस्मित कर डाले वह सबको!!/और कोई नहीं जो/आँख–भर देखे उसे/और आश्चर्य से भर जाये!"* इस तरह की उत्कण्ठाएँ समकालीन कविता में सुलभ हैं।

समाज को आधुनिकीकृत होना पड़ता है। अन्यथा विकास नामुमकिन है। लेकिन कोई भी विकास सामान्य जीवन को ध्वस्त करके नहीं होना चाहिए। सामान्य जीवन के ध्वस्त का यहाँ तात्पर्य विस्थापन की समस्या से सामान्य मनुष्य के जूझने से है। यह उसके अधिकारों पर हस्तक्षेप है। निराला ने बहुत पहले ही लिखा था– 'अन्याय जिधर है उधर शक्ति' (राम की शक्तिपूजा) यही आजकल भी दिखायी दे रहा है। विकास की अन्धी दौड़ में मानवीय अधिकारों का शतशः हनन ही हो रहा है। विकास यथार्थ है। लेकिन किसका विकास? कॉरपोरेट शक्तियों का विकास, पूँजीपतियों का विकास, तदर्थ पूँजीवादी संस्कृति का विकास। हमारे समाज में इसके विरुद्ध संघर्ष होते हैं। प्रतिरोध की संस्कृति दुर्बल नहीं है, फिर उतना सबल भी नहीं है। समकालीन कविता में विकास के बहाने में निहित अविकास के प्रति प्रतिरोध पूरी सख्ती के साथ चिह्नित है।

हेब्बार : 'प्रणम्य कौन है' शीर्षक अपने निबन्ध में आपने लिखा है कि 'हाशियेकरण ऐसी एक सामाजिक निरंकुशता है जो जनतान्त्रिक व्यवस्था के बीच आसानी से विकसित होती रहती है।' वर्तमान जीवनालोक में भारतीय समाज की निरंकुशता एवं लोकतन्त्र पर आपकी टिप्पणी क्या है?

प्रो. अरविन्दाक्षन : राजनीति के क्षेत्र में जनतन्त्र जनता द्वारा जनता के लिए अन्वेषित और स्थापित प्रखर जीवन दृष्टि है। समाज के विकास में उसकी कई सम्भावनाएँ हैं। उसने ही मनुष्य की समानता और मनुष्य के महत्त्व को रेखांकित किया था। इसके पीछे एक वर्गहीन समाज की सशक्त परिकल्पना है। जाति, धर्म, नस्ल आदि से मुक्त मानवीय समाज ही जनतन्त्र के लिए अभीष्ट है। इतने पर भी, जनतान्त्रिक प्रणाली के क़ायम होने के बावजूद, कुछ सवाल अनुत्तरित रह जाते हैं। क्या हमारा समाज जाति से मुक्त है? धार्मिक रूढ़ियों से मुक्त है? नस्लवादी दृष्टि से मुक्त है? बिना किसी संकोच के साथ हमें कहना पड़ रहा है कि 'नहीं'। तो फिर जनतन्त्र की सार्थकता क्या है? अब भी भारतीय समाज कई तरह से बँटा हुआ है। धन की संस्कृति ने हमारे रुझानों को सीमित कर दिया है। अधिकार की राजनीति को जनतन्त्र के खाते में डालने से कोई फायदा नहीं है। अधिकार, धन, वणिक वृत्ति आदि आज बहुत ताक़तवर हैं। ऐसे में हाशियीकरण होता है। अब भी भारत में अधिकारों से वंचित कई तबके हैं जिनके सामने जीवन का कोई सपना तक नहीं हैं। अधिकार राजनीति ने, धनशक्ति की राजनीति ने, जाति केन्द्रित राजनीति ने जनतन्त्र के नाम पर जो–जो पद्धतियाँ विकसित की हैं, वे इतनी अनर्थकारी और खतरों से भरी हैं जिनसे भविष्य के प्रति उम्मीद रखना फ़िज़ूल का कार्य है। उसे राजनीति अनदेखा कर सकती है। मोटे तौर पर बँटा हुआ समाज अनदेखा कर सकता है। लेकिन कविता ऐसा नहीं कर सकती। इसका तात्पर्य यह नहीं कि कविता ऐसी दुस्थिति को खत्म करने के लिए लिखी जाती है। नहीं, ऐसी बात नहीं। कविता आत्माभिव्यक्ति है। उसमें आत्म भी है, परत्व भी है। वह समाज की आत्मा की अभिव्यक्ति है। वह एक पहचान है। वह पहचान कविता की संस्कृति का सृजन भी करती है। नागार्जुन की कविता 'उनको प्रणाम' सामाजिक पहचान की संस्कृति की कविता है, साथ ही हाशियीकृत समाज के प्रति उनकी प्रणम्य भावना की अभिव्यक्ति है। यह कविता हमारे इतिहास के दुख की अगाधता से संबंधित है– "कुछ कुण्ठित और कुछ लक्ष्यभ्रष्ट/जिनके आमंत्रित तीर हुए/रण की समाप्ति के पहले ही/जो वीर रिक्त तूणीर हुए!/उनको प्रणाम।" इसमें प्रकटित सत्य और उक्त सत्य में निहित दुख और आकुलता एक कवि ही व्यक्त कर सकता है, एक कविता ही व्यक्त कर सकती है; कोई अधिकार के चस्का लगाये बैठा अधिपति नहीं।

हेब्बार : अपने एक भाषण में आपने एक बार उल्लेख किया था कि 'मानवाधिकार मानवीय महत्व को रेखांकित करता है।' मानवाधिकारों के हनन एवं उसकी प्राप्ति के लिए किये जानेवाले संघर्ष की वर्तमानता में आप इस मुद्दे को किस प्रकार संबोधित करते हैं?

प्रो. अरविन्दाक्षन : जिस समाज को हम विकसित, जनतान्त्रिक और विवेक सम्पन्न कहते हैं, उसमें अविकास, जनतन्त्र की हत्या और अविवेक की भरमार भी मिलती है। इसलिए मानवाधिकार की ओर हमारी उन्मुखता के पीछे हमारे उच्च न्यायबोध और मनुष्य के महत्त्व को रेखांकित करने की प्रवृत्ति है। इसी प्रवृत्ति ने हमारे समाज को आगे बढ़ाया है। लेकिन बीच–बीच में हमारे समाज में मनुष्य के प्रति यानी किन्हीं तबकों के प्रति, विशेष रूप से निम्न वर्ग के लोगों के प्रति अन्याय होते रहते हैं जो इतने नृशंस होते हैं कि जिसकी कल्पना एक विवेकशील समाज बर्दाश्त नहीं कर सकता। स्त्रियों के प्रति या बाल–बच्चों के प्रति या किन्हीं समाजों के प्रति नस्ल के नाम पर होने वाले अत्याचारों को गम्भीरतापूर्वक ही देखना होगा और इसी हरक़तों का नामोनिशान मिटाना भी होगा। मानवाधिकार का अवबोध हर समाज को सचेत रखता है सही ढंग से प्रतिक्रियान्वित होने की दिशा प्रदान करता है, हमें संकुचित होने से बचाता है और विश्व नागरिक का बोध भी प्रदान करता है। लेकिन आज यह अवबोध सीमित समाजों तक, कुछ स्वैच्छिक संगठनों तक, कुछ एक्टिविस्टों तक सीमित हो गया है। परन्त प्रीतिप्रद तथ्य यह है कि सीमित ही सही, मानवाधिकार के लिए संघर्ष करने वाले संगठन सचमुच सक्रिय हैं। इसके विपरीत हमारे ही समाज में ऐसे भी संगठन कर्मरत हैं जो मानवाधिकार के नाम पर गलत दिशा में भी कार्यरत हैं। विदेशी पूँजी निवेश ही इनका एकमात्र लक्ष्य है। इसलिए इन दोनों के बीच विभाजक रेखा खींचना अत्यन्त आवश्यक है।

भारत में मानवाधिकार की परिरक्षा के लिए एक आयोग की स्थापना हुई है। इस आयोग के माध्यम से मानवाधिकार हनन के विरुद्ध कार्रवाइयाँ होती हैं। यह अच्छी बात है। लेकिन प्रति वर्ष आयोग द्वारा उठायें गये क़दमों का पुनर्विश्लेषण भी आवश्यक है। एक सरकारी संस्था होने के नाते यह देखना आवश्यक है कि कहीं, कभी दिशाहीन होने का कार्य आयोग की तरफ से हुआ है। उसकी अच्छाइयों की प्रशंसा होनी चाहिए तथा ग़लतियों की तरफ़ इशारा भी करना चाहिए। मानवाधिकार से जुड़े स्वैच्छिक

संगठनों का भी इसी तरफ पुनर्विश्लेषण जरूरी है। उनके पूँजी निवेश की भी सही और सख़्त तहक़ीकात भी ज़रूरी है। जो भी हो मानवाधिकार का अवबोध भारतीय समाज में सक्रिय और जीवन्त है।

समकालीन कविता ने अपनी मानवीय संसक्ति की अभिव्यक्ति के बीच मानवाधिकार के संकेत भी दिये हैं। केदारनाथ सिंह की यह कविता इसका उदाहरण है–*"अन्त में लिखूँगा कि पृथ्वी के एक छोटे–से/नागरिक के नाते मेरा सुझाव कि हो सके तो हर धड़कन के साथ/एक अदृश्य तार जोड़ दिया जाये/कि एक को प्यास लगे/तो हर कंठ में जरा–सी बेचौनी हो/अगर एक चोट पड़े/तो हर आँख हो जाये थोड़ी–थोड़ी नम/और किसी अन्याय के विरुद्ध/अगर किसी को क्रोध आये/तो सारे शरीर/झनझनाते रहे कुछ देर तक।"* यह रचना मानवाधिकार की कवितात्मक अभिव्यक्ति है।

हेब्बार : मानवीय सर्जना की सम्भावनाओं का कुसुमन जीवन की बहुविध संकीर्णताओं से मुक्ति से सम्भव है। संकीर्णता से मुक्ति अधिकारहीनता से मुक्ति है। वर्तमान सांस्कृतिक परिवेश के आलोक में इस सम्भावना को आप किस प्रकार देखते हैं?

प्रो. अरविन्दाक्षन: जो समाज सर्जनात्मकता के लिए स्पेस नहीं दे पाता, वह संकीर्ण ही होता है। यहाँ सर्जनात्मकता का सामान्य अर्थ से भिन्न अर्थ लेना होगा। वह भिन्नता यह है कि समाज को जड़ता से मुक्त होना होगा। समाज में व्याप्त जड़ता के कई पक्ष हैं। धर्म में आस्था का पक्ष होता है यानी मानवीयता प्रबल है, लेकिन उसी धर्म में रूढ़ियों की जड़ता भी देखने को मिलती है, जबकि कहना होगा कि रूढ़ियाँ ही उसमें अधिक हैं। ये रूढ़ियाँ कई प्रकार की अलिखित स्थितियों से गठबन्धन स्थापित कर लेती हैं और धर्म तब अपनी मानवीयता और सह अस्तित्व की भावना खो देता है। धर्म का प्रभाव समाज पर है। ऐसे में धर्म के प्रभाव से ओतप्रोत समाज सृजनात्मक नहीं हो सकता। सृजनात्मक समाज सदैव निरंकुशताओं को तज देता है। उसी प्रकार अधिकारग्रस्त राजनीति जनतन्त्र में स्पृहणीय नहीं समझी जाती। वह राजनीति मानवीय हितों की रक्षा नहीं कर सकती। ऐसी राजनीति सृजनात्मक नहीं होती। मानवीय मूल्यों पर जनतन्त्र ने हमेशा बल दिया था। पर वह जनतन्त्र जनता के विरुद्ध होता है तो उसका तात्पर्य है कि यह अधिकार के अधीन दब गया। ऐसी एक जनतान्त्रिक व्यवस्था से न्याय की अपेक्षा रखना मूर्खता होगी।

जो समाज शतशः स्वतन्त्र है, वह अधिकार की गद्दी की तरफ़ आकृष्ट नहीं होता। उस तरह के समाज के लिए अधिकतर प्रलोभनकारी नहीं है। इसे ही हम समाज की सृजनात्मकता कहते हैं। उसी तरह विज्ञान व प्रौद्योगिकी तब तक सृजनात्मक नहीं है जब तक अधिकार के अधीन में कार्यरत रहते हैं। हमें तमाम प्रकार की संकीर्णताओं से मुक्त होना होगा, यानी कि हमें बुनियादी तौर पर स्वतन्त्र होना होगा, निरंकुश संस्कृति से अलग होना होगा, सच्ची वैज्ञानिक दृष्टि के प्रति पक्षधरता व्यक्त करनी होगी। जिस समाज में अधिकार प्रलोभनकारी और आकर्षक होता है। वह एक मुक्त समाज नहीं हो सकता। स्वतन्त्रता का मूल्य वह रेखांकित नहीं कर सकता।

वर्तमान परिदृश्य में स्थितियाँ निरन्तर बदतर होती जा रही हैं। मूल्याधिष्ठित राजनीति कल्पना मात्र रह गयी है। अधिकार सबके केन्द्र में पूरी भीषणता के साथ विद्यमान है। समाज की सर्जनात्मकता का निरन्तर ह्रास होता जा रहा है। कई अनपेक्षित अवस्थाओं के हम मुखापेक्षी होते जा रहे हैं। मानवाधिकार का हनन लगभग सभी क्षेत्रों में द्रष्टव्य है। यह मात्र एक नकारात्मक दृष्टि नहीं है। सकारात्मकता मानो दुर्लभ चीज़ बन गयी है। सम्भावना, मानवीय महत्त्व, सद्भावना, मूल्यापेक्षी दृष्टि आदि हमारे समाज में विद्यमान है, लेकिन उसकी मात्रा कितनी है? इसका जायजा लिया जाना चाहिए।

समकालीन कविता में इस कारण से प्रतिरोधी भावना अधिक मुखर होती जा रही है। सकारात्मक भावों से ओत-प्रोत कविताएँ ही प्रतिरोध व्यक्त कर सकती हैं। कविता नकारात्मक कभी नहीं होती है। जब समाज अपनी सर्जनात्मकता छोड़ देता है तो उसमें अवांछित स्थितियाँ सिर उठाने लगती हैं, तब कविता के सामने एकमात्र रास्ता बचता है, वह है प्रतिरोध का रास्ता जो सर्जनात्मक होता है।

हेब्बार : स्वतन्त्रता मानवाधिकारों का सार तत्त्व है। जीवन, स्वतन्त्रता और सत्ता के सम्बन्धों पर किस नज़रिये से साहित्य का अध्येता विचार कर सकता है?

प्रो. अरविन्दाक्षन : जो समाज सही मायने में स्वतन्त्र है, वह मानवाधिकार की बात नहीं करता है। स्वतन्त्रता एक स्वस्थ संकल्पना भी है

और एक प्रकार्यात्मक प्रणाली भी है। हमारे समाज में स्वतन्त्रता की संकल्पना पर, उसके महत्व पर आसमान की बुलन्दियों को छूने वाले भाषण होते रहते हैं, लेकिन उसकी प्रकार्यात्मकता संदिग्ध है। एक व्यक्ति की स्वतन्त्रता माने वह दूसरे की भी स्वतन्त्रता है। एक समाज की स्वतन्त्रता दूसरे समाज की भी स्वतन्त्रता है। एक राज्य की स्वतन्त्रता दूसरे राज्य की स्वतन्त्रता है। एक देश की स्वतन्त्रता दूसरे देश की स्वतन्त्रता है। क़ानूनन हमने इस बात को मान लिया है। लेकिन प्रकार्यात्मकता के सन्दर्भ में कोई भी इकाई इसका सही–सही पालन नहीं कर रही है। इसलिए परोक्षतः हम अस्वतन्त्रता के माहौल में जीने के लिए मज़बूर है।

सत्ता का स्वभाव ही शुरू से अधिकार केन्द्रित रहा है। इसलिए स्वतन्त्रता की परिभाषा सत्ता के लिए अलग निर्धारित हुई है। आधुनिक युग में सत्ता के इस स्वभाव को बदलना था, पर बदला नहीं है। वैचारिक भिन्नताओं के प्रति भी सत्ता सहिष्णुता नहीं दिखाती है। यह असहिष्णुता उसे अधिकाधिक सत्ताकेन्द्री बनाती है। इसलिए जनतन्त्र में हमेशा तनातनी बनी रहती है। आज विभिन्न दलों, तबकों, वर्गों, समाजों, राज्यों और देशों के बीच जितने अनपेक्षित हादसे होते हैं, जिनमें हज़ारों की तादाद में निरीह लोगों की मृत्यु जो होती है, उन सब के पीछे यही तनातनी ही काम कर रही है। ऐसे में हम यह सोचने के लिए मज़बूर है कि स्वतन्त्रता का वास्तविक तात्पर्य क्या है? हमारे समय में सत्ता के प्रभुत्ववादी स्वभाव प्रकट दीखने लगा है, चाहे वह अन्तर्देशीय सम्बन्ध हो, हमारे अपने देश के विभिन्न राज्यों का सम्बन्ध हो, हमारी राजनीतिक पार्टियों का आपसी रिश्ता हो, समाज के विभिन्न वर्गों एवं दलों का सम्बन्ध हो प्रभुत्ववादिता ही ज़्यादातर मुखर है। इसलिए स्वतन्त्रता की प्राकार्यात्मकता संदिग्ध दिखायी देती है।

साहित्य, विशेष रूप से कविता स्वतन्त्रता की अभिव्यक्ति की पक्षधरता ही व्यक्त करती रहती है। अतः कविता हमेशा विपक्ष में ही रहती है, रहना पड़ता है। धूमिल ने कविता को विपक्ष की अभिव्यक्ति के रूप में ही प्रस्तुत किया है। समकालीन कविता इस भाव की ज़ोरदार अभिव्यक्ति है। धूमिल ने लिखा–"न कोई प्रजा है/न कोई तन्त्र/यह आदमी के ख़िलाफ़/आदमी का खुलासा षड्यन्त्र है।" अस्वतन्त्रता और असहिष्णुता भरे हमारी तथाकथित संस्कृति के प्रतिरोध में साक्षात्कृत असंख्य बिम्ब और प्रतीक

समकालीन कविता में भरे पड़े हैं। राजेश जोशी की 'मैं झुकता हूँ' शीर्षक कविता इस बात को बेहतरीन ढंग से व्यक्त करती है–"दरवाज़े से बाहर जाने से पहले/अपने जूतों के तस्मे बाँधने के लिए मैं झुकता हूँ/रोटी का कौर तोड़ने और खाने के लिए/झुकता हूँ अपनी थाली पर/ज़ेब से अचानक गिर गयी क़लम या सिक्के को उठाने को झुकता हूँ/झुकता हूँ लेकिन उस तरह नहीं/जैसे एक चापलूस की आत्मा झुकती है/किसी शक्तिशाली के सामने/जैसे लज्जित या अपमानित होकर झुकती हैं आँखें/झुकता हूँ/जैसे शब्दों को पढ़ने के लिए आँखें झुकती हैं/ताक़त और अधीनता की भाषा के बाहर भी होते हैं/शब्दों और क्रियाओं के कई अर्थ।" इन्हीं शब्दों की खोज़ का इतिहास ही समकालीन कविता रचती है।

(20 जनवरी, 2017)

2

जाति-मुक्ति दलित मुक्ति है

(दलित कवि–आलोचक डॉ. अनिता भारती जी से डॉ. प्रभाकरन हेब्बार इल्लत की बातचीत)

हेब्बार : मैडम, दलित साहित्य/विमर्श के केन्द्र में जाति है। जाति व्यवस्था मानसिक शोषण, असम्मान, अपवर्जन का पर्याय है तथा यह भारत की अधिकांश जनता की ज़िन्दगी को महाकाव्यात्मक पीड़ा में तब्दील करती है। जाति की परिकल्पना को लेकर आपका क्या विचार है?

डॉ. अनिता भारती : देखिए, जाति की जो समस्या है, न तो वह अपने आप में अनूठी और अनोखी है बल्कि पूरे विश्व में यह समस्या कहीं नहीं पायी जाती है। यह सिर्फ़ भारत में पाई जाती है। इसका एक हास्यास्पद पहलू यह है कि जिनके साथ आप जातिगत व्यवहार करते हैं, वे न तो आपसे देखने में भिन्न हैं, न उनकी भाषा आपसे अलग है; सिर्फ़ यह कहा जाता है कि आपका जन्म अमुक जाति विशेष में हुआ है और उसी के आधार पर सामाजिक–वैयक्तिक जीवन में भेद–भाव किया जाता है। इसलिए जाति 'बहुत क्रूर सिस्टम है'। इन्सान की जो गरिमा होती है, इन्सान का जो जन्मजात अधिकार होता है, इस सिस्टम में छीना जाता है। मनुष्य में जो योग्यता है, क्षमता है, गरिमा है, उसका हनन यह व्यवस्था करती है। इसलिए जाति व्यवस्था का उन्मूलन समाज के लिए अनिवार्य है।

हेब्बार : भारत में इस क्रूर जाति व्यवस्था का विकास कैसे हुआ?

डॉ. अनिता भारती : यह कहा जाता है कि जाति व्यवस्था कर्म के आधार पर पहले विकसित हुई है और बाद में रूढ़िगत हो गयी है। लेकिन मैं यह मानती हूँ कि जाति व्यवस्था का उद्‌गम धर्मशास्त्रीय या धार्मिक

परिकल्पनाओं के आधार पर समर्थित किया गया है। जाति व्यवस्था एक ऐसी व्यवस्था है जिसमें कुछ लोग पीढ़ी–दर–पीढ़ी समाज के साधनों व संसाधनों को अपने हित में इस्तेमाल करते आ रहे हैं और एक विशाल तबके को या वर्ग को उनके सारे के सारे साधनों/संसाधनों से महरूम कर दिया जाता है, मतलब उनसे अलग कर दिया जाता है। अगर यह बात मान ले कि कर्म पर जाति टिकी हुई है तो जीवन में मानव के कर्म बदलते रहते हैं। लेकिन जाति व्यवस्था में जूता बनाने वाला पुजारी क्यों नहीं बन सकता? जाति व्यवस्था में गतिशीलता नहीं, खास जाति में जन्मा व्यक्ति जीवन भर अपनी जाति परिवर्तित नहीं कर सकता। सचाई यह है कि जूता बनाने वाला आदमी हमेशा जूता बनायेगा और पुजारी हमेशा पुजारी ही रहेगा, चाहे वह जितना अनपढ़ हो या उसे कुछ आता–वाता न हो। जाति को कर्म का आधार प्रदान करने वाली कहानी मुझे हज़म होती नहीं है। इस प्रकार की कहानियाँ धर्मशास्त्रों द्वारा पीढ़ी दर पीढ़ी लोगों के अन्दर परोसी गयी हैं। एक खास वर्ग है जो ग़ैर दलित हैं/सवर्ण हैं उनको इस व्यवस्था का पूरा फ़ायदा मिल रहा है। असल में यहाँ संसाधनों का कब्जाकरण हो रहा है। इससे बहुतायात लोगों की ज़िन्दगी में अधिकारहीनता की स्थिति आती है।

हेब्बार : अधिकारहीनता के मूल में मुझे लगता है कि सत्ता का असन्तुलन काम करता है। मानव–मानव के बीच सत्तात्मक अन्तर किस प्रकार विकसित हुआ?

डॉ. अनिता भारती : सत्ता के मूल में नियन्त्रण का भाव है। अगर आपको किसी का या किसी समाज का कंट्रोल करना है तो आपको कुछ गुलाम पैदा करने पड़ेंगे न? इस व्यवस्था में दलितों की स्थिति गुलाम की रही। उच्च जाति के लोगों ने अपनी सुख–सुविधा के लिए उनको गुलाम बनाया। इसके अनुरूप अनेक मिथक गढ़े गये, साहित्य रचे गये। पुरुषसूक्त के अनुसार ब्रह्मा के पैर से शूद्र पैदा हुए हैं और बाहु से क्षत्रिय हुए मुख से ब्राह्मण पैदा हुए। यह कपोल विडम्बी कल्पना है। ऐसा नहीं हो सकता। इस वैज्ञानिक युग में ऐसी कोई सोच सच नहीं हो सकती कि व्यक्ति चार जगहों से जन्म लेता है। भाई, बच्चा तो एक ही जगह से आता है न? उच्च जाति के लोग इस तरीक़े से पूरे शास्त्र का आख्यान या व्याख्यान कर रहे हैं तथा अपने उल्टे–सीधे कामों को, अपनी जाति

व्यवस्था को सही ठहराने के लिए इस प्रकार की कहानियों को गढ़ते हैं धर्म का आधार प्रदान करते हैं, ताकि जनमानस में भ्रम पैदा हो, वे इसके खिलाफ़ आवाज़ न उठाएँ। इस प्रकार के मिथक आगे चलने वाले नहीं हैं।

हेब्बार : कृपया यह बताइए कि वर्ण–व्यवस्था और जाति व्यवस्था में क्या अन्तर हैं?

डॉ. अनिता भारती : देखो, वर्ण व्यवस्था में भी ब्राह्मण, क्षत्रिय, वैश्य, शूद्र हैं। जो अतिशूद्र है, वह दलित हो गया। लेकिन यह जो समुदाय है वह न ब्राह्मण है, न क्षत्रिय है, न वैश्य है। यह बड़ी चालाकी का मिसाल है। उच्च जाति वाले ने ऐसे समुदाय को बनाये रखा, जिससे उन्हें अपना काम करवाना पड़ता था। मुझे लगता है कि वर्ण व्यवस्था और जाति व्यवस्था एक ही सिक्के के दो पहलू हैं, यह अलग–थलग नहीं हैं। यह एक भ्रम है, इससे हम किसी भी हालत में न उलझ जायें। जब वर्ण व्यवस्था में समाज को चार वर्णों में बाँट दिया गया तो ऐसी सामाजिक स्थिति अच्छी कैसी होगी? ब्राह्मण वह है जिसके पास ज्ञान का कंट्रोल है और क्षत्रिय में बहादुरी होती है। सामाजिक जीवन में स्थिति उल्टी भी होती है न? जो अति शूद्र है या दलित हैं, उनमें बहुत लोग ऐसे निकले हैं जो ज्ञानी एवं बहादुर हैं। लेकिन उन्हें न ब्राह्मण कहा जाता है, न बहादुर। यह इस व्यवस्था की क्रूर विसंगति है। पूरी व्यवस्था में श्रम की खुशबू दलित वर्गों से निकलकर आती है। बाकी सब के सब तो बैठकर बिना काम किये खाने वाले लोग हैं। वर्ण व्यवस्था अच्छी है और जाति प्रथा खराब है–यह भ्रम जानबूझकर आजकल फैलाया जा रहा है। शुद्धता–अशुद्धता उच्चता–नीचता, मान–सम्मान आदि वर्ण–व्यवस्था और जाति व्यवस्था दोनों में समान रूप से हैं। वर्ण–व्यवस्था का महिमा गायन एक तरह से मुझे लगता है कि इस जाति के सवाल को डायलूट करने का तरीक़ा मात्र है। इससे हमें सतर्क रहना चाहिए। जाति व्यवस्था में श्रम के साथ श्रमिकों का विभाजन भी है।

हेब्बार : श्रम और श्रमिकों के विभाजन की प्रक्रिया को किस प्रकार आजकल के सामाजिक–सांस्कृतिक जीवन सन्दर्भ में व्याख्यायित किया जा सकता है?

डॉ. अनिता भारती : देखो, हमारी संस्कृति में दो तरह के लोग रहते हैं—खाने वाले और एक उगाने वाले। दलित जातियाँ श्रमशील संस्कृति के वाहक हैं और इनकी संस्कृति प्रेम और श्रम की संस्कृति है। एक दूसरे को आग लगाकर मारने की संस्कृति इनकी नहीं है। पीड़ित संस्कृति के लोग होने के कारण दलित लोग एक दूसरे के दर्द को पहचानते हैं। दलित संस्कृति शोषण या उत्पीड़न की संस्कृति नहीं है। वह इन्सान की गरिमा—महिमा को स्वीकार करती है। पर ब्राह्मणवादी संस्कृति में पर पीड़ा के अनेकानेक उदाहरण मिलेंगे। उदाहरणार्थ इसी क्रूरता की संस्कृति ने चार्वाक को जिन्दा जला दिया था, आजकल भारत में दलित जनों पर जो हमला हो रहा है, वह उसका वर्तमान रूप है, बस।

हेब्बार : आपका कहना सही है कि जाति एक साज़िश है, शोषण है, दमन चक्र है। दलित विमर्श के आलोक में इस भीषण शोषण की व्यवस्था से मुक्ति के सम्बन्ध में हम कैसे विचार कर सकते हैं?

डॉ. अनिता भारती : दलित मुक्ति तो तभी सम्भव है, जब इस देश से जाति व्यवस्था सदा के लिए मिट जायेगी और सबको बराबर के अधिकार या हक़ मिलेंगे। दलित साहित्य इसके लिए प्रयासरत है। समतावादी समाज की स्थापना दलित चिन्तन का बुनियाद है। इस व्यवस्था में कोई किसी के अधिकारों को न छीनेगा और सब लोग गरिमा के साथ, इज्जत के साथ, सम्मान के साथ जी सकेंगे। दलित साहित्य ऐसी सोसाइटी की रचना करना चाहता है जिसमें कोई छोटा—बड़ा नहीं होगा, कोई उच्च—नीच नहीं होगा, सबको समान अधिकार मिलेंगे, फूलने—फलने के लिए समान अवसर प्राप्त होंगे। मानव जीवन को हतप्रभ करने वाले सारे के सारे बन्धनों से मुक्ति समतावादी व्यवस्था की स्थापना से मात्र सम्भव है।

हेब्बार : आजकल जातिगत संगठन मज़बूत होते चले जा रहे हैं और जाति आधारित स्वत्वबोध याने अस्तित्त्वबोध अधिक सक्रिय होता जा रहा है। एक तरफ हम जाति के निराकरण पर बल दे रहे हैं, दूसरी तरफ़ जाति व्यवस्था/जातिगत मनोवृत्ति मज़बूत होती चली जा रही है। इस स्थिति को आप किस प्रकार देखती हैं?

डॉ. अनिता भारती : हमें लगता है कि जाति की भावना मज़बूत होती जा रही है, लेकिन जब—जब दलित लोग इकट्ठे होते हैं तब उच्च वर्ग के लोगों को लगता है कि जाति मज़बूत हो रही है। दलित लोग अपने

अधिकार के लिए, अपने हक़ के लिए एकत्रित या संगठित हो रहे हैं। इस वक़्त गैर दलित समाज को लगता है कि दलित लोग जाति की भावना को बढ़ावा दे रहे हैं। उच्च जाति के लोग हमेशा अपनी जाति के बल पर इकट्ठे हुए हैं और हो रहे हैं तब किसी को जाति की गन्ध उसमें क्यों नहीं दिखती है? लेकिन अब सारा पिछड़े वर्ग इकट्ठे होने लगे, अपने अधिकारों की बात करने लगे तो उच्च जाति व्यवस्था के समर्थकों को यह भी लगता है कि दलित अपने अधिकार छीन ले जायेंगे। जाति के पुजारी अपने अधिकारों को सुरक्षित रखने के लिए दलितों की संगठनात्मक राजनीति पर जातिवाद का आरोप लगाते हैं। जैसे निजी क्षेत्र में आरक्षण की बात हो या सार्वजनिक क्षेत्र में आरक्षण की बात हो, यह भावना उभरकर सामने आती है। एक देश के नागरिकों को उसके निर्माण में समान हिस्सेदारी प्राप्त होनी चाहिए, लेकिन दलित वर्ग को बिलकुल इस समाज रचना की प्रक्रिया से अलग रखा गया है। उन पर यह आरोप लगाया गया है कि वे अक्षम हैं, वे मेरिट वाले नहीं हैं। क्या कोई देश बिना सबको साथ लिए आगे बढ़ सकता है? निजी क्षेत्रों में आरक्षण की माँग इसलिए करना पड़ रहा है कि दलित उम्मीदवारों को वहाँ एलिमिनेट कर दिया जाता है। इसका प्रतिरोध अपने सामाजिक–जैविक अस्तित्त्व को बनाये रखने के लिए अपेक्षित है। प्रतिरोध का मार्ग इकट्ठे होने की ताकत पर निर्भर है। इससे सत्ता की प्राप्ति होगी, तभी समाज का जातिगत ढाँचा ढह आयेगा।

हेब्बार : मानवाधिकारों की माँग की आवाज़ बुलन्द होती जा रही है। आजकल मानवाधिकार का दायरा विस्तृत होता चला जा रहा है। इस प्रकार की माँगें उभरने की सांस्कृतिक पृष्ठभूमि के बारे में आपकी राय जानना चाहूँगा।

डॉ. अनिता भारती : मानवाधिकार का सवाल सबसे महत्वपूर्ण सवाल है क्योंकि ढाई हज़ार सालों से भारतीय समाज में दलितों को मानवाधिकार की प्राप्ति नहीं हुई है। जो परम्परा से अधिकारों से वंचित हैं, यहाँ तक कि सम्मान के साथ जीने के अधिकार से वंचित हैं, उनको अपना हिस्सा जरूर मिलना चाहिए। इस संघर्ष की वैचारिक उत्प्रेरणा के रूप में अम्बेडकरवादी दर्शन हमारे साथ है। अम्बेडकर ने सिखाया, अवगत कराया कि दलित गुलामी की ज़िन्दगी बिता रहा है। अब वह अपने आप पहचानने लगा है कि अपने जीवन की बुरी हालत के लिए जिम्मेदार कौन है।

ख़ुशी की बात यह है कि अब गाँव–गाँव दलितों का जागरण दिखायी दे रहा है। दलितों के अधिकार बोध के पीछे शिक्षा की भूमिका महत्त्वपूर्ण है, साथ ही अम्बेड़कर दर्शन की भी।

हेब्बार : मानवाधिकारों के बुनियाद तत्त्व हैं–स्वतन्त्रता, समानता और बन्धुता। ब्राह्मणवादी संस्कृति इनके नकार का पर्याय है। ब्राह्मणवादी संस्कृति के प्रति प्रतिक्रिया दलित साहित्य किस प्रकार प्रतिफलित करता है?

डॉ. अनिता भारती : दलित साहित्य उसका है जो दलित–जीवन को भोगा है। वह अधिकारों से वंचित लोगों का साहित्य है। ओमप्रकाश वाल्मीकि, जयप्रकाश कर्दम, सुशीला टाकभौरे आदि का साहित्य पीड़ा का साहित्य है, ऐतिहासिक पीड़ा का दस्तावेज़ है। 'जूठन' आत्मकथा का बच्चा स्कूल जाता है तो अध्यापक झाड़ू लगवाते हैं। यह तो मानवाधिकार का प्रश्न है। समाज के उच्च वर्ग के लोगों ने सिर्फ़ उसकी पढ़ाई ही नहीं छीनी, उसको हीनता के सागर में डुबो दिया है। उसके अन्दर जो भी राष्ट्रनिर्माण की चीज़ें हो सकती थीं, देश को सुन्दर बनाने में जो योगदान वह दे सकता था, उसे कबाड़ा कर दिया गया। जातीय अहं के कारण या फिर जाति व्यवस्था के कारण एक बच्चा नहीं, हज़ारों, लाखों, करोड़ों बच्चों के साथ जाति क्रूरता का व्यवहार करती आयी है। एकलव्य का उदाहरण हमारे सामने है। द्रोण ने एक उभरते हुए बच्चे का अँगूठा सिर्फ़ इसलिए काट लिया ताकि वह अर्जुन से बराबरी न कर सके। भारतीय समाज में परिव्याप्त जातिवाद समाज को गड्ढे की तरफ़ ले जाता है। इसने एक व्यापक वर्ग को जीवन में आगे आने ही नहीं दिया। उसकी पूरी प्रतिभा का विकास होने नहीं दिया और यह भी नहीं चाहते हैं कि समाजहित के लिए उसका इस्तेमाल किया जाये। इसलिए एयिम्स में जो प्रतिभाशाली बच्चे जाते हैं, उन्हें आत्महत्या करनी पड़ती है। अपने गाँव में जो अव्वल है, पूरे जिले में अव्वल है, ऐसा क्या हो जाता है कि उनको एयिम्स में आकर आत्महत्या करनी पड़ती है? जाति व्यवस्था के समर्थक चाहते ही नहीं कि दलित समुदाय के लोग उनकी बराबरी में आ जाये। यदि आ जायेंगे तो आपकी जगह चली जायेगी और जन्म से प्रदत्त अधिकार छिन लिए जायेंगे। दलित विद्यार्थियों के प्रति जो आतंक आजकल बढ़ता जा रहा है, वह इसी का परिणाम है।

हेब्बार : अम्बेडकरवादी विचारधारा दलित उद्धार के लिए आवश्यक दार्शनिक पृष्ठभूमि तैयार करती है। सम्पत्ति का असमान वितरण दलितों की विषमता का मूलभूत कारण है। इसलिए मुझे लगता है कि अम्बेडकर और मार्क्स की वैचारिकता दलित आन्दोलन के लिए अनिवार्य है। इस पर आपकी टिप्पणी मैं जानना चाहता हूँ।

डॉ. अनिता भारती : पहले तो मैं यह कहूँगी कि जाति पहला सवाल है, वही मेरे लिए अहम सवाल है। क्योंकि उसका सीधा सम्बन्ध मानव की गरिमा से है। वर्ग का आविर्भाव जाति के आगमन के बाद हुआ। यदि दलित के पास सम्पत्ति आ जाती है तो भी समाज में उसे सम्मान प्राप्त नहीं होता है। इसलिए जाति का सवाल मान–सम्मान के साथ है तो वर्ग का रिश्ता तो अर्थ के साथ जुड़ता है। मेरी राय में जब तक जाति की संरचना नहीं टूटेगी तब तक वर्ग बोध का विकास नहीं होने वाला है। अगर जाति बरकरार रहेगी तो सारे लोग जातियों में बँटे रहेंगे और वर्ग का निर्माण नहीं होगा। मार्क्सवाद इस तथ्य को समझने में असफल रहा। उसने जाति के बन्धन को तोड़ने की कोशिश नहीं की और वर्ग बनाने की कल्पना पर मात्र बल दिया। अगर मज़दूरों में जाति की भावना प्रबल रहेगी तो मज़दूर इकट्ठे कैसे हो सकते हैं? कोई मज़दूर राजपूत है, कोई मज़दूर ब्राह्मण है, कोई मज़दूर शूद्र है, कोई बनिया है तो वे इकट्ठे कैसे होंगे? जब उनके बीच में जातिगत असमानता है तो वर्गाधारित सामाजिक–राजनीतिक चिन्तन का विकास कैसे होगा? जाति विभाजन की कला सिखाती है जिसकी वजह से हम एक दूसरे के साथ खाना नहीं खा सकते हैं, यहाँ तक कि एक दूसरे के साथ बैठ नहीं सकते हैं। जाति की विकरालता की वजह से विभिन्न जातियों के बीच रोटी–बेटी का सम्बन्ध नहीं चलता है। मार्क्स की विचारधारा बाक़ी देशों के लिए अच्छी हो सकती है क्योंकि वहाँ पर जाति जैसी व्यवस्था से उत्पन्न परिस्थितियाँ नहीं हैं, विकृतियाँ नहीं हैं। मेरा मानना यह है कि मार्क्सवाद और अम्बेडकरवाद को साथ–साथ जाना चाहिए। मार्क्स का समत्व दर्शन दलित चिन्तन की आधारशिला है। पर मार्क्सवाद को मानने वाले को खुद के अन्दर की जाति तोड़नी पड़ेगी। मार्क्सवाद के पैरोकार जाति तो कभी तोड़े नहीं और कभी जाति के खिलाफ़ मज़बूत लड़ाई लड़े नहीं। जब तक वामपन्थी समर्थक जाति के विरुद्ध आवाज़ नहीं उठायेंगे या अपने को डीकास्ट नहीं करेंगे,

तब तक दलित संघर्ष में वे खास भूमिका नहीं निभा पायेंगे या उस विशाल आन्दोलन में सौ फ़ीसदी शामिल नहीं हो पायेंगे। दूसरी बात यह है कि वामपन्थियों को दलित कम्युनिटी के प्रति अत्यधिक संवेदनशील होने की ज़रूरत है। एक ऐसा समाज, जिसके अधिकारों का हनन लगातार हो रहा है, जिसको जानवरों से बदतर माना जाता है, उसकी ऐतिहासिकता को, इसके विकास क्रम को केवल आधार संरचना के आधार पर मात्र समझा जा नहीं सकता। गम्भीर रूप से जाति की सांस्कृतिक कड़ियों को बारीक़ी से समझने की ज़रूरत है। मार्क्सवाद के समर्थकों को इस दिशा में पुनर्विचार करने की आवश्यकता है।

हेब्बार : डीकास्ट (जाति मुक्ति) करने व होने की प्रक्रिया की प्रधानता के बारे में आपका कथन एकदम सही है। हमारे समाज को डीकास्ट करने के तरीक़े क्या–क्या हो सकते हैं?

डॉ. अनिता भारती : प्रभाकर जी, डीकास्ट होने के लिए सबसे पहले अपने मन के जाति सम्बन्धी पूर्वाग्रह को छोड़ना पड़ेगा। जब तक आप मानसिक रूप से यह नहीं मानेंगे कि सारे व्यक्तियों में योग्यता और क्षमता होती है, तब तक डीकास्ट होना मुश्किल है। दूसरा तरीक़ा अन्तर्जातीय विवाह है। सामाजिक जीवन में मिलने–जुलने का संस्कार एवं व्यवहार के थल को विकसित करना होगा, सामाजिक भागीदारी एवं सहभागिता की वृद्धि करनी होगी। तभी समाज में जातिहीनता की स्थिति आ सकती है। यह आसान का काम नहीं है। आदिवासी अधिकारों के लिए आजकल कुछ लोग बहुत चाव के साथ आगे आते हैं क्योंकि आदिवासी न तो आपके अधिकार छीन रहे हैं, वे बेचारे अपने जल, जंगल, ज़मीन के लिए लड़ाई लड़ रहे हैं। लेकिन दलित सीधे आपके अधिकारों पर हमला करता है। इसलिए दलित लड़ाई को बहुत सारी चुनौतियों का सामना करना पड़ता है। दलित साहित्य की स्थिति भी इससे भिन्न नहीं है।

हेब्बार : आजकल धार्मिक भावनाएँ हमारे समाज में मज़बूत होती चली जा रही हैं। विश्व पुस्तक मेले में भी यह प्रवृत्ति साफ़ नज़र आती हैं। दलित विमर्श के केन्द्र में धर्म हैं, माने धर्म से जुड़ी हुई जो जाति की भावना है। इस सन्दर्भ में दलित साहित्य/विमर्श की दिशा किस तरफ आगे बढ़ सकती है?

डॉ. अनिता भारती : आजकल सबसे ज़्यादा दलित साहित्य बिकता है। धार्मिक किताबों के आँकड़े अलग हैं। दलितों की लड़ाई दो संस्कृतियों की लड़ाई के रूप में परिवर्तित होती जा रही है। हमारे जैसे लोग किसी धर्म को नहीं मानते हैं, मैं तो हिन्दू धर्म को बिलकुल नहीं मानती; कभी नहीं मानूँगी। जो लोग धर्म के ठेकेदारों के चंगुल से छूट रहे हैं तो उन लोगों पर कंट्रोल करने के लिए ठेकेदार अपना जाल बिछा रहे हैं। धर्म के ज़रिए भावुकता के धरातल पर इन्सान का नियन्त्रण किया जा सकता है। इसके लिए पूर्व जनम के सिद्धान्त/कर्म का सहारा लिया जाता है। तुम अच्छे कर्म करो, तुमको फल मिल आयेगा। तुम्हारे बेटे की नौकरी लग जायेगी, पति का जीवन सुखद हो आयेगा इस प्रकार के बहकावे के माध्यम से लोगों को आज का धर्म फँसाता है। इससे लोग इस जगत के वास्तविक यथार्थ को भूलकर स्वप्न जगत में प्रवेश करते हैं, बिना तर्क किये मानसिक गुलामी का अनुभव करते हैं, सिर झुकाने की संस्कृति को पनप रहे हैं। इस संस्कृति से दलित–जीवन में कोई ख़ास परिवर्तन नहीं होने वाला है। धर्म का सम्बन्ध जब सत्ता से जुड़ जाता है तो उसका रूप और भीषण होता आयेगा। दलित आन्दोलन मूलरूप से धर्म के खिलाफ़ उपजा एक आन्दोलन है। इसलिए धार्मिक भावना के सबल होते जाने के साथ–साथ दलित आन्दोलन भी मज़बूत होता चला आयेगा। दलित अब समझ चुका है कि हिन्दू धर्म ही अपनी दुर्दशा के लिए ज़िम्मेदार है और इसलिए पूरे दलित साहित्य का एक ही स्वर है कि धर्म का बहिष्कार खुले आम करो, उसपर आक्रमण करो, उसका फरार करो और उसको पूरी तरह नकार दो, ब्राह्मणवादी संस्कृति को तहस–नहस करो। दलित साहित्य इस अन्दाज में धर्म के नकार का साहित्य है। इसी दिशा में दलित साहित्य/ विमर्श आगे बढ़ेगा, कोई सन्देह नहीं।

हेब्बार : ब्राह्मणवादी सत्ता के विकास के वर्तमान दौर में यह प्रवृत्ति भी बढ़ती दिखायी दे रही है कि आरक्षण जैसी संविधान द्वारा प्रदत्त सामाजिक सुरक्षा के प्रावधानों के ख़िलाफ़ भी आवाज़ें उठ रही हैं। मुझे लगता है कि दलितों के अधिकारों के विरुद्ध एक राजनीतिक साज़िश विकसित होती चली जा रही है। संकट की इस वेला में हम क्या कर सकते हैं?

डॉ. अनिता भारती : बाबा साहब ने कहा था कि शिक्षा शेरनी का दूध होता है जो उसे पी लेता है, दहाड़ना आ ही जाता है। ठीक बता रहे हैं

कि आज आरक्षण की नब्ज़ को कुछ लोग काटना चाहते हैं। यह आरक्षण दलित सोसाइटी के लिए अनिवार्य है। वह इसलिए अनिवार्य है, क्योंकि यहाँ पर जाति के नाम पर लोगों की वास्तविक पहचान छीन ली जाती है। नौकरी छीन ली जाती है, उनकी सुविधाएँ छीन ली जाती हैं। उनके ऊपर यह तमगा लगा देते हैं कि दलित अक्षम है, उसे कुछ आता नहीं है। जिस समाज में असमानता है, अस्वतन्त्रता है, बन्धुत्वहीनता है आरक्षण ख़त्म होने का कोई सवाल ही नहीं उठता है।

हेब्बार : दलित असल में समाज के बुनियादी आधार के रूप में काम करते हैं। बहुसंख्यक दलित श्रमिक हैं। दलितों की जीवन स्थिति को साहित्य किस प्रकार शब्दबद्ध करता है?

डॉ. अनिता भारती : भारत में श्रम का बड़ा अजीब–सा बँटवारा है। श्रमिकों में मैला उठाने वाले भी आते हैं। जाति आधारित पेशे से दलित आज भी आबद्ध है। मैला उठाने वाले मज़दूरों को सलाम कोई नहीं करता। अगर मज़दूर दलित नहीं है तो उसको समाज में सम्मान मिलता है। लेकिन दलित यदि मन्त्री बन जाये तो भी सम्मान नहीं मिलता है। राष्ट्रपति होने पर भी सम्मान नहीं मिलेगा। न्यायाधीश होते हुए भी उसकी कुर्सी धोई जायेगी, जब दूसरा व्यक्ति उस पर बैठेगा। यह एक प्रकार से मानसिक विकृति का उत्तम नमूना है, हमारी संस्कृति का घिनौना चेहरा है। इसका प्रत्यंकन दलित साहित्य के आर–पार में है।

हेब्बार : कौसल्या बैसन्त्री की आत्मकथा है–'दोहरा अभिशाप'। उसमें लेखिका बताती हैं कि स्त्रियों को दोहरे अभिशाप का शिकार होना पड़ रहा है। इस दोहरे–तिहरे अभिशाप को लेकर आपका क्या विचार है?

डॉ. अनिता भारती : दलित स्त्री के सन्दर्भ में पहली बात यह है कि वह दलित है, दूसरी बात यह है कि वह एक स्त्री है, तीसरी बात यह है कि वह दलित स्त्री है। दलित स्त्री समाज के निचले पायदान पर खड़ी होती है। दलित औरत जो खेत में मज़दूरी करके आती है, घर में भी मज़दूर है। मज़दूरी का भार उसके लिए दुगुनी हो गयी है न? दलित स्त्री समाज में ही नहीं, अपने घर में भी उपेक्षित है। यह स्थिति सम्पूर्ण महिलाओं के लिए लागू है।

हेब्बार : साहित्य का उद्देश्य स्वस्थ अवबोध का विकास करना होता है। इस उद्देश्य को साकार करने में दलित साहित्य एवं उसकी भाषा कहाँ तक सफल हुआ है? दलित साहित्य की भाषा पर जो आरोप लगाया जाता है, उस पर आपकी प्रतिक्रिया क्या रहेगी?

डॉ. अनिता भारती : भाषा को लेकर बड़े लोगों ने बवण्डर मचाया है। आम लोग जिस भाषा का इस्तेमाल करते हैं, वह खराब मानी जाती है। भाई, जैसे साहित्य में दो प्रकार की हिन्दी का व्यवहार होता है। एक आम लोगों की हिन्दी है, दूसरी ब्राह्मणिकल हिन्दी है। क्या केवल ब्राह्मणिकल हिन्दी में साहित्य लिखा जाना चाहिए? साहित्य में एक ऐसी भाषा का प्रयोग किया जाना चाहिए, जिसे साधारण इन्सान समझ सके। अगर साहित्य समाज का दर्पण है या साहित्य समाज का मशाल है तो क्या मशाल थोड़े ही लोगों को थोड़ा ही दिखाया आयेगा? मेरा मानना है कि शब्दों का अपना सौन्दर्य होता है। जैसे सूरज को कोई लाल कहता है या कोई नीला कहता है। नीला कहने से सूरज की सुन्दरता बहुत अलग प्रकार की हो जाती है, उसमें दलित–जीवन का सार है, सपना है। लाल सूरज कहा जाता है तो आपको लालिमा का बोध होता है, क्रान्ति की चेतना मन में भर जाती है। दलित साहित्य में परिलसित नकार के पीछे सवर्ण मानसिकता और जातीय अहम की भावना के प्रति आक्रोश कार्यरत है। दलित साहित्य की भाषा जीवन्त जन भाषा रूप है, उसमें वेदना की गर्मी है, आहें हैं, ज़िन्दगी के खुरदरे यथार्थ की तीखी एवं सीधी अभिव्यक्ति है। इसलिए दलित साहित्य में गाली–गलौज का रहना स्वाभाविक है। गाली गलौज/गाली का अपना अलग सौन्दर्यशास्त्र होता है। अगर एक आदमी रात–दिन भूखा बैठा होता है तो उसके मुँह से गाली ही निकलेगी। गाली क्यों निकल रही है। क्योंकि उसे भूखा रखा गया है। वह अपनी मर्जी से भूखा थोड़े ही है। गाली को दो तरीक़े से देखना पड़ेगा– एक में भरे पेटवाला गाली दे रहा है और दूसरे में भूखे पेट वाला गाली दे रहा है। दोनों की भाषा एक नहीं हो सकती। दलित की स्थिति उस आदमी की स्थिति है जो कुएँ में गिरा हुआ है, उस कुएँ से बाहर निकलने की छटपटाहट उसकी भाषा में है, उसकी सारी की सारी अभिव्यक्तियों में यह देखने को मिलेगा ही। ग़ैर दलित की चिन्ता उस आदमी को बचाने की चिन्ता नहीं है, उसकी चिन्ता उस कुएँ के पानी की शुद्धता को लेकर है।

हाँ, भरा पेट वाला अपनी ऐयाशी के लिए गाली दे रहा है तो भूखा पेट वाला व्यवस्था को गाली दे रहा है, अपनी विपन्नता के लिए जो ज़िम्मेदार है, उसको गाली दे रहा है। इसलिए दलित और ग़ैर दलित की अभिव्यक्ति में अन्तर होना एकदम स्वाभाविक है। पुराने सौन्दर्यशास्त्र के पैमाने के बल पर आज के दलित साहित्य की भाव सम्पदा का मूल्यांकन नहीं किया जा सकता है। जहाँ–जहाँ गाली आयी, वह अगर फ़िज़ूल में आयी है तो वह अलग बात है। गाली के लिए गाली ग़लत है, पर गाली मुक्ति के लिए है तो उसका स्वरूप बदल जाता है।

हेब्बार : मुक्ति की परिकल्पना दलित साहित्य में किस रूप में अभिव्यक्त हुई है?

डॉ. अनिता भारती : जाति मुक्ति दलित मुक्ति है। हमारे लिए देहमुक्ति का सवाल उतना बड़ा नहीं है। जब तक जाति से मुक्ति नहीं होगी तब तक हमें अपने शरीर की गरिमा प्राप्त नहीं होगी। आजकल दलित के शरीर पर, दलित स्त्री के शरीर पर आतंक बढ़ता जा रहा है। दलित औरतों को भोग की वस्तु समझी जाती है। बलात्कार अधिकांश दलित, आदिवासी महिलाओं का होता है। इसके पीछे समाज का जातिगत पूर्वाग्रह है। भारतीय समाज औरत को इन्सानी गरिमा प्रदान नहीं करता। इसलिए जाति से मुक्ति जब होगी, जब जाति व्यवस्था टूटेगी, तब दलित औरतों की भी मुक्ति होगी, सभी औरतों की मुक्ति होगी।

हेब्बार : विकास, औद्योगिकीकरण के नारे सब कहीं बुलन्द हैं। पूँजीवादी विकास में दलितों की स्थिति आगे क्या होगी? विकास के लोकतान्त्रीकरण पर आपका विचार क्या है?

डॉ. अनिता भारती : विकास का जो है फण्डा बड़ा अजीब है। सुविधाओं की उपलब्धि मुट्ठी भर लोगों के लिए मात्र मिल रही है। समाज के उच्च मध्यम वर्ग के लिए चीज़ें बनायी जाती हैं। जो दुख भोगता उसको ध्यान में रख कर योजनाएँ नहीं बनायी जाती हैं। आज के विकास से अमीर–ग़रीब का फ़ासला बढ़ता जा रहा है। एक ओर गाँव के ग़रीब जातिगत उत्पीड़न की मुक्ति की तलाशी के साथ जीविका की तलाश में गाँव छोड़कर शहर जाते हैं। शहरों में पलायन कर उनकी बहुत बुरी हालत होती है। वहाँ मकान, पानी आदि की व्यवस्था नहीं मिलती है। वर्तमान विकास में सबका विकास नहीं होता। यह प्रवृत्ति भी प्रबल है कि निम्न जाति के लोगों

को निजी क्षेत्र में नौकरी जाति के आधार पर नकारी जाती है। उनकी नियुक्ति केवल मजदूर या दिहाड़ी के रूप में होती है। जाति गाँव और शहर में दलित का शिकार कर रही है। हमारे देश का लोकतन्त्र बुर्जुआ लोकतन्त्र है। इस बुर्जुआ लोकतन्त्र में पूँजीपति लोग मज़बूत हो रहे हैं। यहाँ अन्तरराष्ट्रीय कम्पनियों को निमन्त्रण दिया जा रहा है। वे हमारे सारे के सारे संसाधनों को लूटकर हमारी सारी सम्पत्ति को बाहर ले जा रही हैं। इससे ग़रीब दलित–जीवन के संसाधनों से वंचित रह जाते हैं। मेरी राय में दलितों के लिए वैश्वीकरण से फायदा कम और नुकसान ज़्यादा पहुँचा है। आज के दौर में हक़ीक़त यह है कि दलित लोग बहुत ही बुरे जीवन जी रहे हैं।

हेब्बार : भारतीय जीवन में दर्शन का स्थान महत्वपूर्ण रहा है। लेकिन दार्शनिक उच्चता सामाजिक व्यवहार में नहीं प्रतिफलित हो रही है। इस दोगलापन को आप कैसे देखती हैं?

डॉ. अनिता भारती : दोगलापन हर जगह हमें देखने को मिलता है। बौद्धधर्म में भी दोगलापन था। मेरा सम्पर्क बौद्ध परिवार से कम है, लेकिन फिर भी मुझे सुनने में यही आता है कि बौद्ध धर्म को अपनाकर भी लोग अपनी जाति नहीं छोड़ रहे हैं। हमारे समाज में शुरू से कथनी–करनी में अन्तर चल रहा है। औरतों के प्रति धर्मशास्त्र का व्यवहार क्या रहा? भरी सभा में स्त्री की साड़ी उतारी जाती है। लेकिन उसका आख्यान–व्याख्यान साल भर किया जा रहा है। कोई यह नहीं कह रहा है कि जिस घटना का वर्णन पुराण में हुआ है, वह ग़लत है। इस भाँति हर साल रामलीला दिखायी जाती है, हर साल सीता का वनवास हो रहा है। यहाँ ग़लत–सही की अवधारणा नहीं है। एक ओर अद्वैत दर्शन की वाहवाही होती है तो दूसरी ओर द्वैत का व्यवहार चलता है। एक ओर जानवरों–पत्थरों की पूजा की जाती है तो दूसरी ओर दलितों को अपमानित किया जाता है। जो ग़लत है उसे भगवान के नाम पर माफ़ किया जाता है। लगता है सचाई को परखने का सामाजिक प्रयास नहीं किया जा रहा है। दोगलापन इसका नतीजा है।

हेब्बार : प्रजातन्त्र आज प्रबन्धन का दूसरा नाम है। दलित विमर्श प्रजातन्त्र को किस नजरिये से देखता है?

डॉ. अनिता भारती : प्रजातन्त्र यदि हमसे दूर चला गया तो फिर दलित के पास कुछ नहीं रहेगा। प्रजातन्त्र दलित जनता का आसरा है, दलितों की उम्मीद प्रजातन्त्र में टिकी हुई है। धर्म सत्ता के आगमन से दलितों का ही नुकसान होने वाला है। कॉर्पोरेट राज भी दलित जनविरोधी है। अम्बेडकर के नेतृत्व में रचे गये संविधान के, उसी के आधार पर चल रहे प्रजातन्त्र के नष्ट हो जाने पर महिलाओं और दलितों को उसका फल भुगतना होगा। इस खतरे से दलित चिन्तक वाक़िफ़ हैं। इसलिए फासीवाद, साम्प्रदायिकता, पूँजीवादी साज़िशों के ख़िलाफ़ दलित आन्दोलन सक्रिय रूप से कार्यरत है।

3

मानवीय गरिमा की रक्षा के लिए साहित्य सदा ही प्रतिश्रुत रहा है

(कवयित्री प्रो. अनामिका जी से डॉ. प्रभाकरन हेब्बार इल्लत की बातचीत)

हेब्बार : मैडम, मैं आपसे यह जानना चाहता हूँ कि आपके लेखन का प्रारम्भ कब हुआ और आपके बचपन प्रभाव कविता में किस प्रकार प्रतिफलित होता है?

प्रो. अनामिका : बचपन तो मीठी एवं सुखद स्मृतियों का पवित्र लोक है। ज़रूर बचपन की कमाई हम सब लोग ज़िन्दगी भर खाते ही हैं। कुछ होते हैं अनुभव जो भविष्य के अन्तरुकोश में छान–छन के गिरते हैं जैसे मधु के छत्ते से मधु बून्द–बून्द गिरता है। धीरे–धीरे जीवनाकाश में अनुभव के तारे संचित होते जाते हैं। हमें अपने बचपन में यह अन्दाज़ भी नहीं होता कि आगे क्या आने वाले जीवन में ये स्मृतियाँ कितनी मिठास, कितनी ऊर्जा बिखेरेंगी। बालपन में आदमी बेसुध रहता है, संचित अनुभव व अनुभूतियाँ कैसे तब्दील होंगे, इसके सम्बन्ध में उस समय कुछ नहीं कहा जा सकता। उस अबोध स्थिति में भी बोध का विकास तो होता है, पर उसका बोध किसी को नहीं होता है।

छोटा–सा शहर था हमारा। उसमें सूफ़ी धर्म की सुगन्ध थी और उस समय थियोसोफिस्ट्स बहुत होते थे न? मुजफ्फरपुर भी उन दिनों में इसका बहुत ही बड़ा केन्द्र था। पूरा माहौल इनक्लूसिव या समावेशी था, अनेक भावधाराओं का प्रभाव था। एक प्रकार से मिली–जुली संस्कृति प्रवाहित थी। मेरे ऊपर देवी उपासना, रामकृष्ण परमहंस आदि का भी प्रभाव रहा है।

मेरे दादा वगैरह देवी के बहुत बड़े उपासक थे। उस समय हमारे यहाँ देवी पूजन की समृद्ध परम्परा थी। इसके अलावा मेरे बाबा का प्रभाव भी मुझ पर पड़ा है। मेरे बाबा भी कवि थे, उनके पिताश्री भी कवि थे, लेकिन वे लोग भक्ति की रचनाएँ किया करते थे। अपने आराध्य के सामने बैठकर, उसकी भक्ति की भावभूमि में बैठकर कविता गाने की हमारे यहाँ ऐसी परम्परा थी। मेरे कानों में वह सुर हमेशा लहराता है, कभी भी वह मेरा साथ नहीं छोड़ता है। पिता जी अच्छे कवि थे, उनको हर जगह बुलाया जाता था। वे कहते थे कि मैंने ईश्वर से तुम्हें माँगा था कि मेरी बेटी ही हो। इस तरह उन्होंने मुझे पाला–पोसा, जैसे नाम मेरा प्रकृति का ही रखा, अनामिका। अनाम का मतलब जिसका नाम न हो, जो नाम के परे जो जाता हो, उस शक्ति विशेष को ध्यान में रखकर मेरा नामकरण हुआ। एक पिता जो प्रकृति की, उस शक्ति की स्तुति करते हैं और उसके साथ वे मनोमय स्थिति में संवाद करते रहते हैं, उनकी बेटी होने का मुझे मौक़ा मिला तो उन्होंने बहुत सींचा मुझे, कविता से ही लगातार सींचा। और मुझमें काव्य तत्त्व थोड़ा बहुत देखकर उन्होंने मुझसे शब्दों से खेलना सिखाना शुरू किया। हाँ, वे अन्ताक्षरी मेरे साथ खेलते थे, वे मुझसे कविता की भाषा में बातचीत करते थे। जब हारने लगती थी, तो वे कुछ बनाने लगते थे। वे श्लोक वग़ैरह का याद कराते थे। अच्छी कविताएँ, संस्कृत, अंग्रेज़ी कवियों की कविताओं को कण्ठस्थ कराते थे, फिर भी कई बार मैं हार जाती थी। मेरे मन में इन सबसे कविता के संस्कार का विकास बचपन से ही हो रहा था। जब साढ़े बारह, तेरह साल की थी, जब मैं नौवीं कक्षा में पहुँची। उन्होंने किताब छपवा दी थी मेरी। कविता की शुरूआत अंग्रेज़ी में की, फिर हिन्दी में की। कविता हमेशा आपके अन्तरंग से संवाद करती है, आपके सेल्फ़ से अनौपचारिक भाषा में संवाद करती है। मेरे मन में संस्कार रूप में कविता के लिए बहुत अनुराग है। कविता मेरे लिए माँ है, गुरु है, दोस्त है। वह हृदय की निर्झरिणी है, भाव की धारा है, उसका मुंख खोल देने में हम लोगों की थोड़ी भूमिका हो सकती है, वह भूमिका मैं निभाती हूँ, बस।

हेब्बार : कहा जाता है कि कविता मानव की मातृभाषा है, कविता कैसे, किस प्रकार आपसे बातचीत करती है?

प्रो. अनामिका : मातृभाषा जो होती है, वह भीतर से संवाद करती है। दो अक्षरों, दो शब्दों के बीच में जो आकाश फैला हुआ है, जिसको वेद में

दहराकाश कहा जाता है। दहराकाश फैला वह मौन हृदयाकाश में फैल जाता है। जब अपनी मातृभाषा में हम बात कर रहे होते हैं तो मौन का आकाश हमारे सामने अधिक–अधिक खुलता है और उसको हम अपने ढंग से, जैसे बादल अलग–अलग रंगों में रंग जाते हैं, उस मौन को हम अलग–अलग रंगो में भिगोकर प्रस्तुत करते हैं, कर सकते हैं। हर विचार का अपना एक रंग होता है, अलग–अलग भावों का अपना रंग होता है। पर भाषा की सीमा होती है और अक़्सर जो बात भाषा में आती है, उल्टी होकर आती है या पूरी तरह नहीं प्रकट होती है। सच में एक चौथाई बात उद्घाटित हो जाती है, तीन चौथाई हिमशिला की तरह नीचे ही रह जाती है, अवचेतन में ही रह जाती है। इसलिए बोलते हुए और लिखते हुए हमेशा इस अपूर्णता का अहसास होता है कि बात मेरी पूरी तरह दूसरों तक पहुँचती है कि नहीं। इसलिए कविता को पूरी तरह समझा ही नहीं जाता है या समझाया नहीं जा सकता। हम सब जानते हैं कि हम में कई अधूरे सम्बन्ध हैं। अन्दर देखने पर लगता है कि और परिमार्जन की बहुत गुन्जाइश है। लेकिन यह एक तरह की बेचैनी है। यह बेचैनी कविता का दर्द है, अभिव्यक्ति का दर्द है।

हेब्बार : कवि का काम कविता की ही भाषा में 'किसान' का काम होता है। भाषा की सीमा को तोड़ने का काम कवि लोग कैसे करते हैं? उसके पीछे की चेतना क्या होती है?

प्रो. अनामिका : जैसे धान रोपा जाता है, धान कहीं भी, एक जगह रोपा जाता है, फिर उसे उखाड़कर दूसरी ज़मीन पर बोया जाता है। पुनः रोपण नये सन्दर्भ में होता है तो उसको उससे अर्थ विस्तार मिल जाता है। कविता में नये सिरे से शब्दों का, नये सन्दर्भ में पुराने शब्दों का भी प्रयोग किया जाये तो उसका विस्तार हो जाता है, अर्थ विस्तार हो जाता है। शब्द में आकाश का विस्तार है। आकाश शब्दाकाश होता है। उसमें अनुगूँजें भरी होती हैं। नयी से नयी अनुगूँजें भरने में उसमें क्षमता होती है। वह एक ऐसी वीणा है, रुद्रवीणा है जिसे नये–नये सुर में बजाया जा सकता है, नये–नये रागों से बजाया जा सकता है। कविता हृदयाकाश में रहती है, एकदम जैसे चिनगारी भभके, एक लौ बन जाती है, कविता जन्म लेती है।

हेब्बार : आज की दुनिया विमर्श की दुनिया है। समकालीन साहित्य में 'विमर्श' शब्द किस अर्थवत्ता या मूल्यबोध के साथ प्रयोग किया जाता है?

प्रो. अनामिका : एक सौर–मण्डल से दूसरे सौर–मण्डल में जब प्रकाश की किरण आती है तो रिफ्रेक्शन के सिद्धान्त के अनुसार कुछ तोड़–मरोड़ तो उसमें हो ही जाता है। पश्चिमी अवधारणाओं का पूरब में या पूर्वी अवधारणाओं का पश्चिम में अनुवाद करते समय देश–काल के अनुसार कुछ तोड़–मरोड़ घटित होता है। समस्याओं के संवाद का यह अत्यन्त महत्त्वपूर्ण पक्ष है कि हर सभ्यता मूल अवधारणा में कुछ जोड़ती–घटाती है। जैसा कि आपको पता ही होगा, विमर्श का मूल अर्थ संवाद हुआ करता था। विचार–विनिमय, विचार–विमर्श के साथ उसका प्रयोग प्राचीन यूनान में होता था और शास्त्रार्थ के रूप में अपने यहाँ और सबसे बड़ी बात यह थी कि अपने मूल अर्थ में मत–वैभिन्य और अनेकान्तता का पोषण यह धारण करता था, जिसका प्रमाण हैं–'मुण्डे मुण्डे मतिर्भिन्ना'– जैसी लोक प्रचलित उक्तियाँ। फूको, ल्योतार्द ने ज्ञान–उत्पादन और ज्ञान नियोजन के राजनीतिक षड्यन्त्रों की काट के रूप में इसका प्रयोग किया है और कमोबेश इसी अर्थ में यह हिन्दी में प्रयुक्त होता है : वंचित जातियाँ/लिंग/संप्रदाय, क्षतिपूर्तिधर्मा इतिहास–लेखन के औज़ार के रूप में इसका प्रयोग किया जाता है। और विलोपन–विद्रूपण–अवमूल्यन के जो तीन षड्यन्त्रों द्वारा जातियों/सम्प्रदायों का प्रश्रय सामन्तशाली ने किया था। स्त्री–पुरुष के बीच भेड़–भेड़िया का रिश्ता प्रायोजित करने वाली पितृसत्ता ने उसको धता बताकर अपने जीवनानुभवों में, आलोक में, अपनी तरह की भाषा में अपनी बात कहने की रणनीति को ही फिलहाल 'विमर्श' बनाया हैं। इसका मूल मन्तव्य अभी भी संवाद ही है जो कभी नहीं बोले, बोल रहे हैं। इन दिनों, पर इसी उद्देश्य से कि सामने वाले बात का मर्म समझकर अपनी आचार–संहिताओं और आचरण में परिवर्तन घटित कर सकेंगे!

हेब्बार : स्त्री–जीवन के विविध पहलू और उसके जीवन के अधिकारों के संवेदनात्मक रूप समकालीन कविता में किस प्रकार उद्घाटित होते हैं?

प्रो. अनामिका : कविता एक कौंध में और गद्य–साहित्य अपने सप्राण विवरणों और नाटकीय कथोपकथन में जीवन–जगत् की जो विडम्बनाएँ उद्घाटित करती हैं, उनमें से कुछ का सम्बन्ध तो सृष्टि के बृहत्तर सत्यों या रहस्यों से होता है, (प्रारब्ध, प्राकृतिक आपदाएँ, ईश्वर, मृत्यु, प्रेम आदि से) किन्तु कुछ के मूल में सामाजिक/राजनीतिक प्रबन्धन की वे भूलें होती हैं जिनका परिष्कार आवश्यक है और सम्भव भी। सामाजिक/राजनीतिक

प्रबन्धन की इन भूलों के मूल में अकसर मानवाधिकारों का हनन शामिल होता है। जीवन–जगत के चुनिन्दें क्षणों से एक प्रति संसार रचता है साहित्य और माहक्रो स्तर पर जो बिखरा पड़ा है, सम्भावित रूप से उसे मंचित करके वह एक तरह से हमारी आँखों को खोलता है और हमारे मर्म पर प्रहार करते हुए हम में प्रज्ञा विकसित करता है। जाने–अनजाने जो अन्याय हम दूसरों पर हावी होकर, उसके हिस्से का मान–सम्मान, साधन और अवसर छीनकर कर जाते हैं, उनसे निजात कैसे पायी जाये! कविता इसकी बात करती है।

हेब्बार : स्त्रीजीवन को रूपायित करने में सत्ता की भूमिका किस प्रकार की होती है?

प्रो. अनामिका : राजनीतिक सत्ता की थैली के ही चहे–बहे हैं–पितृसत्ता और सामन्तशाली ताक़त जो 'जिसकी लाठी, उसकी भैंस' का प्रायोजित खेल सदियों से खेलती रही हैं। एक ख़ास तरह के फ्रेम में स्त्री/दलित/आदिवासी या वंचित को जड़ से काट देना इनका अभ्यास रहा है। मीडिया के सहारे इनमें ख़ास तरह के रूढ़ चित्र या स्टीरियो टाइप प्रक्षेपित करते हुए, दरअसल यह सिद्ध करना चाहते हैं कि 'ढोल गँवार शूद्र पशु नारी' इस योग्य ही नहीं कि अपना निर्णय ख़ुद ले सकें, इसलिए उनकी नार्म्स हमारे हाथ में रहनी ही चाहिए। आज हम कुर्सी पर धब्ब से बैठ जाते हैं क्योंकि हम मानकर चलते हैं कि कुर्सी में प्राण नहीं हैं। यदि किसी दिन कुर्सी धीरे से बोले कि भाई, मेरे कन्धे दुख रहे हैं और पाँव जकड़ गये हैं, मैं बाहर घूमकर आती हूँ तो मुश्किल में पड़ जायेंगे बैठने वाले। वंचितों को कुर्सी–मेज़–पिढ़िया समझने वाले आज उनकी दुखावस्था को शान्ति के साथ समझने लगे हैं–'हम भी मुँह में ज़बान रखते हैं'–यह सुनकर उन्हें भय लग रहा है कि अब तो सारी पोल–पट्टी खुल जायेगी। सत्ता दबंगों की सुविधा के लिए यथास्थिति का समर्थन किया जाता है और जो भ्रम–जाल उन्होंने फैला रखा है उसकी पोल खुल जायेगी। इससे डरकर पितृसत्ता स्त्री को हर जगह दबाने का यत्न करती है। अब भी उसके मन में यही भ्रमजाल, यही पूर्वग्रह बरकरार है कि औरत सिर्फ़ देह है, उसके अपने मोह, दिल–दिमाग़ नहीं हैं।

हेब्बार : संस्कृति और स्त्री–अधिकार के सहसम्बन्ध पर आज किस प्रकार सोचा जा सकता है?

प्रो. अनामिका : हाथी के दाँत खाने के और दिखाने के और! हमारी संस्कृति, हमारी परम्पराएँ, हमारे धर्म, हमारी नैतिकता बड़ी परतदार व दो मुँही रही हैं। हमारी संस्कृति ने हमें बहुत से 'सान्त्वना पुरस्कार' पकड़ाये हैं, 'लज्जा स्त्रियों का गहना है।' लज्जा ही नहीं, सारे मानव मूल्य और सद्गुण स्त्रियों में एकत्रित हुए हैं। क्षमा, सहिष्णुता, प्रेम, दया, ममता, त्याग आदि स्त्रीधन ही क्यों हों? पुरुषों का भी इन पर बराबर हिस्सा होना चाहिए, जैसे भौतिक संसाधनों और अवसरों पर स्त्रियों का! कभी–कभी फ़िल्मी गीत भी एक पंक्ति में बहुत–कुछ कह जाता है–'नारी को इस देश में देवी कहकर दासी जाना है/जिसको कुछ अधिकार न हो, उसे घर की रानी माना है!' पहले की स्त्रियाँ तन–मन से घर की सेवा करती थीं, अब की स्त्रियाँ तन–मन–धन से घर–बाहर दोनों की देखभाल करती हैं, फिर भी संविधान में सुरक्षित अधिकार बहुधा कागज़ के फूल सिद्ध होते हैं और तरह–तरह के भेदभाव उन्हें आज भी झेलने होते हैं।

हेब्बार : जनतान्त्रिक मूल्य, सार्वभौमिक बहनापा की परिकल्पना को किस रूप में हम समझें?

प्रो. अनामिका : मानवीय गरिमा की रक्षा के लिए साहित्य सदा ही प्रतिश्रुत रहा है, पर विमर्श पूर्व और विमर्शोत्तर साहित्य के बीच एक तात्त्विक कर्म यह है कि विमर्शोत्तर साहित्य जनतान्त्रित है और सहज मानवीय अधिकार यहाँ कृपापूर्वक बरसाये जाने के वैसे प्रसंग नहीं आते; जैसे पुराने साहित्य में जहाँ 'चारुदत्त' जैसा धीरोदात्त नायक अपने वंचित साथियों में करुणा विगलित होकर अपनी वंशानुगत या अर्जित सम्पत्ति बाँट देता है या कोई वीर नायक कृपापूर्वक किसी ग़रीब की या पराजित सामन्त की बेटी/बहन को ब्याह लाता है, बिना इस बात का विचार किये कि घर पर कोई पलक–पाँवड़े बिछाये उसकी प्रतीक्षा कर रही है...!! संचित पुण्यों के प्रताप से भी कोई धनी/रूपवान/प्रज्ञावान पैदा हुआ–ऐसा मानने वाला समाज भी वर्तमान आचरण की न्याय प्रियता के आधार पर ही किसी को अच्छा–बुरा कहता है। शोषणधर्मी आचरण पारम्परिक साहित्य में धिक्कार–योग्य ही है, पर यहाँ समता, स्वाधीनता और भाईचारे के जनतान्त्रिक आदर्श उस रूप में पल्लवित पुष्पित नहीं दिखाए जाते और दलित–वंचित श्रेणी का नायकत्व, स्वतन्त्र निर्णय लेने की उसकी क्षमता, बराबरी में बोलने कुछ करने, बराबरी में बैठने तक में

उसकी क्षमता बाधित है। फ्रांसीसी क्रान्ति के बाद सबसे पहले रोमांटिक कवियों के यहाँ जनसाधारण के आसपास का जीवन फोकस में आया और स्वीपर, लीच गैदरर, सॉलिटरी रीपर, एंशिएंट मैरिनर, खेत में काम करने वाले मजूर आदि नायक बने और साहित्य जन जीवन की भाषा बोले–ये संकल्प उभरे। अपने यहाँ छायावादी लेखकों ने इस चेतना से अनुप्राणित होकर अद्‌भुत चरित्र और विवरण दिये। प्रगतिशील साहित्य तो इसके लिए जाना ही गया, प्रयोगवादियों, नयी और समकालीन कविता के पैरोकारों में जनतान्त्रिक चेतना अलग–अलग रूपों में फूलती–फलती रही। बहनापे की अवधारणा एंड्रीन रिच ने 'यूनिवर्सल सिस्टरहुड' से जन्म लेती है और सारे विश्व का स्त्री–साहित्य इस बात पर विशेष सजग है कि वह अपनी बात को मार्मिक ढंग से प्रस्तुत कर सके कि वर्ग–वर्ण–नस्ल और धार्मिक सम्प्रदाय की लैस अलग–अलग समस्याओं के बावजूद दैहिक शोषण का प्रसंग, भाषिक बनावट और मनोछन्द का प्रश्न विश्व–भर की स्त्रियों के बीच पनप सकें।

हेब्बार : आपकी राय में नारी मुक्ति किस–किस से मुक्ति है? देह मुक्ति पर आपकी राय क्या है?

प्रो. अनामिका : यह तो मैं शुरू से कहती आ रही हूँ कि शिक्षा मुक्ति मन्त्र है, जैसे एक स्त्री को शिक्षित करने पर वह पूरे परिवार को जागरण का मन्त्र पिला देती है, इसी तरह पूर्वग्रहों और भेदभाव की संरचनाओं से स्त्री को मुक्त करना, मनुष्य–मात्र की मुक्ति की ओर उन्मुख होना स्त्री मुक्ति का पहला क़दम है। दीये से दीया जलता है और दीये से दीया जलाने का धीरज और प्रकाश सर्वसुलभ करने की अभीप्सा स्त्री में सहजात होती है। और गर्भधारण से लेकर जीवन के आरम्भिक दस वर्षों तक का महत्त्वपूर्ण समय कोई भी व्यक्ति स्त्री की छाया में ही बीतता है। उसके बाद विवाह या प्रेम के बाद के कुछ वर्ष भी स्त्री की छाया उसके जीवन में गहनतम होती है। व्यक्ति संवेदनशील हुआ तो बाद के वर्षों में भी बहन और बेटी के हाथों में उसकी आत्मा की लगाम होती है। स्त्री–शिक्षा से स्त्रियों का नैतिक और आध्यात्मिक क़द बढ़ता ही है और उसका संग–साथ पुरुष के लिए रमणीय ही नहीं, संस्कार–प्रक्षालक और सर्वांगीण विकास का सहायक भी हो जाता है।

देहमुक्ति का अर्थ है– देह से जुड़ी इस पूर्वगत धारणा से मुक्ति की वह पैप्सीकोला की एक बोतल है, प्यास जगाने, प्यास बुझाने और बेखयाली से एक तरफ सरका लिए जाने के लिए उसकी सृष्टि हुई है। स्त्री–देह एक खुला चरागाह और लदा हुआ गर्भ है बस, जिसका कोई दिल–दिमाग़ नहीं होता। हाड़–मांस की एक गुड़िया ही है औरत और कठपुतली बनी रहने में ही उसकी 'सुरक्षा' है। इसी पूर्वग्रह के चलते स्त्री–देह आज तक दुनिया के सारे अपराधों की आधारभूमि, भावहीन, असुरक्षित सम्भोग, कन्या–भ्रूण–हत्या, साफ़–सुथरे सुरक्षित प्रसव की व्यवस्था का घोर अभाव, बलात्कार, ट्राफिकिंग, वस्तुकरण, डायन दहन, दहेज, मार–पीट, ग़ाली–गलौज़ किसी भी अपराध का आधार स्तम्भ वही स्त्री शरीर बन गया है जिससे कि हम–आप जन्नमे हैं, पोषित और सृजित हुए हैं।

हेब्बार : जाति स्त्री–जीवन को किस प्रकार विकराल बनाती है?

प्रो. अनामिका : हिन्दी–उर्दू का एक प्रचलित मुहावरा है–स्त्री–जात! जाति–जर्जर। हिन्दी–समाज भी इतना तो समझता ही है कि अलग–अलग वर्गों, जातियों–धर्मों में बँटी स्त्रियाँ भी बहनावे का एक सूत्र तो बाँधती ही हैं वह है उसकी देह–मन और भाषा की विशिष्ट बनावट जिसकी सम्यक समझ अभी इस पितृसत्तात्मक समाज में विकसित नहीं हुई। दलित स्त्रियों का दुख अश्वेत स्त्री के दुख की तरह दोहरा–तिहरा दुख है; उन्हें देहगत शोषण के अलावा, वर्णगत शोषण भी झेलना पड़ता है। 'घर में पुरुष एक थप्पड़ मारता है, तो गली में जातीय अहंकार और दूसरा'! यह दलित स्त्री–लेखन के जरिये ही सम्भव हुआ कि उनकी उत्कट संघर्ष चेतना उजागर हुई और आज पूरा स्त्री–समाज इससे प्रेरित–अनुप्राणित है।

हेब्बार : पर्यावरण विध्वंस स्त्री चौतन्य पर किस प्रकार का प्रभाव छोड़ता है?

प्रो. अनामिका : स्त्री–आन्दोलन शुरू से ही अपने आँचल–तले एक बृहत्तर मुद्दा लेकर चला है–छठे दशक में यह बृहत्तर मुद्दा था निःशस्त्रीकरण, सातवें दशक में वर्ग–संघर्ष, आठवें में रंग–भेद, नौवे में भूमण्डीकरण और उसके बाद पर्यावरण विध्वंस। पर्यावरण का हो या जन–धन का, वह स्त्री–चेतना के लिए विपरीत पड़ता है क्योंकि सृजन और परिवर्द्धन (नर्चरिंग) उसकी मुख्य प्रेरणाएँ रही हैं। दो चीज़ों से स्त्री–आन्दोलन का हमेशा से विरोध रहा है–एक तो हिंसा और दूसरा अतिरेक–काम–क्रोध–लोभ, किसी भी तरह के अतिरेक से।

स्त्री–आन्दोलन ग्लोरियस रेवोल्यूशन के बाद का इकलौता आन्दोलन है जिसने कभी एक बूँद ख़ून नहीं बहाया है और विचार–विमर्श के सहारे ही अपनी राह बनायी है। युद्ध–आतंकगत हिंसा के अलावा वस्तुवादी, देहवादी अतिरेक फैलाने वाला और पर्यावरणगत असन्तुलन बढ़ाने वाला बाज़ार भी हमेशा से स्त्रीवादी आलोचना के केन्द्र में रहा है; वह लगातार इस तरह के विज्ञापनों का विरोध करता रहा है जहाँ सुपरबायर्स हों सुपरमम्मियाँ हों और महँगे सूट पहनने वाले 'कंप्लीट मैन' हों! स्त्री का सीधा सपना यह है कि सब सम्यक भाव में रहें–वह पुरुष अतिपुरुष (मेगा मैन) न बने, न स्त्री अतिस्त्री (बार्बीडॉल)।

हेब्बार : स्त्री भाषा की ख़ासियतें क्या–क्या हो सकती हैं?

प्रो. अनामिकाः कई मनःसामाजिक घटकों के कारण स्त्री–भाषा मनुहार प्रिय, उच्छल, संवादी भाषा रही है और पुरुष भाषा आदेश प्रधान, भाषणधर्मी भाषा, जिसमें शान्त सुनने का, सामने वाले से भी कुछ विनयपूर्वक ग्रहण करने का शौर्य विकसित ही नहीं हो पाया! वाक्य में जो स्थान उद्देश्य का होता है, वह विधेय का नहीं होता। पर स्त्री–चेतना के विकास के साथ उद्देश्य और विधेय में एक 'म्यूजिकल चेयर' जैसा खेल प्रस्तावित हुआ है। रोटी किसी एक करवट लेती रहे तो जल जाती है, सत्ता किसी एक पक्ष के हाथ में केन्द्रित रहे तो अनर्थकारी होने से उसे कोई रोक नहीं पाता। इसी जनतान्त्रिक समझ के साथ विकसित स्त्री–भाषा खुले मन के अन्तरंग विचार–विनिमय पर ज़ोर देती लगातार फूल–फल रही है।

हेब्बार : स्त्री मुक्ति के महासंग्राम की सम्भावना पर आप किस प्रकार सोचती हैं?

प्रो. अनामिका : अस्मिता और महासंग्राम परस्पर–विरोधी अवधारणाएँ नहीं हैं। पूरे घर के मकड़ जाल उतारने हों तो भी शुरुआत एक कोने से ही करनी होती है। वर्गगत वैषम्य सबसे बड़ा वैषम्य है, पर अस्मितागत वैषम्य मिटाते हुए भी संसाधनों और अवसरों के बराबर बँटवारे पर ज़ोर दिया जा सकता है। पूरब की स्त्रियों ने विश्लेषण के औज़ार पश्चिम से उधार लिए तो मिल–जुलकर परम्पराओं से रूढ़ियों को। बीन–फटक लेने का विवेक उसने भी पश्चिम को दिया। यह आदान–प्रदान कम–से–कम अब बराबरी का हो गया है जब आर्ष ग्रन्थों की महिमा गाथाओं, लौकिक परम्पराओं और अन्य कई प्राथमिक और द्वितीयक स्रोतों में पश्चिमी चिन्तक भी स्त्रियों के प्रज्ञा–पक्ष के नये मॉडल पाने लगे हैं।

हेब्बार : केरल की संस्कृति और जीवनानुभूति पर आपकी राय जानना चाहूँगा।

प्रो. अनामिका : यह अजब संयोग है कि मेरे बेहतरीन दोस्त, अनुज और सखियाँ मलायलम भाषी रही हैं—मेरे पसन्दीदे लेखक भी! केरल की ऊर्ध्वमुखी सामाजिक संस्कृति का मेरे चित्त पर उतना ही गहरा प्रभाव है जितना उसके प्राकृतिक वैभव का! स्वाभाविक है कि मेरी कविताएँ बार–बार केरल के नैतिक भूगोल की ओर अभिमुख होती हैं।

(10 जनवरी, 2017)

4

भूख एकमात्र जीवन सत्य है

(कवि डॉ. लाल्टू जी से डॉ. प्रभाकरन हेब्बार इल्लत की बातचीच)

हेब्बार : कृपया आप यह बताइए कि कवि के रूप में आत्मिक प्रेरणा कैसे आपको प्राप्त हुई और किस परिवेश में आप में कविता फूली–फली?

डॉ. लाल्टू : देखिए, मेरा जन्म एक ग़रीब परिवार में कोलकाता में हुआ था। मेरी माँ बंगला भाषी है, पिता जी पंजाबी भाषी थे, तो घर में स्वाभाविक रूप से खिचड़ी बंगला और पंजाबी भाषा में हम बात किया करते थे। कोलकत्ता में सरकारी मदद से हिन्दी माध्यम के स्कूल चलते थे, उसमें मेरी पढ़ाई हुई। उनकी हालत बहुत अच्छी नहीं थी। अब थोड़ा–सा विकास हो गया है, पर उस ज़माने में ग़रीब बच्चे वहाँ पढ़ा करते थे। मैं जिस मोहल्ले में रहता था, वहाँ ज़्यादातर लोग बंगला भाषी थे। बंगला में कविता की एक समृद्ध परम्परा पिछले दो सौ सालों में बनी थी, उसकी झलक वहाँ के सांस्कृतिक वातावरण में थी। जब मोहल्ले में सांस्कृतिक कार्यक्रम होते थे या जब–जब रबीन्द्र जयन्ती होती थी लोग इकट्ठे हो जाते थे। अब भी वहाँ ऐसा माहौल है बहुत से सांस्कृतिक कार्यक्रम होते हैं। उस माहौल में पलने की वजह से कविता लिखने की कोशिश बचपन से ही शुरू हो गयी थी। कहने का मतलब यह है कि छठी–सातवीं कक्षा में पढ़ते वक़्त मैं कुछ न कुछ लिखता रहता था और मोहल्ले में जो 'दीवार या भित्ति पत्रिका' होती थी, उसमें लगाया जाता था। एक हस्तलिखित पत्रिका पूजा के वक़्त बाँट दी जाती थी तो उसमें भी मैंने कहानियाँ लिखीं, जो बंगला में थीं। उस वक़्त हिन्दी में भी लिखता था। इस तरह लिखने का अभ्यास बन चुका था। वैसे जब मैं कॉलेज में था, मेरी इच्छा कवि बनने की नहीं थी।

अच्छा उपन्यासकार बनने की थी, पर जब साइंस में आ गया तो साहित्य लिखने का वक़्त कम मिलता था। इसके सिवाय उस समय मेरी पारिवारिक स्थिति बहुत अच्छी नहीं थी तो ट्यूशन वग़ैरह करता था। गुज़ारा किसी न किसी प्रकार हो जाता था। कुछ राजनीतिक गतिविधियों में भी मैं भाग लेता था। पीएच.डी. के लिए जब विदेश गया तो अंग्रेज़ी में भी कविता लिखता था और बहुत अच्छा तो शायद नहीं लिखता था, पर वहाँ की कुछ पत्रिकाओं में प्रकाशित हुई। जब मैं फिर लौटकर भारत आया, तो अंग्रेज़ी से बिल्कुल हटकर हिन्दी में लिखने लगा। इस तरह से यह कहना मुश्किल है कि एक आत्मिक प्रेरणा कहाँ से मिली, पर एक माहौल ऐसा था, जिसमें हम कुछ करते रहे काम, इस तरह लगातार लिखते रहे, बस।

हेब्बार : पेशे से आप वैज्ञानिक हैं। कृपया बताइए कि विज्ञान और साहित्य के बीच का रिश्ता क्या है?

डॉ. लाल्टू : अक्सर लोग यह समझते हैं कि विज्ञान और साहित्य कुछ अलग–अलग क़िस्म की चीज़ें हैं, पर दरअसल बात ऐसी नहीं है। पाँच सौ साल पहले यूरोप में जो प्राकृतिक दर्शन और प्राकृतिक विज्ञान थे, सब एक ही बात थी। यह तो पिछले तीन–चार सौ साल से हुआ कि दर्शन और विज्ञान धीरे–धीरे अलग हुए। फिर विज्ञान में ही भौतिक विज्ञान और रसायनशास्त्र, जीवविज्ञान वग़ैरह अलग डिसिप्लिंस बनीं। पहले तो ऐसा नहीं होता था। पहले एक ही आदमी दार्शनिक हो सकता था, कवि हो सकता था, वैज्ञानिक हो सकता था, यह सब आम बात थी। दूसरी बात यह है कि देखिए कि विज्ञान का मक़सद क्या है? विज्ञान का मक़सद यह है कि प्रकृति में जो चीज़ें हमें रहस्य जैसी लगती हैं, विज्ञान हमें एक तर्कशील तरीक़े से उनको समझने की पद्धति बतलाता है। उसे समझने की कई विशेषताएँ होती हैं, प्रक्रियाएँ होती हैं, जिनके बारे में हम लोग हमेशा बातचीत करते रहते हैं। कविता में भी तकरीबन यही चीज़ें हैं, पर कविता एक अलग क़िस्म की विधा है, एक अलग सृजनात्मक कोशिश का नाम है। कविता से हम जो अन्तर्दृष्टि प्राप्त करते हैं, वह विज्ञान की अन्तर्दृष्टि से अलग हैं, पर मूल मक़सद एक ही है। कविता में प्रकृति से भी आगे बढ़कर मानव निर्मित समाज के स्तर आ जाते हैं और जैसे मैंने इसे बहुत पहले कविता में लिखने की कोशिश की थी कि "किसी ने देखा घास की हरीतिमा, किसी ने देखा घास पैरों तले दबी हुई।" जरूर द्वन्द्व का स्वरूप शब्द को चीरता है। जो द्वन्द्व हमें आच्छादित

करके रखता है जिसमें हम फँसे होते हैं, पर पता नहीं चलता कि ईर्द गिर्द में क्या हो रहा है। समाज के नियम हैं जो अच्छाई–बुराई को तय करते हैं। द्वन्द्व से हटने की जो कोशिश विज्ञान में है, कविता में भी है। मैंने हमेशा इसको इसी तरह देखा है। इसको अंग्रेज़ी में डीमिस्टिफिकेशन कहते हैं। कई बार कई लोगों को लगता है कि कविता में एक तरह का मिस्टिसिज्म है, एक प्रकार का रहस्यवाद है। पर हम लोग ऐसा नहीं मानते, हम लोग उस रहस्यवाद से अलग निकलकर बात करना चाहते हैं और हम लोग जो ठोस इन्सानी अनुभवों में उन पर अपनी कविता को, मतलब उस ज़मीन पर अपनी कविता को खड़ा करते हैं।

हेब्बार : असल में इन्द्रियजन्य सत्य के परे कविता बात करती है और विज्ञान इन्द्रियजन्य सत्य पर आधारित है। इस प्रकार का जो फासला दोनों में दिखायी देता है, यह बात कहाँ तक सही है?

डॉ. लाल्टू : हाँ, जब हम यह कहते कि कविता रहस्यवाद की चीज़ है, लेकिन कविता ऐसी नहीं हो सकती है। यह सही है कि कविता में इंपिरिसिज़्म या जो इन्द्रियजनित सत्य, जो आप कह रहे हैं, उसकी उपस्थिति है। यह भी सही है कि विज्ञान में भी इंपिरिसिज़्म पर बहुत ज़ोर है। कविता में कोई भी बात आप कर सकते हैं, अलौकिक शक्तियों के बारे में आप बात कर सकते हैं, पर वह भी हमारे तजुर्बों के साथ जुड़ी होनी चाहिए। वे बातें अगर बिल्कुल ख़याली चीज़ें हैं तो ठीक है, वह भी सुन्दर है।

हेब्बार : मुझे मालूम है कि आप एक कहानीकार, अनुवादक, पत्रकार और बाल–साहित्यकार भी हैं, पर आपकी जो मूल प्रतिभा कवि की है। कविता आपके लिए क्या है? एक संघर्ष है? एक सपना है या और कुछ है?

डॉ. लाल्टू : अच्छा, कविता मेरे लिए सब कुछ है। कोई एक चीज़ कहना मुश्किल है। कहानी या दूसरी विधाओं से कविता एक सिटिंग में आप नहीं लिख सकते हैं। महीनों उस पर काम कर सकते हैं। काम करना पड़ता है। लेकिन कहानी, उपन्यास आदि के साथ ऐसा नहीं होता है। सही बात है कि एक कवि की अपनी कुछ प्रवृत्तियाँ होती हैं, यह तो दूसरे लोग ही बतलायेंगे कि मेरे अन्तर वे प्रवृत्तियाँ हैं या नहीं, मैं खुद नहीं बता सकता। यह ज़रूर है कि मैं संवेदनशील हूँ और मैं अक़्सर इस दुनिया को आम लोगों की आँखों से देखता हूँ। संवेदनशीलता के साथ कविता का कोई सीधा रिश्ता है कि नहीं यह कहना बड़ा मुश्किल है। मतलब आप देखेंगे कि

बहुत अच्छे कवि अक्सर अपने निजी जीवन में बड़े ही निष्ठुर और बड़े ही स्वार्थी हो सकते हैं, तो मैं सम्भवतः ऐसा नहीं हूँ। मैं समझता हूँ कि निजी जीवन में भी एक भला आदमी बनने की कोशिश करता हूँ। हो पाता हूँ कि मुझे नहीं मालूम है। पर मेरी कविता सब कुछ बता सकती है।

हेब्बार : आपने कहा कि आपकी मातृभाषा हिन्दी नहीं है। हिन्दी में कविता करते समय आपकी सर्जनात्मक प्रक्रिया किस प्रकार आगे बढ़ती है?

डॉ. लाल्टू : यह बात सही है कि हिन्दी मेरे लिए बहुत स्वाभाविक भाषा नहीं है। कहना मुश्किल है कि मैं कैसे लिख रहा हूँ, किस फार्म में लिख रहा हूँ, मुझे तो पता नहीं, मेरे लिए इसे समझना बड़ा मुश्किल है। मुक्तिबोध के लिए क्या हिन्दी एक नेचुरल लैंग्वेज थी, नहीं। इसको मैं बहुत बड़ी समस्या नहीं मानता हूँ और वैसे अगर आप पूछें तो हिन्दी, बंगला, पंजाबी तीनों मेरे लिए करीब की भाषाएँ हैं, मेरी मातृभाषाएँ हैं। मतलब मैं केवल बहुभाषी नहीं हूँ, मैं बहु सांस्कृतिक हूँ। हमारे एक मित्र गिरिधर बाबू जो मुझे अंग्रेज़ी पढ़ाते थे। एक बार उन्होंने बताया कि लालटू तुम केवल मल्टी–लिंगुवल नहीं हो, तुम मल्टी कल्चरल हो। तब से मैंने सोचना शुरू किया कि जब बंगाली के साथ बात करता हूँ तो असल में मैं अपने आप बदल जाता हूँ। उस वक़्त मेरी अलग ही दुनिया होती है। जब पंजाबियों के साथ बात करता हूँ तो बिल्कुल अलग ढंग से बात करता हूँ। इसी तरह हिन्दी वाले से जब बातें कर रहा हूँ तो भी यह स्थिति रह जाती है। सचमुच सांस्कृतिक रूप से मैं पूर्ण रूप से बदल जाता हूँ। असल में हिन्दी एक बहुभाषी भाषा है और यह हिन्दी की ताक़त है और हिन्दी वाले को इस बात की समझ नहीं है कि वे बहुभाषा भाषी हैं। हिन्दी वाले ज़्यादातर लोग इसमें लगे हुए हैं कि वे हिन्दी भाषा के एक मानक रूप को सांस्कृतिक व्यवहार के लिए प्रतिष्ठित करना चाहते हैं। लेकिन मुझे लगता है कि यह एक ग़लत प्रवृत्ति होगी। पूरे हिन्दी क्षेत्र में हिन्दी के विविध रूप हैं। यह आश्चर्य की बात है कि आप केरल से हैं, किस तरह की हिन्दी बोलते हैं। बड़ी अद्भुत बात है। मैं समझता हूँ कि कोई यह नहीं कह सकता कि जो एक आदमी बोल या लिख रहा है, वही हिन्दी है। इसलिए अलग–अलग लोगों की जो हिन्दी है, वह अलग–अलग क़िस्म की हिन्दी होती है। और जो 'भाषाएँ' हिन्दी में हैं वे अलग से स्वच्छन्द और स्वतन्त्र भाषाएँ हैं और वह मानक हिन्दी नहीं है। यदि आप भोजपुरी

में लिख रहे हैं, उसको भी आप हिन्दी कहेंगे। यदि राजस्थानी में लिख रहे हैं तो भी आप उसे हिन्दी कहेंगे। पर भोजपुरी और राजस्थानी दो अलग–अलग भाषाएँ ही हैं। वे बोलियाँ नहीं हैं। मैं समझता हूँ कि ऐसी सौ भाषाएँ हिन्दी में हैं। इसलिए जो लोग जिस मानक हिन्दी को अपनी मातृभाषा कहते हैं, वह हिन्दी भाषा को लेकर उनकी ग़लत सोच को दिखाता है। जैसी मेरी जो हिन्दी है, उसे आप चाहे मातृभाषा कहें या मेरे क़रीब की भाषा कहें तो मैं उससे सन्तुष्ट हूँ। मेरी भाषा में कमज़ोरियाँ हो सकती हैं, जो हर रचनाकार में होती हैं।

भाषा विज्ञान यह कहना चाहता है कि एक बच्चे की सबसे करीब की भाषा मातृभाषा होती है। जैसे मान लीजिए कि आप कहेंगे आपकी मातृभाषा हिन्दी नहीं है, मलयालम है, पर वह जो मलयालम आपकी मातृभाषा है वह कौन–सी मलयालम है? क्या वह तिरुवनन्तपुरम की मलयालम है? क्या वह पालक्काड की मलयालम है, क्या वह कण्णूर की मलयालम है? मेरे कहने का तात्पर्य यही रहा है कि हिन्दी सौ से आधिक भाषाओं की भाषा है। हिन्दी में बहुभाषिकता की संस्कृति है, वह हिन्दी की ताक़त है।

हेब्बार : आलोचकों का कहना है कि आपकी कविता ज्ञानात्मक सोच का भावात्मक इतिहास है। इस पर आपकी प्रतिक्रिया क्या रहेगी?

डॉ. लाल्टू : मैं समझता हूँ कि बहिर्मुखी कथ्य की अन्तर्मुखी अभिव्यक्ति करना कवि कर्म है। मैं दुनिया को देखता हूँ और मेरी कविता एक व्यापक विश्व से जुड़ी होती है, व्यापक समाज से जुड़ी होती है। पर मैं उसे अन्तर्मुखी ढंग से कहना चाहता हूँ। मैं उसे सिर्फ़ इस तरह से बयान नहीं करता हूँ कि जिस प्रकार मैं एक समाज देख रहा हूँ। मैं समझता हूँ कि मैं अपनी पीड़ा को और अपने जैसे लोगों के जो द्वन्द्व हैं, जो समझौते हैं, उनको सामने रखकर बातें करना चाहता हूँ। मतलब मैं समझता हूँ कि मैं जिस पीड़ा को जी रहा हूँ, उस पीड़ा में मेरा जो बहिर्मुखी अनुभव है, उसको उस पीड़ा में ढाल सकूँ। बाद में अपनी बात को कह देना चाहता हूँ। मैं समझता हूँ कि कविता में आपको वह कहना चाहिए जो आपके अपने अन्दर में है। आज सब लोगों के अन्दर एक अन्यायी, एक दानव बैठा हुआ है। इस बात को अलग–अलग ढंग से मैं लम्बे समय से कहता आ रहा हूँ। छोटी–छोटी कविताओं में मैंने कहा है कि अपने अन्दर के राक्षस को पहचानो। मैं समझता हूँ कि अभी जो राजनीति हमारे ऊपर हावी हो

रही है, वह हमारे अन्दर के उस दानव को जगा रही है और वह हमारे अन्दर जो भले आदमी है, उसको पीछे धकेलकर दानव को सामने लाने की कोशिश कर रही है। इसलिए मैं उस राजनीति पर टिप्पणी करने के लिए अपने अन्दर के दानव को समझने की कोशिश कर रहा हूँ। आज साम्प्रदायिक राजनीति करके लोगों में दुश्मनी पैदा की जा रही है या नफ़रत की राजनीति चलायी जा रही है। मैं समझता हूँ कि मेरे अन्दर भी कोई है ऐसा दानव है और इसलिए बातें करने के लिए उस दानव की तरफ़ से बातें करने की कोशिश कर रहा हूँ। मैं इस तरह से चीज़ों को देखता हूँ कि हमारे अन्दर जो द्वन्द्व हैं, हमारे अन्दर जो कोनफ्लिक्ट्स हैं या समझौते हैं, उनकी बात मैं करना चाहता हूँ। जब मैं प्रेम की बात करना चाहता हूँ तो हमारे अन्दर प्रेम को लेकर जो द्वन्द्व हैं, उनको मैं सामने लाकर कहना चाहता हूँ। इसमें ज्ञानात्मक सोच भी है, जीवन का भावात्मक इतिहास भी।

हेब्बार : सर, आपने अपने एक भाषण में कहा था कि समकालीन कवि गद्य की भाषा में विचार कविता लिखता है। इन दोनों का सामंजस्य आप कैसे कविता में बैठाते हैं?

डॉ. लाल्टू : सही बात। मैं बिलकुल इस बात को अच्छी तरह मानता हूँ। अगर कोई मेरी कविता पढ़कर यह कहता है कि इसमें सिर्फ विचार है तो मानूँगा कि मेरी कविता असफल है। लेकिन कविता में तनाव है, एक काव्यात्मक तनाव है। अगर कविता में अनुभूति नहीं होती है तो इसका मतलब है कि मैं बिल्कुल खराब रचनाकार हूँ, इसमें मुझे कोई शक नहीं है। अक़्सर मुझे लगता है कि पाठक कविता की आत्मा को समझने की कोशिश नहीं कर रहे हैं। पाठक की भी व्याकुलता होनी चाहिए और वह विचार के लिए नहीं, कविता के लिए व्याकुलता होनी चाहिए। विचार अगर है तो वह आलोचक बतलायेंगे कि देखो यह कहने की कोशिश कर रहा है लाल्टू। मैंने लिखा है कि आधुनिकता मेरी सीमा है, मैं इसके लिए कुछ नहीं कर सकता हूँ। मैंने एक क्षमा याचना की तरह लिखा था कि आधुनिक तो मैं हूँ ही। मेरा मतलब यह था कि आधुनिकता अपने आप कुछ सीमाएँ लेकर आती हैं। आधुनिकता आपको केन्द्र में रखकर यह सोचने को मज़बूर करती है कि आपके सामने पूरा एक ब्रह्माण्ड है जो आप तैयार कर लें, बनाएँ।

हेब्बार : आपकी कविता की कुछ पंक्तियाँ हैं–"एकमात्र सत्य/जो सत्य है/वह है भूख।" यह भूख मानव की भौतिक भूख भी हो सकती है, जिजीविषा की भूख भी हो सकती है। आपकी भूख का दर्शन क्या है?

डॉ. लाल्टू : यह बहुत लम्बी कविता थी और उसमें मैंने यह कहने की कोशिश की थी कि किस तरह तमाम क़िस्म के अन्याय और ग़ैर बराबरियाँ समाज में होती हैं और किस तरह सत्ता दमनकारी होती है, ख़ास तौर पर मैंने इसमें स्त्रियों पर जो दमन है, उसका ज़िक्र किया था। ऐसी स्त्रियाँ कश्मीर में है, भोपाल में हैं, छत्तीसगढ़ में हैं, दुनिया भर में है। हर तरह की राजनीतिक सत्ता हमने देखी है। देखो, चारों तरफ़ एक भूख का माहौल है। हर कोई इस भूख में फँसा हुआ है, मतलब एक भूख है कि पेट की भूख है, जिसमें दबे हुए कुछ लोग हैं। उनके लिए पेट ही सबसे बड़ी बात है। दूसरी भूख है जो सत्ता की भूख है, स्वार्थ की भूख है और हम चारों तरफ़ इस भूख में फँसे हुए हैं। यही हमें सच दिखायी दे रही है और उससे हर तरह के अन्याय, हर तरह के अत्याचार और बड़े क्रूर रूप हमारे सामने आ रहे हैं। इसलिए जिस सत्य को आप तलाश रहे हैं वह सत्य और कुछ हो ही नहीं सकता। वह सत्य तो सिर्फ यही है, कि हर कोई अपनी भूख में तड़प रहा है; कोई स्वार्थ और सत्ता की भूख में तड़प रहा है, कोई बिल्कुल बुनियादी पेट की भूख में तड़प रहा है।

हेब्बार : नज़रें झुकाती औरतें और जिनके ऊपर छत नहीं है, उनको लेकर भी आपकी चिन्ता है। सत्ता, अधिकार, स्वतन्त्रता, समानता ये सारी चीज़ें आपस में जुड़ी हुई हैं। ग़ैर बराबरी के आन्दोलन में कवि के रूप में आपकी भूमिका क्या है?

डॉ. लाल्टू : कविता से तो यह अपेक्षा नहीं रखी जा सकती कि इस तरह की स्थिति को कविता बदल डाले। हम हर इनसान से प्यार करना चाहते हैं और इसलिए हम कविता लिखते हैं। हम अपनी तकलीफें बतलाते हैं, प्रेम बतलाते हैं। पर जो ग़ैर बराबरी का सवाल है, वहाँ मैं यह कहूँगा कि अगर हम ईमानदार हैं तो अपने सृजनात्मक लेखन में, अपने निजी जीवन में आपको ईमानदारी दिखानी पड़ेगी। अपने तमाम समझौतों के बावजूद हमें आन्दोलनों के साथ जुड़ना पड़ेगा जो ग़ैर–बराबरी के खिलाफ़ है। मैं अपनी सीमाओं में रहते हुए शिक्षा के आन्दोलन में, स्त्रीवादी आन्दोलन में, साक्षरता आन्दोलन में. शिक्षक आन्दोलन में भाग ले रहा हूँ।

हेब्बार : आपकी कविताओं में प्रेम है, आप ख़ुद बताते हैं कि 'तुम्हारे बिना मैं मुरझाता पत्ता भर हूँ।' प्रेम समस्त संकीर्णताओं से मुक्ति की बात करता है। आपका प्रेम दर्शन क्या है?

डॉ. लाल्टू : ऐसा है कि मैं अराजक हूँ। इसमें कोई सवाल नहीं है। हाँ, यह तो ज़रूर है कि मैं एक समाज में हूँ, एक पेशे में हूँ, मैं एक अध्यापक हूँ तो मेरी अराजकता ऐसी नहीं हो सकती कि अभी जिन नियमों में मैं बन्धा हूँ, उनको बुनियादी तौर पर तोड़ूँ। मैं ऐसा नहीं कर सकता कि लोगों की नज़रों में मैं बिल्कुल गिर जाऊँ। पर मैं समझता हूँ कि जब मैं यह कह रहा हूँ कि परिवार को मानता नहीं हूँ तो इसका मतलब यह नहीं है कि पूरा उच्छृंखल हो जाऊँ और सारे नियम तोड़ डालूँ, मैं ऐसा नहीं कर रहा हूँ। मैं समझता हूँ कि प्रेम में खुलापन है, मतलब खुलापन होना चाहिए और किसी तरह के बन्धनों में हम प्रेम को बाँध कर नहीं रख सकते हैं। प्रेम एक बहुत सुन्दर चीज़ है जो हमें प्रकृति से मिली है। इसके जैविक कारण हैं और हम इसे आध्यात्मिक रूप से सोचते ज़रूर हैं। इसका बुनियादी कारण तो जैविक है चूँकि हमें अपनी प्रजाति को कुछ आगे बढ़ाना है। इसलिए प्रेम जो हमें मिला है वह प्रकृति की ख़ूबसूरत चीज़ है और हमें इसकी ख़ूबसूरती बनाये रखनी चाहिए।

हेब्बार : 'सपने' शीर्षक एक कविता में आप बता रहे हैं कि मैं आधुनिक हूँ, मानव केन्द्रित हूँ। क्या आज उस केन्द्रीयता के स्थान पर प्रकृति प्रतिष्ठापित हो रही है?

डॉ. लाल्टू : जैसे मैं कह रहा था कि हम आधुनिकता की सीमाओं में फँसे हुए लोग हैं। मतलब हम लोग ऐसे माहौल में हैं। पर हम इन बातों को समझें कि आधुनिकता की सीमाएँ क्या हैं। पर्यावरण का विनाश या पर्यावरण से टूट जाना, यह आधुनिकता की बहुत बड़ी सीमा है। जब आप इस सीमा को समझ लेते हैं तो आपको यह लाज़िम हो जाता है कि आप इस पर बातचीत करें और आप बतलाएँ कि इससे हमें कितना नुक़सान पहुँचा है। जब हम प्रेम में होते हैं तो हम आकाश को एक तरह से देखते हैं, दरख़्तों को एक तरह से देखते हैं, ज़मीन को एक तरह से देखते हैं। अगर हम उससे जुड़ नहीं पाये तो हमारा प्रेम तो बहुत ही अधूरा रह आयेगा। माने प्रेम सिर्फ यह नहीं है कि हम किसी व्यक्ति को देख रहे हैं, उसी से प्रेम कर रहे हैं, उसी से बातें करे रहे हैं, तो प्रेम वहाँ ख़त्म हो जाता है। हम व्यक्ति में प्रकृति को देखते हैं और प्रकृति में व्यक्ति को देखते हैं।

प्रकृति से हम टूट जाते हैं तो हमारा अपना बहुत कुछ छूट जाता है, हम अपने आप में अपूर्ण हो जाते हैं, अधूरे हो जाते हैं। आधुनिकता की यह सीमा लगातार प्रकृति को तोड़ रही है। इसको समझकर इसके साथ संघर्ष करना बहुत ज़रूरी है। हम उन चीज़ों को समझने की कोशिश करें कि प्राक् आधुनिक दुनिया में कौन से बेहतरीन तत्त्व थे और इसी तरह से आधुनिकता मैं क्या कुछ बेहतरीन चीजें हैं। उन चीज़ों को हम जोड़ें, उन चीज़ों का सामंजस्य करें। अपने में जो सीमाएँ हैं, आधुनिक होने की वज़ह से, उनको समझते हुए हम पर्यावरण के बारे में सोचें और प्रकृति के साथ एक नया सम्बन्ध बनाएँ और अपने परिवेश को नये ढंग से निर्मित करें।

हेब्बार : पूँजीवाद के बढ़ते दौर में आप ऐलान करते हैं कि मैं साम्यवादी हूँ, मार्क्सवादी हूँ। इस दुनिया में मार्क्सवाद हमारे लिए कहाँ तक प्रासंगिक है?

डॉ. लाल्टू : असल में मार्क्सवादी लोग मुझे मार्क्सवादी नहीं कहेंगे। यह सही है कि मैं हर तरह के मार्क्सवादी आन्दोलनों के साथ सहानुभूति रखता हूँ, उनके साथ जुड़ता भी हूँ। असल में, मैं निजी रूप से अराजक हूँ, अराजकतावादी हूँ और अगर मार्क्स भी मैं समझता हूँ, वे मूलतः एक अनार्किस्ट थे। ज़्यादातर लोग जो मार्क्सवादी आन्दोलनों से जुड़ते हैं, वे मार्क्स, लेनिन को पढ़कर नहीं जुड़ते हैं। कुमार विकल की बहुत ख़ूबसूरत लाइन है कि 'मार्क्स और लेनिन भी रोये थे। पर रोने के बाद वे कभी नहीं सोये थे।' यह जो रोना है, वह एक अराजक प्रवृत्ति है। और अब रोने के बाद वे सोते नहीं है, वे सिद्धान्त में जाते हैं। सैद्धान्तिक रचनाएँ जो लिखता है, वह उसको अराजक से अलग, चिन्तक के रूप में प्रतिष्ठित करता है। कोई कलाकार या रचनाकार के रूप में दुनिया को देखता है तो वह अराजक होगा ही। अगर आप सिद्धान्तवादी होकर आप चीज़ों को देखने लगेंगे तो आप सृजनात्मक साहित्य नहीं बना सकते। रचने के लिए अराजक होना बहुत ज़रूरी है। मैं समझता हूँ कि सभी तरह के डायलेक्टिक्स को समझने की कोशिश हमें करनी चाहिए।

लोग वैसे ही कह देते हैं कि मार्क्सवाद टूट गया है। कैसे और किस अर्थ में कहते हैं असफल? क्या क्यूबा में असफल? इस वक़्त पूरी दुनिया में अगर कोई आदर्श समाज की स्थिति के बिल्कुल करीब पहुँचने वाला कोई मुल्क है तो वह क्यूबा है। हमें मार्क्स के तरीक़ों को, हमें मार्क्स के औज़ारों को समझना पड़ेगा। पर यह ज़रूर है कि मार्क्सवादी परम्परा में

जिस तरह के आन्दोलन विकसित हुए हैं, जैसे लेनिन का बोलशेविज़्म और माओ का जो आन्दोलन था, उन्हीं पद्धतियों में फँसे रहना यह ग़लती होगी, समय के अनुरूप मार्क्सवाद के औज़ारों को परिवर्तित करना होगा। जो राष्ट्र सत्ता आज क़ायम है, उनकी ताक़त बहुत बढ़ गयी है। आप उससे सीधा लोहा उसी तरह से नहीं ले सकते जैसे माओ ने लिया था या लेनिन ने बोलशेविक पार्टी के नेतृत्व में किया था। ऐसा सीधा लोहा लेने का मतलब है कि आप ख़त्म हो जायेंगे। हमें समाज की नयी सचाइयों को समझना पड़ेगा और उसमें रहते हुए हमें काम करना पड़ेगा कि कैसे हम बुर्जुआ लोकतन्त्र में रहते हुए इसको बेहतर लोकतन्त्र बना सकते हैं।

हेब्बार : आज की कविता गद्य की तरफ़ बढ़ती चली जा रही है। किन–किन परिस्थितियों में कविता गद्य की तरफ़ बढ़ती है?

डॉ. लाल्टू : गद्य कविता जो है वह गद्य नहीं, वह कविता है। कविता क्यों है? इसके लिए हमें यह पूछना पड़ेगा कि कविता की मूल शर्त क्या होती है? जो गद्य रचना होती है, देखिए कई कहानियाँ ऐसी होती हैं जिसमें बहुत काव्यात्मकता होती है। निर्मल वर्मा में काव्यात्मकता है और मुक्तिबोध के गद्य में भी काव्यात्मकता है। मतलब पोएटिक टेंशन जो है वह यहाँ दिखेगा। आपको दिखेगा कि वह कवि की तरह लिख रहा है। गद्य कविता में पहली शर्त यह होनी चाहिए कि वह कविता हो, उसमें संवेदनशीलता हो, इन साइट्स हो, मेटाफार्स हो, बिम्ब हो। क्यों गद्यात्मक हो रही हैं कविताएँ? आप गज़लकार को देखेंगे तो वह सारे दिन शब्दों को लेकर खेलता रहता है, सोचता रहता है। आज का रचनाकार ऐसा नहीं हो सकता। वह इस जीवन में नहीं रह सकता कि वह केवल मंचों पर जाये, कविता पढ़े और इसी से अपना जीवन निर्वाह करे। आज के कवि के पास सोचने के लिए तमाम सवाल हैं। वह अनगिनत मोर्चों में शामिल है, उसे अनगिनत भूमिकाएँ निभानी हैं। आज के कवि के लिए यह सम्भव नहीं है कि वह लगातार केवल एक अर्थ में, शब्दों के बारे मे, सोचते रहे कि कौन–सा शब्द कविता या शायरी में फिट होगा। दूसरी बात यह है कि जीवन की तहें जो होती हैं, वे भी बहुत बढ़ गयी हैं। पहले हमारे समाज में कोई किसान होता है तो वह सुबह से शाम तक किसानी करता है। उसके जीवन में अलग–अलग बुनियादी द्वन्द्व नहीं होते थे, एक ही ढर्रे का जीवन होता था। अब ऐसी स्थिति नहीं रही है। कई तरह की तहें हैं, लेयर्स हैं जीवन की। जब आप लिख रहे हैं, वे तमाम

तहें आपके दिमाग़ में होती हैं, तमाम तहों में जीते हुए आप एक तरह के ख़्याल को एक ही तरह के शब्दों में बाँधे ऐसा सम्भव ही नहीं हो पाता है। आपके लिए अलग–अलग शब्दों के मतलब चयन करने का मौक़ा नहीं है। आपके दिमाग़ में उस वक़्त जो शब्द आता है, जो शब्द आपको सही लग रहा है, वही शब्द आपको कहना पड़ेगा, प्रयोग करना पड़ेगा। यदि आप तुकबन्दी करने लगेंगे तो बहुत सारी बातें छूट जायेंगी। तुकबन्दी से लदी अच्छी गज़लें जब आप सुनते हैं, आप वहाँ फँस जाते हैं, आपको शब्दों का खेल मोहित करने लगता है, आप सचाई से, जीवन के यथार्थ से कट जाते हैं। अच्छी रचना आपको परेशान करे, वह आपकी सारी ज़िन्दगी को परेशान करे, आप सोचते रहें कि ऐसा क्यों है, चाहे प्रेम की समस्या हो या सामाजिक ग़ैर–बराबरी की समस्या हो। जो भी हो आपको वह बेचौनी होनी चाहिए। एक रचना पढ़कर आपको बहुत अच्छा लगता है तो आप वहाँ फँस जाते हैं, आप उससे ऊपर नहीं निकल सकते। यही तुकबन्दी की बहुत बड़ी समस्या है। जो गद्य कविताएँ हैं या मुक्तछन्द की कविताएँ हैं, आपको इससे बचाती हैं, आपको वे परेशान करती हैं।

हेब्बार : आज का समाज विज्ञान और तकनीकी का है। क्या विज्ञान और तकनीकी की भाषा कविता को प्रभावित करती है?

डॉ. लाल्टू : ज़रूर करती है। इसमें तो कोई शक नहीं। जैसे मेरी कविताओं में निश्चित रूप में कई जगह वैज्ञानिक बातें आती हैं। कई जगह किस तरह से आती हैं, आप सोच भी नहीं सकते। जैसे मेरी एक कविता है 'दूरी' जिसमें आटोमिक परमाणुओं में जिस तरह की विशेषताएँ होती हैं, उसके बारे में बात की गयी है। भौतिक स्थिति में परमाणु एक दूसरे के प्रति आकर्षित होते हैं और वे जब क़रीब आने लगते हैं तो उनमें विकर्षण शुरू होता है। यह आकर्षण–विकर्षण का खेल तब बन्द होता है जब वे सन्तुलित दूरी पर टिके रह जाते हैं। अगर वे क़रीब आ जाये तो एक दूसरे से दूर भागेंगे, अगर वे दूर चले जायें तो आकर्षित होंगे। लौकिक जीवन में भी यदि दो व्यक्ति बिल्कुल करीब आ जाने पर एक दूसरे की निजी ज़िन्दगी पर हस्तक्षेप करने लगेंगे तो हम परेशान होने लगेंगे, तब विकर्षण होगा, अलग हो जाने पर आकर्षण शुरू होता है। इसी बात को मैंने कविता में लिखा कि हम आजीवन ढूँढ़ते रहते हैं वह 'दूरी' जिसमें हम सन्तुलित रह सकें। दूर हो जाते हैं तो हमें प्यार होता है, करीब जाते हैं तो नफ़रत होती है। इस कविता को लिखते हुए मेरे मन में तो परमाणुओं

का आकर्षण–विकर्षण की बात ही रही थी। जब आप इस कविता को पढ़ेंगे तो वहाँ कहीं भी अणु या परमाणु नहीं हैं। वैज्ञानिक जो सोच है या वैज्ञानिक जो सवाल हैं, हमारी कविताओं को प्रभावित करते हैं।

हेब्बार : सर, एक छोटी–सी कविता सुनाइए।

डॉ. लाल्टू : ज़रूर सुनाता हूँ, कविता का शीर्षक है–'ग़लत बटन'

पल में सब गायब। फिर लिखो
तो प्रेम वहीं नहीं होता। सन्तुलित स्याह–सा हो जाता है।
उसमें पहले कभी न दिखे घाव पकने का डर समाया होता है।
अत्याचारी, ताज़िन्दगी इस फेर में रहते हैं कि उनके अतीत ऐसे बटन दबाकर उड़ा दिये जायें।
अड़ियल
ट्रांसिस्टर्स में हत्याएँ लूट, बलात्कार, यूँ जम जाते हैं कि कोई उन्हें उड़ा नहीं सकता।
किंवदन्ती है कि तोड़ जला देने पर भी ये जीवंत रहते हैं। वे रातों में काँपते, घबराते सीनों के भार
तले सपनों में छिपते हैं; हर सुबह उन्हें यक़ीन नहीं होता है कि वाकई सुबह
हुई है। रेंगते हुए खिड़कियों पर आकर
झांक–झांक देते हैं कि भीड़ उन फ़ाइलों के हवाले से बगीचे का घास तो नहीं उखाड़ रही।
कभी हम तुम खो बैठते हैं मेहनत से सँजोये प्यार के पल। रोंओं से भी कम चौड़ाई के ट्रांजिस्टर्स वायलिन पर शोक गीत गाते हैं। धीरे–धीरे फिर से हम रोपते हैं छुअन, चुंबन आदि तन्तु। हमारे लिए हर सुबह नयी बन
कर आती है। कभी खोपे पलों को याद कर हम लजाते एक दूसरे को देखते हैं।
निकल पड़ते हैं सपने बुनते हुए।

('कोई लकीर सच नहीं बोलती' काव्य संग्रह से)

□□